빌딩 투자를 위한
대한민국 **1**교시

빌딩

당신도 빌딩 주인이 될 수 있다

테크

빌딩 투자는 비즈니스다

빌딩 투자를 위한 대한민국 1교시

빌딩

당신도 빌딩 주인이 될 수 있다

테크

빌딩 투자는 비즈니스다

강대현 지음

BM 성안당

수익을 창출하는 빌딩 투자의 비밀

첫 책 『부동산 가치투자 전략』(2009)을 펴낸 지도 꽤 많은 시간이 흘렀다. 비교적 느리게 변화한다는 부동산 시장도 그 세월을 보내며 여러 변화가 있었다. 무엇보다도 가장 큰 변화는 장기화되는 저성장 국면이다. 저성장이 불러온 저금리 시대는 많은 사람을 답답하게 만들고 있다. 저금리 때문에 은행 예금은 오히려 손해고, 그렇다고 투자에 선뜻 나서기도 쉽지 않다. 이런 사람들의 불안감을 노린 대박의 유혹은 사람들을 자극하고 있다. 신문광고, 책, 인터넷, 길거리에 내걸린 현수막이나 벽보가 불안한 사람들의 마음을 건드리고 있다. 이들 중 대부분은 허위에 과장인데도 불안감과 대박 심리는 종종 이성을 앞질러간다.

첫 책을 낼 때처럼 이번에도 '안타까움'이라는 마음이 펜을 들게 만들었다. 여전히 많은 사람이 부동산 투자에 관한 올바른 인식이 없이 손쉽게 달콤한 유혹에 넘어가고, 자신의 선택을 후회하는 모습을 보아왔기 때문이다. 주위에 자신이 사들인 부동산 때문에 생긴 고민을 털어놓는 사람이 많았다. 도움을 주고는 싶지만 어떤 경우에는 애초에 투자 가치도 없고 가치를 높일 방법도 없는 부동산이라 어쩔 도리가 없었다. 필자는 책을 낸 투자가일 뿐 마법사는 아니기 때문이다. 기적과도 같은 마법을 부려서 죽은 부동산을 살려낼 것으로 기대했던 사람들이 실망하곤 하는 모습에 안타까움을 느끼다가 또 책을 써야겠다고 생각했다.

주택 시장은 꾸준히 출렁거려왔고 불패 신화도 깨졌지만 상업용 부동산 시장은 상대적으로 훨씬 안정된 흐름을 보이면서 지속적으로 수익을 창출했다. 상가 빌딩 투자를 중심으로, 끊임없는 노력과 잘 단련시킨 감을 무기로, 가치가 저평가된 물건을 찾아 수익을 창출하는 가치 투자의 원칙은 필자가 첫 책을 냈던 그때나 지금이나 마찬가지다. 다만 지금은 우리 경제와 부동산 시장에 변화가 많았으므로 변화된 환경에 맞게 원칙과 전략을 설명하고 보완했다.

　　이 책을 쓰기로 결심한 또 다른 이유는 여전히 많은 사람이 부동산 투자, 특히 빌딩 투자에 대해 가지고 있는 안일한 시선이다. 누구나 투자를 잘 해서 돈을 벌고 싶어 하지만 누군가 부동산으로 돈을 벌었다고 하면 졸부 취급을 하거나, 원래 부자였으니 돈이 돈을 번 것이라고 생각한다. 이러한 이중적인 시선은 그 고도성장 시대의 유산이다. 저성장 시대인 지금은 더 이상 통하지 않는다. 그런데도 많은 사람들은 부동산 투자로 수익을 올리는 사람들을 부러워하면서도 한편으로는 '운이 좋아서 그런 거지, 나도 돈만 있었으면 얼마든지 돈 벌 수 있었을걸.' 하면서 애써 평가절하하려고 한다.

_____

_____

_____

독자분들 중에는 어느 정도의 자금을 모아서 본격적인 빌딩 투자 비즈니스에 나설 생각을 하는 분들도 있을 것이고, 아직은 준비가 안 되어 있지만 미래에 언젠가 투자를 시작하려고 계획하는 분들도 있을 것이다. 어떤 분들이 읽어도 빌딩 투자란 무엇이며 어떤 전략과 원칙을 가지고 접근해야 할지 인식을 바로 세울 수 있도록 최선을 다했다. 빌딩 투자란 총성 없는 전쟁터와도 같아서 죽기 살기로 몸을 움직이고 머리를 써야만 살아남을 수 있다. 많은 독자들이 이 책을 읽음으로써 잘못된 오해를 바로잡고 빌딩 투자에 대한 올바른 이해를 얻을 수 있다면 정말 기쁘겠다.

책을 쓰면서 필자는 다른 사심 없이 독자들이 꼭 알아야 할 내용을 전하겠다는 사명감과 숭고함을 함께 견지할 곳을 만나기를 소망했다. 그러한 곳이 '성안당'이었기에 다른 출판사들의 좋은 제의를 뒤로한 채 기쁜 마음으로 출간할 수 있었다. 진심으로 출판사 관계자 여러분께 감사의 마음을 전한다.

겨울의 한가운데를 지나며,
강대현

3
빌딩 투자는 무조건
'기-승-전-가치'다

4

잘 사고 잘 벌고 잘 파는
빌딩 투자 노하우

5
빌딩 투자는 재테크가
아니라 비즈니스다

BUILDING TECH

1

그들이
말하지 않는
빌딩 투자의 기본

1. 아파트는 사는 곳, 빌딩은 돈 버는 곳이다

'부동산 투자'라고 하면, 아직도 많은 사람들은 아파트를 먼저 떠올린다. 수십 년 동안 주택 수요는 폭발적으로 늘었지만 공급은 그에 미치지 못하면서 아파트 값은 계속해서 올랐다. 특히 IMF 외환위기 이후 많은 사람들이 재테크에 관심을 가지면서 아파트 투자에 뛰어드는 중산층들이 크게 늘었다. 아파트는 곧 현금이나 마찬가지였다. 팔려고 내놓았을 때에도 빨리 처분할 수 있었다. 즉 환금성이 좋았다. 주택 시장의 동향은 늘 많은 사람들의 관심사가 되어왔고, 언론에서도 가장 자주 다룬다. 정부에서도 부동산 관련 정책에서 주택 시장이 항상 중요한 위치를 차지하고 있다. 서점에 나가봐도 부동산 투자 관련 책 중에 주택, 특히 아파트에 초점을 둔 것들이 많다.

집 사재기는 투자가 아니다

주택을 투자 대상으로 생각하는 사람이 많은 데에는 그럴 만한 이유가 있다. 땅이 아닌 건물 형태의 부동산 중에는 주택이 비교적 가격대가 낮은 편이기 때문이다. 중산층들에게도 부담이 덜했다. 2007년 이후로는 불패 신화가 흔들리긴 했지만 여전히 '아파트 불패'라는 생각이 뿌리 깊게 자리 잡고 있기도 하다. 2014년 이후로는 당시 정부의 적극적인 부양책에 힘입어서 집값이 상승 반전하기도 했다.

그러나 필자는 주택과 빌딩을 비교한다면 단연코 빌딩을 선택한다. 돈이 많아서가 아니다. 부동산 투자를 처음 시작할 때부터 지금까지 늘 빌딩을 선호해왔다. 전원주택이나 별장처럼 기본 주거 공간과 다른 경우를 제외한다면 지금과 같은 시대에 주택에 투자하는 것은 삼가라고 주변 사람들에게도 권한다.

좀 거룩한(?) 이유를 대보자. 집이란 단순한 부동산 이상의 의미를 지니고 있다. '아파트는 사는 것이 아니라 사는 곳'이라는 광고 문구처럼, 인간이 살아가기 위해 꼭 필요한 의식주 중에 하나가 집이다. 열심히 일하면서 사치나 낭비를 하지 않고 10년 정도 열심히 저축하면 집 걱정은 안 하고 살 수 있는 곳이 좋은 사회일 것이다. 그런데 우리나라의 평범한 사람들에게는 평생 목표가 내 집 장만이 되어버렸다. 그나마도 시간이 갈수록 더 힘들어지고 있다.

계속해서 아파트를 짓는 데다 주택보급률이 100퍼센트에 육박하거나 심지어 넘어설 정도인데도 내 집 마련의 꿈은 갈수록 멀어져간다. 이제는 전셋값까지 폭등하다 보니 울며 겨자 먹기로 많은 빚을 지고 집을 산다. 그 결과 가계 부채는 역대 최고 수준으로 치솟고 있다. 아파트를 투자 대상으로 삼아, 몇 채씩 사는 것도 그 원인 중에 하나다. 과거부터 집 사재기를 하는 사람들은 종종 있었다. 집을 한 채 사서 전세를 놓고, 전세 보증금과 주택담보대출로 집을 한 채 더 산다. 이 집을 다시 전세를 놓고 보증금과 주택담보대출로 집을 또 사는 식으로 계속 소유 주택을 늘려나가는 것이다.

전세 구하기가 점점 힘들어지고, 전세가가 폭등해서 많게는 매매가의 70~80퍼센트에 육박하다 보니 집 사재기가 변형되어 '갭투자'라는 말도 유행한다. 전세가를 최대한 끌어올려서 그 돈으로 또 집을 사는 것이다. 예를 들어 아파트 매매가가 3억 원이고 전세가가 2억 5000만 원이면 2억 8000만 원까지 전세가를 끌어올린 다음 전세 보증금에 2000만 원만 더하면 집 한 채를 더 살 수 있다. 내 돈이 비교적 적게 들어가면서도 소유 주택 수를 늘릴 수 있는 것이다. 심지어 조직적으로 움직이면서 전셋값을 끌어올리는 '전세깡패'까지 등장했다고 한다.

과거부터 이른바 부동산 전문가들은 '레버리지 투자'라는 이름으로 사실상의 집 사재기를 권장해왔고, 집 사재기로 열 채가 넘는 아파트를 보유한 부자가 됐다고 자랑하는 책들까지 쏟아졌다. 필자 입장에선 '어떻게 이런 걸 자랑이라고 책까지 내나.' 싶을 정도다.

주택은 다른 부동산과는 차이가 있다. 인간이 살기 위해서는 없어서는 안 되는 필수품이기 때문이다. 집이 없으면 생활 기반이 무너진다. 투자든 투기든 그 결과로 집값이 뛰면 전세나 월세도 뛰고 그러면 세입자들이 삶에 위협을 받는다. 그런 집을 사재기하고, 그 과정에서 전세 보증금까지 억지로 올리는 것이 과연 정당한 부동산 투자의 비법일까? 사업을 위해 먹거리 가지고 함부로 장난치는 사람들에게는 모두가 비난을 거두지 않는 것처럼 누군가의 소중한 보금자리일 수도 있는 집을 가지고 투기를 일삼는 것은 분명 지탄을 받을 수밖에 없다.

안정성으로 보나 수익으로 보나 빌딩이 답이다

윤리적인 이야기는 이쯤 해두자. 그래도 돈만 많이 벌 수 있다면 말리기 힘들 것이다. 하지만 조금 길게 보면 투자의 측면에서도 아파트는 문제가 많다. 아파트를 투자 대상으로 보는 사람들이 몰리고 집값과 전셋값이 뛰면 정부에서 가만히 내버려둘 수는 없다. 집값이 뛰고 투기 세력이 몰리면 세입자와 서민들이 피해를 보기 때문이다. 정부는 항상 집값이 너무 떨어지면 다시 끌어올리려고 부양책을 쓰고, 너무 올랐다 싶으면 규제를 강화해서 과열된 분위기를 잡으려 한다. 그러다 보니 주택 시장은 종종 정부 정책에 출렁거린다. 게다가 최근에는 가계 부채 규모가 너무 커졌기 때문에 집값이 뛰는 것을 더욱 방관하기 힘들어졌다.

또한 부동산은 빨리 사고 빨리 처분하는 것도 쉽지 않다. 주식은 원한다면 그날 바로 처분할 수 있지만 부동산은 급매로 내놓아도 처분해서 현금으로 만들기까지 몇 주일 또는 몇 달은 걸리기 때문이다. 옛날처럼 계속해서 오르던 시절에는 내놓으면 금방 나가서 '아파트는 현금'이라고 할 정도였지만 이제는 얘기가 다르다. 집값이 하락 반전되면 아예 사려는 사람이 없어서 돈이 꽁꽁 묶일 수도 있다.

2007년까지 아파트 시장에 거품이 들끓었다가 침체로 반전하는 과정에서 수많은 '하우스 푸어'가 양산되었다. 아파트를 내놓아도 팔리지 않고 거래가 죽어버려서 몇 년 동안 돈이 꽁꽁 묶인 데다가 부동산 관련 세금과 주택담보대출 이자까지 꼬박꼬박 나가니 오히려 집이 애물단지가 되어버린 것이다. 팔고 싶은 가격, 즉 호가는 좀처럼 떨어뜨리지 않으려고 하니 거래는 더더욱 안 되고, 재산은 많은 것 같지만 현금 자산은 거의 빈털터리에 가까워진 사람들이 바로 하우스 푸어다. 부동산 투자라는 명분으로 집 사재기로 많은 빚을 지면서까지 여러 채의 집을 산 사람들은 훨씬 큰 고통에 시달린다.

부동산 시장 중에서도 주택 시장은 흐름이 단기적으로 잘 바뀌고 특히 정부 정책이라는 외풍에 가장 취약하다. 만약 빚을 많이 지고 집을 샀다면 당장은 초저금리로 버티고 있다 해도 향후 금리가 오르면 이자 비용의 부담이 커진다. 최악의 경우에는 연체로 집이 경매에 넘어갈 수도 있다. 많은 수익을 노리는 것도 좋지만 돈의 단위가 커질수록, 명색이 투자라면 안전성에 좀 더 무게를 두는 것이 좋다.

반면 상가나 빌딩 같은 상업용 부동산은 상대적으로 정부가 시장을 덜 건드리는 편이다. 물론 상업용 부동산이라고 해도 규제 적용을 받을 때도 있다. 침체가 길어지면 부양책이 나올 때도 있지만 주택 시장처럼 대책이 자주 나오거나 흐름이 자주 바뀌지는 않는다. 즉 투자의 안정성이라는 면에서는 주택 시장보다 빌딩이 월등히 유리하고 좀 더 예측 가능한 대상이다.

정부 정책이 아니더라도 빌딩은 경기에 따른 가격 등락의 민감성도 아파트보다는 적은 편이다. 예를 들어 2008년 글로벌 금융 위기 이후 서울의 아파트 가격은 상당히 떨어졌다. 강남권은 경매 시장에서 반토막이 난 곳도 수두룩했다. 반면 서울의 아파트 내 상가는 거품이 심하게 끓었던 일부 지역을 제외하고는 대체로 보합권에서 버텼다. 약보합 강보합 정도를 오락가락하다가 2014년 이후로는 아파트 시장의 호조와 같이 상승세를 탔다.

2014년 말 이후로 지난 정부에서는 LTV와 DTI를 완화시키고 저금리 상황까지 합세해서 집값을 끌어올렸다. 그 덕분에 2016년 말에 정부에서 다시 대출을 까다롭게 하는 대책을 내놓을 때까지는 집값이 상당히 뛰었다. 또한 2017년 상반기에 탄핵 정국과 대통령 선거, 새 정부 출범 과정을 거치는 가운데 다시 집값이 뛰었다. 사람들은 이러한 모습을 보면서 '역시 아파트 불패'라는 생각을 하게 되었다. 하지만 이는 착시 현상이다. 이 시기에 집값이 오른 것은 사실이지만 알고 보면 2007년 이후에 상당히 떨어진 집값을 만회하는 수준에 불과하다. 그나마도 다 만회한 것이 아니다.

결국 새 정부는 2017년 6월과 8월, 두 번의 주택 시장 안정 대책을 발표했다. 특히 8·2 부동산 대책은 역대급으로 강력한 집값 안정화 대책으로 평가받고 있다. 정부는 이 대책으로도 집값이 잡히지 않으면 그보다 더 강력한 대책을 내놓겠다고 예고했다. 이런 대책에도 불구하고 여전히 아파트 값은 오를 것이라고 믿는 사람들도 적지 않지만 가계 부채가 점점 눈덩이처럼 불어나고 집값은 계속 뛰고 있는데 정부에서 집값 상승의 주범으로 투기 세력을 지목하고 강력한 대책을 내놓는 것은 당연한 일이다. 집을 투기의 대상으로 삼아온 세력들이 자초한 일이다.

이번 정부는 임기 내내 일관되게 집값을 하향 안정화시키려는 태세이므로 아파트 불패 신화는 깨질 가능성이 크다. 갭투자를 한 사람들이라면 이러한 정부의 정책을 원망하고 있을지도 모르지만 오히려 주거비 부담에 한숨 쉬던 많은 서민들은 그들에게 이렇게 묻고 있을 것이다. "왜 자꾸 정부가 시장에 개입하도록 만드나? 당신들이 투기를 조장하기 때문이 아닌가?"

반면 상업용 부동산은 아파트가 크게 떨어지는 시기에도 약보합 또는 보합세 정도에 머물러 있다가 아파트 값이 다시 뛰면서 같은 추세로 오르는 모습을 보였다. 즉 상업용 부동산은 아파트가 떨어질 때에도 하락세가 적은 반면, 오를 때는 같이 오르는 추세를 보인다. 매력적이지 않은가?

시간이 흐를수록 더 빌딩 투자가 답이다

향후 예고된 인구의 정체 및 감소와 같은 구조적 문제를 놓고 봐도 주택보다는 수익형 부동산이 좀 더 유리하다. 아파트 공급이 과잉이냐 아니냐 하는 논쟁은 예전부터 이어져왔지만 주택 수는 어쨌거나 계속 늘고 있다. 주택은 한번 만들면 수십 년은 유지되므로 공급이 계속되면 시장에 있는 전체 양은 누적된다. 재건축을 하면 일시적으로 기존 주택이 줄어들지만 재건축 이후에는 이전보다 훨씬 많은 가구가 들어선다. 과거보다 풀이 죽긴 했지만 여전히 신도시도 속속 생기고 있다.

공급이 많아도 수요가 더 늘어난다면 모르겠지만 주택 수요에 가장 중요한 인구는 세계 최저의 출산율이 말해주듯 이제 정체 상태에 빠졌다. 이제는 인구가 줄어드는 문제를 걱정해야 할 판이다. 국민연금 고갈 문제가 계속 이야기되는 이유도 결국은 장기적으로 인구가 노령화되고 젊은 인구가 줄어들 것이기 때문에 연금을 받을 사람은 늘어나고 낼 사람은 줄어들기 때문이다. 이에 더해 1인 가구나 2인 가구가 늘어나는 추세이고 이들 중에는 아파트를 살 경제력이 안 되는 사람들이 많다. 반면 과거와 같은 고도성장은 아니라고 해도 경제는 상당 기간은 느리게나마 성장세를 유지할 것이므로 크게 보아 업무용 부동산의 수요가 줄지는 않을 것으로 전망할 수 있다.

이에 더해 기관이나 외국 투자자금이라는 변수도 있다. 주택은 90퍼센트는 내국인들이 산다. 반면 상가나 건물은 외국인 투자 자금이 들어오는 경우도 적지 않다. 대규모의 기관 투자는 주로 수천억 대의 오피스 빌딩 위주로 가지만 그보다 작은 규모의 기업 및 외국계 투자 자금은 중형 규모 빌딩에도 들어온다. 즉 부동산 투자의 수요도 수익형 부동산이 좀 더 유리하다. 수익형은 현재의 상황으로 봐도, 미래의 전망으로 봐도 주거용보다 월등히 투자 가치가 높다. 그야말로 늘 살아 있는 시장이라는 얘기다.

부동산 투자를 하겠다면 아파트에는 미련을 버릴 때다. 아파트에 투자할 돈이면 상가에도 충분히 투자가 가능하다. 많은 사람이 건물이라면 그래도 아파트가 적은 돈으로 투자할 수 있으니 좋다고 생각한다. 그렇지 않다. 아파트를 살 돈이면 서울 지역에 위치한 상가에도 투자할 수 있다. 빌딩보다는 못해도 아파트와 비교하면 상가도 충분히 투자 가치가 있다. 주택보다는 상가, 상가보다는 빌딩이 투자 가치도 더 좋다. 빌딩에 투자할 만큼 많은 돈이 없다면 여러 명이 돈을 모아 집합 투자를 하면 충분히 승산이 있다. 실제로 공동으로 빌딩 투자를 해서 좋은 실적을 내는 사람들도 많다. 전망이 밝지 않은 아파트에 무리하게 투자하는 것보다는 상가 투자 또는 여럿이 돈을 모아서 빌딩에 투자하는 것이 수익으로 보나 안정성으로 보나 더 현명한 선택이다.

2. 리스크를 생각한다면 투자엔 빌딩만 한 게 없다

보통 부자들은 안정적으로 투자하고 돈 없는 사람들은 공격적으로 투자한다고들 한다. 100억 원을 투자해서 1퍼센트만 수익이 나와도 1억 원이지만 1억 원으로 투자해서 1퍼센트면 100만 원에 불과하기 때문에, 돈이 적은 사람들은 빠르게 돈을 불리고 싶어 한다. 하지만 돈이 없을수록 리스크에 더 주의해야 한다. 100억 원을 가진 부자가 10억 원을 투자했다가 손해를 본다면 여전히 90억 원이 남은 것이고, 이는 여전히 큰돈이다. 하지만 1억 원을 가진 사람이 1억 원을 올인했는데 까먹었다면? 투자 액수로 보면 방금 언급한 부자의 10분의 1에 불과하지만 당사자에게는 크나큰 치명타다. 그 사람의 인생 전체가 뒤틀릴 수도 있다.

수익과 리스크의 관계를 생각하라

가진 돈이 적은 사람들은 적게 투자해서 대박을 칠 수 있는 투자처를 좋아한다. 예를 들어 장외 주식을 사서 기업이 상장을 하면 크게 대박이 날 수도 있다. 부동산 중에서는 땅이나 개발 사업 같은 것들이 이런 대박을 노릴 만하다. 하지만 리스크가 너무 크다. 빌딩 투자는 몇백 퍼센트의 대박이 나는 투자는 아니다. 그러나 돈은 버는 게 다가 아니다. 지키는 것도 중요하다. 그런 면에서 최소한의 여건만 된다면 빌딩 투자만 한 게 없다.

그런데도 가진 돈이 적으니까 대박을 노려야 부자가 된다는 심리를 자극하면서 위험성을 감추고 달콤한 대박만을 부각시키는 이른바 '고수'들이 적지 않다. 이런 사람들은 투자에 실패했을 때의 위험성은 잘 이야기하지 않는다. 투자의 세계에서 수익과 리스크는 시소 관계다. 수익이 많이 나려면 리스크를 많이 떠안아야 하고, 반대로 리스크를 많이 떠안는 대가로 높은 수익을 '기대'하는 것이다(절대 '보장'이 아니다. 기대다). 이른바 '고수'의 말만 믿고 투자했다가 실패하면 그 고수가 책임을 질까? 그런 일은 결코 없다.

필자도 아직 빌딩 투자에서만큼은 단 한 번의 실패도 하지 않았다고 자부하지만 앞일은 정말 모르는 것이다. 정확한 노하우와 경험을 갖추고 그걸 바탕으로 판단하여 빌딩을 구매했는데 갑자기 경제 대혼란이 온다면 필자 또한 투자 실패의 쓴맛을 볼 수밖에 없을 것이다. 세상은 내가 상상하는 범위를 뛰어넘는 일들이 얼마든지 일어날 수 있다. 투자의 세계에 100퍼센트란 없다. 투자를 해서 100퍼센트 고수익이 날 것 같으면 세상 모든 자금이 그리로 다 몰릴 것이다. 그런데도 부동산계에서는 '내 말대로 그대로만 하면 대박 난다'는 호언장담을 하는 자칭 고수들이 정말로 많다.

리스크를 생각한다면 투자엔 빌딩만 한 게 없다

기대했던 수익이 나지 않을 때, 빌딩 투자의 '플랜 B'

필자가 빌딩 투자를 권하는 이유는 무엇보다도 리스크 관리 문제다. 상가나 건물이 땅이나 아파트보다 위험 부담이 적은 이유는 활용할 수 있는 폭이 있기 때문이다. 땅을 예로 들면 향후 호재를 노리고 땅을 샀을 때 그다음에는 딱히 내가 할 게 없다. 그냥 기다리는 수밖에 없다. 특히 돈이 적은 사람들은 개발 호재를 믿고 값싼 지방 쪽으로 투자하는 경향이 있다. 이런 경우에는 그럴 돈도 없겠지만 돈이 있어도 그 땅 위에 마땅히 올릴 건물도 없다. 허허벌판에 건물을 올려봐야 뭐하겠는가? 그저 대박 나기를 바라면서 하염없이 기다리는 것 말고는 할 게 없다. 아파트는 내가 들어가서 살거나 월세 아니면 전세를 놓는 활용 방법을 생각할 수 있다. 하지만 그게 전부다. 전·월세도 그 자체로만 보면 다른 투자 대상에 비해서 투자 대비 수익이 좋은 편이 아니다. 결과적으로 아파트도 시세 차익을 노리지 않는다면 투자 대비 수익이 좋은 편도 아니고 활용 방안도 극히 한정되어 있다.

하지만 상가와 빌딩은 얘기가 다르다. 우선 임대 수익이 아파트보다는 좋다. 따라서 부동산의 시세 자체는 약보합이나 지지부진한 상태라고 하더라도 투자 대비 수익은 아파트보다 좋다. 또한 내 공간에 내가 직접 매장을 차리고 장사를 하는 방법도 있다. 물론 장사를 하자면 추가 투자가 필요하다. 인테리어나 업종 선택, 직원 고용을 비롯해서 돈이나 노력이 많이 들어갈 것이다. 하지만 어쨌거나 땅이나 집보다는 선택의 폭이 하나 더 있다. 매장을 차리고 열심히 장사를 해서 사업이 호조를 보인다면 사업 소득 말고도 권리금을 노릴 수도 있다. 부동산 자체의 시세는 오르지 않는다고 해도 내가 열심히 장사를 해서 손님이 많이 들고 장사가 잘되면 권리금은 올라간다. 그러면 다른 사람에게 가게를 임대해주면서 권리금을 받을 수 있다. 게다가 내 소유의

가게를 임대해준 것이라 여전히 부동산의 소유권은 나에게 있다. 상가나 빌딩에서는 이런 방법으로 수익을 창출할 수도 있는 것이다. 또 가게 장사가 잘된다면 굳이 권리금 받고 가게를 임대하지 않고 계속해서 장사를 하는 것도 좋은 방법일 것이다. 내 가게니까 임대 기간이 한정되지 않았으므로 언제까지고 안전하고 편하게 장사를 할 수 있는 것이 장점이다.

부동산 자체의 시세가 오르지 않더라도 다양한 방법의 대안을 생각할 수 있다. 하지만 땅이나 아파트는 수익을 내려면 시세만 바라보고 살아야 한다. 리스크 관리라는 면에서는 빌딩이나 상가가 그래도 대안이 더 많다.

한편 상가나 건물보다 아파트 투자를 권하는 어느 '고수'는 이런 이유를 들고 있다. 아파트는 가격이 뛴다고 해서 곧바로 그 주위에 새로운 아파트(빌라 등)가 들어서지만 상가나 빌딩은 가격이 오르면 주변의 건물들이 변신을 한다는 것이다. 예를 들어서 근처에 오피스텔이 있다면 상가로 리모델링해서 공급되기 때문에 가격이 오르는 데에 한계가 있다는 것이다. 다시 말해서, 아파트는 수요가 생겨도 그에 대한 공급의 탄력성이 적지만 상업용 건물은 수요에 따라서 공급의 탄력성이 크기 때문에 상업용 건물보다 아파트가 수익이 좋다는 얘기였다. 이 얘기를 보고 좀 황당했다. 그 '고수'는 아마도 자신의 경험을 통해 제대로 체득한 게 아니라 어디서 주워들은 얘기를 그냥 믿었거나, 아파트가 좋다는 주장에 신빙성을 더하기 위해서 억지로 이런 얘기를 꾸며낸 것 같았다.

제한된 사례가 있기는 하다. 예를 들어 분양형 호텔이 인기가 있을 때 원래 오피스텔로 건축되었던 건물이 대수선 및 증축을 거쳐 분양형 호텔로 변신하는 것이 대부분이다. 부산의 해운대를 비롯한 인기

관광지를 가보면 분명 호텔인데 방의 구조는 오피스텔과 비슷한 곳이 상당수 있다. 모텔이었던 곳이 부티크 호텔의 인기에 힘입어서 리모델링을 거쳐서 부티크 호텔로 탈바꿈하기도 한다.

하지만 이 '고수'의 주장은 전반적으로 말이 안 된다. 첫째로, 앞서 이야기한 오피스텔이 분양형 호텔로 탈바꿈한 경우에는 건물의 구조가 그래도 비슷하기 때문에 가능하다. 하지만 사무실이나 오피스텔로 쓰기 위한 건물과 상가로 쓰기 위한 건물은 건설 때부터 그 구조가 많이 다르다. 예를 들어, 오피스텔은 주거를 겸할 수 있는 구조를 갖추고 있기 때문에 아파트나 마찬가지라고 볼 수 있다. 일단 문이 작고 가정용 부엌과 화장실, 샤워실(설비) 같은 것들이 생활하기에 잘 갖추어져 있다. 벽면 또한 밀폐형 구조다. 매장처럼 오픈된 유리 벽면이 아니라는 얘기다. 이것을 과연 매장용 빌딩으로 리모델링할 수 있을까? 리모델링 정도가 아니라 구조 전체를 다 뜯어 고치든가 철거하고 새로 지어야 한다. 둘째로, 이미 오피스텔이나 사무실용 빌딩도 보통 2~3층까지는 상가 형태로 지어져 있다. 상권에 따라서 많게는 5층 이상까지 상가 구조를 가지고 있고, 그 위로는 오피스텔 형태로 되어 있다. 이미 빌딩의 일부는 상가 구조이고, 나머지는 구조 변경이 힘들기 때문에 주변에 상권이 뜬다고 해서 전체를 상가 건물로 리모델링한다는 것은 현실성이 없다.

또 한 가지, 상권이 잘 형성되거나 경기가 좋아서 건물이나 상가의 가격이 상승세를 탄다면, 그 주위에 다른 건물이 생긴다고 해서 상승세가 꺾이는 게 아니다. 장삿속에 장사한다는 말처럼 좋은 곳은 더 커지고 더 좋아지게 된다. 좋은 곳은 공급이 있어도 늘 이를 뛰어넘는 수요가 있게 마련이기 때문이다. 쉽게 생각해보자. '먹자 골목'이나 '카페 골목'이라고 해서 어떤 상권이 뜨면 가게가 늘어난다. 그런다고 그 골목이 망하는가? 오히려 대중의 관심이 커지고 사람이 더 몰려서 상권이 확장되는 효과가 생기면서 주변 상업용 건물의 가격이 오른다. 그리고 아파트 가격이 뛴다고 해서 곧바로 새로운 물량이 공급되지 않는다는 것도 사실과는 다르다. 우리나라는 선분양제이기 때문에 아직 착공도 하지 않은 상태에서도 분양을 할 수 있다. 2014년 이후로 정부의 LTV, DTI 완화에 저금리가 겹쳤을 때 건설사들은 많은 아파트 분양 물량을 쏟아냈다. 만약 대부분 국가처럼 아파트를 최소한 3분의 2이상은 짓고 나서야 분양을 할 수 있다면 정부 정책이 바뀌었다고 해서 그렇게 물량을 쏟아낼 수 있었을까?

강남의 상가보다는 강북의 빌딩을 선택하라

필자가 처음으로 부동산 투자를 시작했을 때 사들인 부동산은 빌딩이 아니라 상가였다. 투자금이 적지만 수익형 부동산에 투자하고 싶을 때 빌딩보다는 상대적으로 적은 돈으로 투자할 수 있는 상가에 눈을 돌리는 분들도 많다. 상가도 상가 나름이라 강남 상가는 심지어 200억, 300억 원을 호가하는 곳까지도 적지 않고 수십억 대는 수없이 많다. 그렇다면 내가 10억 원의 투자금을 동원할 수 있다면 강남의 상가에 투자하는 게 나을까? 강북의 빌딩에 투자하는 게 나을까? 필자라면 강북의 빌딩에 투자하는 쪽을 선택할 것이다. 상가보다 빌딩이 투자 대상으로는 더 좋기 때문이다.

상가는 빌딩의 한 공간을 분양받는 것이다. 집으로 말하면 아파트 건물 한 동 안에 있는 수십, 수백 채의 집 가운데 한 채를 분양받는 셈이다. 하지만 빌딩은 아파트 한 동을 통째로 사는 것이다. 여기에는 큰 차이가 존재한다. 예를 들어서 내 상가가 있는 빌딩의 외관이 별로 좋지가 않다면 어떻게 해야 할까? 내가 할 수 있는 일이 별로 없다. 나에게 주어진 자유는 거의 다 내가 분양 받은 실내 공간 안에서만 누릴 수 있다. 하지만 내 빌딩이라면 전체를 자유롭게 다룰 수 있다. 외관이 너무 낡아 보이면 리모델링을 해서 깔끔하게 바꿀 수도 있고, 법적으로 가능하고 안전에 문제가 없다면 증축을 할 수도 있고, 아예 건물을 철거하고 새 빌딩을 올릴 수도 있다. 내가 선택할 수 있는 폭이 훨씬 넓다는 점에서 상가보다는 빌딩이 더 좋은 투자 대상이다.

비싼 지역의 비싼 상가보다는 좀 덜 비싼 지역에서 투자 가치가 좋은 빌딩을 찾는 것이 더 좋은 선택이다. 물론 덜 비싼 지역은 덜 좋은 지역이고 그러자면 좋은 빌딩을 찾기 위해서는 더 많은 노력이 필요하다. 하지만 공짜로 되는 투자는 없다. 리스크를 줄이면서 좋은 수익을 얻고 그만한 노력이 필요하다. 또한 그만한 가치도 있다.

3. 간접투자, 도대체 내 몫은 얼마인가?

부동산 투자는 증권 투자와 비교하면 준비해야 할 자금의 규모가 큰 편이다. 적은 돈으로 지방의 값싼 땅을 사서 대박을 노릴 수도 있지만 확률이 너무 낮다. 부동산 중에서도 빌딩은 기본 자금 규모가 좀 더 큰 편이고 몇백, 몇천 억원 대의 대형 빌딩은 개인 투자자들은 거의 쳐다보기도 힘들다. 그러다 보니 빌딩에 투자하고 싶지만 자금이 충분하지 않은 사람들은 간접투자에 눈을 돌린다.

간접투자 수익 중에 내게 돌아오는 비율은 얼마?

부동산 간접투자 수단은 크게 리츠와 부동산 펀드가 있다. 두 방식 모두 기본적인 개념은 공모(공개적으로 50인 이상의 불특정다수 투자자를 모집하는 것) 혹은 사모(30명 이하 소수의 거액 투자자, 또는 기관 투자자만을 모집하는 것) 방식으로 투자자를 모집해서 자금을 조성한 뒤, 부동산에 투자하는 것이다. 투자로 수익이 나면 그 이익 중 일부가 투자자에게 돌아간다. 하지만 대부분의 부동산 간접 상품은 사모 형태로 운영되므로 소액으로 투자하려는 사람들은 접근하기가 힘들다. 최근 들어서는 공모 형태로 소액 투자가 가능한 상품도 조금씩 나오지만 아직은 소수에 불과하며, 소액 투자가 가능한 부동산 펀드는 보통은 해외의 리츠에 투자하는 상품들이다.

리츠는 회사 주식을 사는 방식으로 투자하는 반면 부동산 펀드는 말 그대로 펀드 투자를 한다는 점에 가장 큰 차이다. 리츠는 부동산 투자를 목적으로 하는 회사로, 투자자는 이 회사의 주식을 사는 것이다. 이렇게 모은 자본금으로 회사가 부동산 개발을 하거나 기존 부동산에 투자해서 이익이 나면 투자자는 주식의 배당을 받아 수익을 올린다. 리츠 투자는 주식을 사들이는 것이므로 이 주식을 증권시장에서 거래할 수도 있다.

반면 부동산 펀드는 우리가 잘 알고 있는 대로 펀드에 가입해서 투자하는 것이고 수익을 얻는 방식도 우리가 익히 알고 있는 증권 펀드와 거의 같다. 각각의 투자 방식은 투자 대상이나 자산 관리 방식과 같은 운영 방법에 따라 종류가 세분화되며, 일반 펀드와는 다른 점도 여러 가지 있지만 이 책은 직접투자를 주요한 목적으로 하는 것이므로 자세한 설명은 생략하기로 한다.

간접투자는 분명 그 나름대로의 장점이 있다. 가장 큰 장점이라면 직접투자에 비해서 적은 돈으로도 투자할 수 있고, 개인은 투자하기 엄두가 나지 않는 큰 대형 건물에도 집합 투자 형식으로 투자가 가능하다. 전문적인 자산운용사 및 부동산 관리회사가 투자 및 관리를 하므로 직접 투자에 비해 개인이 빌딩 관리에 신경 쓸 부분도 별로 없다. 여기에 부동산 매매 과정에서 발생하는 양도소득세와 같은 세금에 대한 비과세 혜택도 있다.

간접투자를 권하는 이들은 '안정성'을 주로 강조한다. 직접투자는 비교적 변동성이 큰 소형 부동산 위주이므로 안정성도 떨어지고, 개인 투자자는 부동산 투자회사에 비해 전문성이 떨어지며, 세제 혜택도 적기 때문에 간접투자와 비교하면 약점투성이인 것처럼 주장한다.

그러나 장점이 있으면 그 이면도 있는 법이다. 간접투자가 위에서 설명한 장점으로만 가득하다면 나부터 간접투자에 올인할 일이지, 굳이 피곤하게 노력을 기울여야 하는 직접투자에 나설 이유가 없다. 내 주위를 아무리 둘러봐도 간접투자로 부자가 되었다는 사람들은 보기 힘들다. 빌딩 투자를 통해서 수익을 거두고 부를 키운 사람들은 절대다수가 직접투자의 결과이지, 간접투자는 일종의 보조적 방법, 특히 위험 분산을 위한 헤지 수단 정도로 생각한다.

증권이든 부동산이든 간접투자 상품에는 여러 가지 수수료가 중간에 끼여 있다. 부동산 투자로 수익이 발생할 때 각종 수수료가 얼마나 나가는지, 빌딩 운영을 통해 수익이 난다면 빌딩 관리와 운영에 관여하는 개인이나 회사들이 얼마를 가져가는지 투명하게 설명하는 곳은 별로 없다. 예를 들어 보자. 내가 2억 원의 자금을 부동산 간접투자 상품에 넣었고, 이 상품은 여러 사람들의 투자금을 모아 100억 원짜리 빌딩을 매입한 시간이 지나서 200억 원에 팔았다. 그중에 2억 원을 투자한 나에게 돌아오는 돈이 얼마인가? 100억 원짜리 빌딩을 매입해서 연간 임대료 수익으로 10억 원을 올렸다고 가정해보자. 그 수익 중 나에게는 얼마만큼이 돌아오는가? 아마 속시원한 대답을 듣기 힘들 것이다.

공식적인 자료는 아니지만 업계의 통설에 따르면 원금 보장형은 수익의 2~30퍼센트 정도, 원금 비보장형은 최대 60퍼센트 정도가 투자자들에게 분배된다고 한다. 나머지는 운용회사, 관리회사, 판매회사의 갖가지 수수료로 빠져나간다. 여기에 선취수수료를 매기는 상품도 있다. 내가 낸 돈 중에 일정 비율을 먼저 수수료로 떼고 나머지 돈을 투자 자금으로 운용하는 것이다. 대략 2퍼센트 정도이므로 미미한 비율이라고 볼 수 있지만 투자금의 단위가 커지면 그 돈도 무시할 수준은 아니다. 선취수수료가 없는 상품이라면 다른 수수료가 더 올라가는 게 보통이다.

상품을 판매하는 금융사에서는 이와 같은 설명을 정확히 해주지 않는다. 대답하기 싫어서 안 하는 것이 아니라 몰라서 못 해주는 것이다. 투자 상품을 판매하는 금융사 직원의 상당수는 자신이 판매하는 상품이 정확한 수익 분배 과정을 잘 모른다. 대부분은 상품을 개발한 투자 회사가 제공한 자료를 그대로 읽다시피 하는 수준이다. 직접 경험한 바로도 간접투자 상품에 관해서 장황한 설명을 늘어놓는 직원에게, "그래서, 이를테면 내가 1억 원을 넣어서 부동산 펀드가 수익이 100억 원이 나면 내가 가져가는 돈이 얼마입니까?"라고 물어보면 엉뚱한 설명만 돌아온다. 심지어는 "저희 직접 상품이 아니라서, 복잡해서 저도 모르겠어요…."라는 대답이 돌아온다.

은행에서 파는 간접투자 상품은 그 은행의 상품이 아니다. 설령 그 은행의 이름이 붙어 있는 상품이라고 해도 알고 보면 그 은행이 속한 금융그룹의 다른 투자회사다. 하나의 투자 상품에는 개발과 운용 및 관리, 판매와 같은 여러 관계들이 얽혀 있고, 여기에 관여하는 회사들을 몇 군데는 거쳐야 소비자에게까지 온다. 각 회사들은 자기들 일에 관한 것만 알 뿐 그 상품의 전반적인 내용은 잘 모른다.

판매사는 더 심하다. 한곳에서 증권 펀드, 부동산 펀드, 금이나 석유 같은 현물 펀드에 방카슈랑스(보험)까지 취급하니 직원들이 이 모두를 제대로 알 리 없다. 알려고 해도 상품의 구조나 얽혀 있는 회사들, 각종 수수료 관계가 너무 복잡하다. 마치 일부러 사람들이 모르게 하려고 꼬아놓은 것처럼 설계했나 싶을 정도다.

손실을 볼 때에는 간접투자가 더 위험할 수도 있다

간접투자도 좋은 투자 상품을 골라서 적절하게 투자한다면 수익을 기대할 수 있고, 직접투자로 작은 규모의 빌딩을 공략하고 있다면 대형 빌딩에 투자가 가능한 간접투자 상품을 위험 회피 기능으로 활용할 수도 있다. 그러나 간접투자 상품을 만만하게 보는 것은 금물이다. 간접투자 상품은 결코 은행 적금처럼 꼬박꼬박 돈을 넣으면 이자가 나오는 상품이 아니다. 수익률은 불확실하고 원금을 손해 볼 가능성도 존재한다.

리츠나 부동산 펀드를 운용하는 회사에서는 직접투자는 위험성이 크고, 간접투자는 안전한 것처럼 주장하지만 이 역시 한쪽 면만 보는 것이다. 빌딩에 투자했는데 기대한 만큼 수익이 나지 않거나 오히려 가격이 떨어졌다고 가정해보자. 직접투자든 간접투자든 손해를 본다. 하지만 리츠의 경우 회사 운영 상태가 나빠지면 상장 퇴출되거나 심지어 문을 닫을 수도 있고, 리츠 주식은 휴지 조각이 될 수도 있다. 부동산 펀드라고 해도 손실이 커질 수 있다. 펀드 및 투자회사 운영을 위한 비용은 손해를 보더라도 고정적으로 들어가기 때문이다. 펀드 운용사 자체가 부실해질 수도 있다. 간접투자는 정확히 말하면 부동산이 아닌 '증권'에 투자한다는 사실을 잊어서는 안 된다.

반면 직접투자로 빌딩을 사들였다면 설령 손실이 생기더라도 건물 자체가 휴지 조각이 되지는 않는다. 건물 자체에 들어가는 유지 관리 비용 이외에 투자 회사의 운영비용 같은 것도 빠지지 않는다. 손실이 날 때에는 오히려 직접투자가 손실의 규모가 적을 수 있으므로 더 안전할 수도 있다.

내가 잘 몰라서, 또는 투자에 올인할 수가 없으니 간접투자를 하는 것인데도 간접투자 상품의 장단점은 무엇인지, 어떤 식으로 수익이 나고 투자 수익 중에서 실제 어느 정도가 나에게 돌아오는 것인지, 직접투자와 비교했을 때 수익과 리스크의 상관관계는 어느 정도인지, 이런 내용들을 제대로 설명 듣는 것도 힘들고 어떤 리스크가 있는지도 정확히 알기 힘든 게 간접투자 상품의 현실이다.

물론 투자 상품에는 약관이 있다. 아주 깨알 같은 글씨로 몇 페이지에 걸쳐서 어려운 전문용어들이 넘쳐나는 문서 말이다. 이걸 개인이 다 읽고 다 파악할 수 있을까? 어지간한 전문가가 아니면 약관을 분석해서 전체 투자 수익 중에 나에게 돌아오는 비율이 얼마나 되는지 알아내느니, 차라리 지금 수능 시험을 다시 보라고 하는 게 나을 것이다. 행여 천신만고 끝에 내용을 전부 파악했다 하더라도 "이 조항은 형식적인 것이므로 굳이 그렇게 걱정 안 하셔도 됩니다."라며 감언이설 하는 경우가 비일비재하다.

다시 한 번 말하지만 어떤 종류의 투자도 나의 노력과 공부 없이 손쉽게 수익을 거둘 수는 없다. 과거에는 경제가 빠르게 성장하고 어떤 자산이든 오르는 시대였다. 이런 시대에는 자산을 사놓기만 해도 올랐고, 펀드도 들기만 하면 큰 수익을 기대할 수 있었다. 지금은 시대가 바뀌었다. 직접투자든 간접투자든 하라는 대로만 하면 돈을 벌 수 있다는 생각은 버려라. 지금은 어떤 종류, 어떤 방법의 투자든 철저하게 노력한 만큼 수익을 기대할 수 있는 시대다.

4. 오피스 빌딩은 생각도 안 하는 이유

수익형 빌딩을 분류하는 방법은 여러 가지가 있겠지만 흔히 생각하는 기준은 매장을 위주로 하는 중소규모의 상업용 빌딩과, 사무실 위주의 중대형 오피스 빌딩이다. 빌딩 투자에 관해 다룬 책들 중 오피스 빌딩 투자를 권하는 책을 보면 다음과 같은 장점을 내세운다.

- 오피스 빌딩은 주로 법인이 임차하기 때문에 계약이나 임대료 및 공과금 납부와 같은 면에서 개인이 주로 임차하는 상업용 빌딩보다는 연체 위험이 적고 처리가 깔끔하다.
- 상업용 빌딩은 권리금이나 인테리어 비용 같은 이유로 까다로운 문제에 휘말릴 수 있다.
- 법인, 특히 큰 법인일수록 장기로 임차하기 때문에 수익의 안정성이 높다.
- 매장은 경기의 호황이나 불황을 타기 쉽지만 법인, 특히 큰 법인일수록 여파를 덜 탄다.

오피스 빌딩의 치명적인 약점, 공실률

그런데 오피스 빌딩에는 앞에서 언급한 장점들을 흡수해버릴 수 있는 큰 약점이 있다. 바로 공실률이다. 사무실이나 매장이 임대되지 않고 비어 있는 비율인 공실률이 높으면 임대 수익은 직격탄을 맞는다. 임대 수익이 그만큼 줄어드는 것은 물론이고, 비어 있는 동안에는 기본적인 유지 관리비를 소유주가 부담해야 하므로 오히려 마이너스가 된다. 공실이 많이 나는 빌딩은 그만큼 상권이 별로이므로 자산 가치도 하락한다.

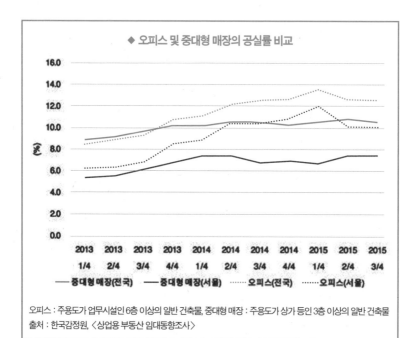

◆ 오피스 및 중대형 매장의 공실률 비교

오피스 : 주용도가 업무시설인 6층 이상의 일반 건축물, 중대형 매장 : 주용도가 상가 등인 3층 이상의 일반 건축물
출처 : 한국감정원, 〈상업용 부동산 임대동향조사〉

위 그래프에서 확인할 수 있는 것처럼 오피스 빌딩의 공실률은 중대형 매장용 빌딩, 즉 상업용 빌딩보다 높은 흐름을 유지한다. 서울 지역 오피스의 공실률이 전국 단위 중대형 매장보다는 낮지만 지역끼리 묶어 비교하면 양쪽 모두 매장용 빌딩의 공실률이 확연히 낮다. 또한 매장용 빌딩은 공실률 그래프의 굴곡도 적고 안정된 흐름을 보인다.

오피스 빌딩의 장점으로 내세우는 '상업용 빌딩은 경기 흐름을 많이 탄다'는 주장과는 달리 공실률을 보면 오히려 오피스가 경기 흐름에 더 출렁댄다.

실제 시장 분위기를 보면 오피스 빌딩에 더더욱 손이 가지 않는다. 서울 오피스 빌딩의 노른자위라고 할 수 있는 테헤란로도 항상 오피스 공실이 10~20퍼센트 정도는 난다는 게 관련 업계 사람들이 종종 하는 이야기다(처음 오는 손님한테 이런 얘기를 할 중개업자는 절대 없겠지만).

왜 오피스 빌딩이 상업용 빌딩보다 공실률이 높을까? 아이러니하게도 오피스 빌딩이 좋다고 주장하는 근거로 내세우는 이유들 때문이다. 앞에서 오피스 빌딩이 좋다고 주장하는 사람들이 내세우는 이유 중 '상업용 빌딩은 권리금이나 인테리어 비용과 같은 문제들 때문에 까다로운 문제에 휘말릴 여지가 많다'는 대목이 있었다. 그럴 가능성은 있다. 나가려는 사람들은 최소한 권리금은 받고 나가고 싶어 하고 인테리어 비용도 어떻게든 일부라도 보전받으려 하기 때문이다.

그런데 권리금과 인테리어 비용은 공실률을 적게 만드는 주요한 이유이기도 하다. 오피스 빌딩은 지금 있는 곳이 마음에 안 들거나 자금 사정으로 부담이 있어서 다른 곳으로 옮기고 싶다면 이사 가는 것이 큰 문제는 아니다. 오피스에 권리금이 있는 것도 아니고 인테리어 비용도 크지 않다. 그러나 상업 매장은 권리금이나 인테리어 비용 때문에 쉽게 움직이기 힘들다. 오피스 빌딩 투자를 권하는 사람들은 이런 면은 숨긴 채 그저 '권리 관계가 복잡해서 트러블이 많이 생긴다'는 쪽만 부각시킨다. 권리금 또한 임차인들끼리 주고받는 거라 건물주가 크게 개입되어 복잡해질 상황은 극히 드물다. 한마디로 구더기 무서워서 장 못 담그는 격이다.

오피스 빌딩은 생각도 안 하는 이유

'법인 임차인은 깔끔하다'는 신화

이제 오피스 빌딩이 좋다는 주장의 다른 근거들도 살펴보자. 오피스 빌딩은 법인이 주로 임차하기 때문에 연체 위험이 없어서 좋고 처리가 깔끔하다고 한다. 틀린 말은 아니다. 최상의 시나리오일 때에는 법인 쪽이 여러 면에서 편할 수 있다. 하지만 세상은 내가 원하는 이상적인 방향으로 흘러가지 않을 때가 더 많다. 빌딩 투자를 하는 사람들 중에는 규모가 있는 법인에게 임차하는 것을 꺼리는 사람들도 있다. 오히려 너무 복잡하다는 것이다.

임대차계약을 할 때를 예로 들어 보자. 개인 대 개인으로 계약을 할 때에는 마주 앉은 자리에서 결론을 낼 수 있다. 의견이 안 맞아도 그 자리에서 조정하고 합의를 볼 수 있다. 법인은 얘기가 다르다. 기업은 규모가 조금만 커도 대표가 아닌 실무 담당자가 계약을 진행하는데, 뭔가 안 맞을 때마다 "잠깐만요."를 연발한다. 자신에게 결정권이 없어서 회사의 관련 담당자에 물어봐야 하기 때문이다. "오늘은 좀 곤란하겠는데요. 회사에 가서 다시 얘기를 해봐야겠습니다."라는 얘기를 들을 때도 많다.

법인의 규모가 더 커지면 내부에 법무팀을 따로 두거나 외부 법률 자문이 있어서 사공이 더더욱 많아진다. 계약서의 시시콜콜한 부분까지 따지고 들고, 손톱만큼이라도 자기들에게 유리한 쪽으로 계약서를 만들기 위해서 물고 늘어진다. 이러다 보면 계약은 계속 지연된다.

또한 개인 대 개인의 거래는 협상 과정에서 감정에 호소하는 방법으로 문제를 풀 수도 있고, 서로 통 크게 양보할 수도 있다. 법인, 특히 대기업은 어림도 없다. 감정이란 게 없다고 봐도 된다. 자료나 숫자가 중요하다. 얼마에 계약했느냐가 중요하기 때문에 임대료에 집착한다. 그런 꽉 막힌 사고방식 때문에 오히려 대기업 법인과 계약하는 게 손해를 많이 보기도 한다. 예를 들어 건물주가 숫자로 잡히는 임대료는 낮춰주는 대신 대기업 법인은 수치화되기 어려운 다른 부대조건을 자기에게 유리하게 해놓으면 더 이득이 될 수 있고 반대로 법인 임차인에게는 더 손해일 수도 있기 때문이다.

법인은 기본적으로 자금 계획을 세우고 일정에 따라서 집행하기 때문에 연체가 적다고 볼 수도 있지만 그것도 회사가 잘 돌아가고 현금 흐름에 문제가 없을 때의 이야기다. 즉 법인도 법인 나름이라는 얘기다. 사실 일반 매장도 장사가 잘될 때 임대료를 안 내는 사람은 거의 없다. 반대로 법인도 경영에 어려움이 생기고 자금 상황이 나빠지면 임대료 연체가 발생한다. 자금 집행을 회사 운영에 가장 시급한 것부터 우선순위를 두는데, 그에 비해 사무실 임대료는 우선순위가 낮은 것이 보통이다.

큰 법인일수록 장기로 임차하므로 수익의 안정성이 높다는 주장은 어떨까? 일견 맞는 이야기다. 큰 법인일수록 임대 기간도 길고 공간도 넓으니 쉽게 움직이기 어려울 것이다. 또 큰 회사일수록 일반 작은 회사보다 자금 여유가 충분한 경우가 많으니 임대료 체납 걱정은 덜할 수 있을 것이다. 하지만 그 무거운 몸을 움직였을 때가 문제다. 큰 회사이다 보니 임대 면적 또한 클 것이고 공실이 클수록 새 임차인을 찾기가 힘들기 때문이다. 몇 달 정도 공실은 다반사고 1년 넘게 새 주인을 찾지 못하는 빌딩도 있다. 노른자위라는 테헤란로나 강남역 일대를 가보아도 '임대'라는 큼직한 현수막을 걸어놓은 빌딩을 어렵지 않게 볼수 있다. 정 안 되면 큰 공간을 나눠서 임차하는 방법을 생각해야 하는데, 그러면 '큰 법인'이 가지는 장점은 날아간다.

앞에서 오피스 빌딩이 경기를 덜 탄다는 주장이 허구라는 사실을 데이터로 보여주었다. 실제로 경기가 나빠지거나 경영이 어려워지면

오피스 빌딩은 생각도 안 하는 이유

회사가 비용 절감을 위해 가장 많이 실행하는 대책 중 하나가 사무실 줄이기다. 공간을 줄이고 임대 및 관리비용이 더 저렴한 곳으로 가는 것이다. 구조 조정으로 직원 수를 줄이면 필요한 공간도 줄어드므로 더더욱 사무실을 줄일 이유가 생긴다. 매장은 얘기가 다르다. 전보다 수입이 줄었다고 해서 규모를 줄이거나 이사를 가는 게 쉽지 않다. 권리금이나 인테리어 문제도 있고, 옮긴 곳 또한 새롭게 인테리어를 해야 하며 그동안 매장을 찾던 손님이 같이 옮겨간다는 보장도 없기 때문이다.

대규모의 자금을 굴리는 투자 회사는 오피스 빌딩에 투자하는 편이 나을 것이다. 예를 들어, 1조 원의 자금을 굴리는 투자 회사가 몇십 억짜리 매장용 빌딩 수백 개에 투자를 하려면 관리가 너무 복잡해진다. 그보다는 수천억 원대 빌딩 두세 개에 투자하는 편이 낫다. 빌딩 규모가 그 정도가 되면 앞서 말했던 오피스 빌딩의 장점이 부각될 수 있다. 하지만 개인 투자자는 아무리 부자라도 해도 진입장벽이 너무 높다. 오피스 빌딩 투자를 권하는 책들은 결국 개인들은 살 여력이 안 되니 리츠나 부동산 펀드와 같은 간접 상품으로 투자하라는 식으로 흐르기도 한다.

실제 빌딩 투자로 상당한 재력을 가지고 있는 개인 투자자들에게 물어보아도 "오피스 빌딩은 생각도 안 한다"는 사람들이 대다수다. 오피스 빌딩에 투자할 수 있는 자금력을 가진 사람조차도 그렇게 이야기한다. 가장 큰 문제는 앞서 이야기한 것처럼 공실률 때문이다. 어떤 종류의 빌딩이든 수익에 가장 큰 타격을 주는 것은 공실이다. 이 문제 하나만을 놓고 보아도 오피스 빌딩보다는 상업용 빌딩이 투자 가치가 더 높다.

5. 누구나 할 수 있지만 아무나 할 수는 없다

빌딩 투자가 꾸준하게 좋은 수익을 내다 보니 "나도 관심이 있는데, 좋은 데 있으면 나도 좀 알려줘. 같이 투자해서 같이 수익 좀 내보자고." 하는 분들이 가끔 있다. 첫 책을 내고 나서는 그런 말씀을 하는 지인들이 더 많아졌다. 그런데 막상 실제로 그런 분들과 같이 투자를 한 일은 별로 없었다.

사실 냉정하게 돈의 관점에서 본다면 그런 분들과 공동으로 투자를 하는 게 나에게 이득이 될 것은 별로 없다. 내가 자금력이 부족해서 지인들의 돈을 끌어와야 한다면 모르지만 나로서는 원하는 물건을 매입할 만큼의 자금 동원은 할 수 있기 때문에 지인들의 돈을 받으면 수익도 그만큼 줄어드는 결과가 된다. 하지만 사람에게 돈이 전부는 아니지 않은가? 평생을 두고 관계를 유지하고 싶은 좋은 사람들이라면 내가 조금 양보해서 그분들에게 수익을 안겨주는 게 돈의 관점으로만 볼 문제는 아니다.

그런데 왜 실제로 같이 투자하는 일은 없는가 하면 그동안 말로는 "좋은 데 있으면 나도 좀 알려줘." 하던 분들이 막상 내가 좋은 물건을 찾아내서 얘기를 해보면 주춤주춤하기 때문이다. 자신이 잘 아는 분야도 아니고 투자를 하려면 큰돈이 들어가니까 망설여지는 것이다.

좋은 빌딩은 절대 당신을 기다려주지 않는다

최근에도 비슷한 일이 있었다. '이건 된다' 싶은 빌딩을 찾은 후에 평소에 "좋은 데 있으면 나도 좀 알려줘." 하던 지인에게 의향을 물어보았다. 그런데 아니나 다를까, 지인은 쭈뼛쭈뼛하면서 자꾸만 생각할 시간을 달라는 것이었다. 결국 이틀을 기다렸다가 필자 혼자 계약하고 말았다. 이 물건을 놓치면 안 되기 때문이었다. 미적미적하는 사이에 혹시라도 다른 투자자가 감을 잡고 뛰어든다면 가격이 뛸 것이고, 빌딩을 팔려고 내놨던 사람들 중에도 마음이 변해서 매물을 거둬들이는 경우도 많다. 지인의 콩알만 한 간이 부풀어 오르기만을 하염없이 기다릴 수는 없었다.

이 책에서 자세하게 풀어가겠지만 필자의 빌딩 투자 기본 원칙은 '시세보다 싼 물건을 사는 것'이다. 적지 않은 사람들이 개발 호재와 같은 정보에 귀가 솔깃하지만 이는 보너스다. 개인의 정보력이 남들이 모르는 정보를 알 만큼 뛰어나기는 힘들다. 개발 호재가 잘못된 정보였다면 바가지를 쓰는 꼴이 된다. 설령 근거가 있는 얘기라고 해도 100퍼센트 믿을 수 없다. 정부 정책은 자주 바뀌기 때문이다. 당장에라도 시작될 것처럼 보였던 개발 호재가 몇 년씩, 심지어는 10년 이상씩 미뤄지는 일은 비일비재하다. 그렇다고 개발이 확정된 다음에 사야 할까? 그때는 이미 가격이 크게 뛰어 있을 것이다. 필자의 원칙은 끈질기게 가치가 저평가된 것을 찾아내서 투자하는 것이다. 길게 잡아 2~3년에 하나씩만 찾아낸다고 해도 그 결과는 노력한 보람을 안겨준다. 그래서 타이밍이 중요하다. 이런 물건은 쉽게 찾기도 힘들지만 확신이 섰을 때 빨리 행동으로 옮기는 것도 중요하기 때문이다. 길고 지루한 수색작전(?) 끝에 어렵사리 찾아낸 물건인데, 미적거리다가 놓쳐버린다면 그만큼 억울한 일이 어디 있겠는가.

결국 필자가 매입했던 빌딩은 6개월 만에 대출 제외하고 실제 현규 투자 대비 150퍼센트가 넘는 수익을 내고 매각했다. 더 가지고 있었으면 더 받았을 수도 있었다. 매각했을 때의 가격도 주변 시세와 비교하면 90퍼센트가 약간 안 되는 정도였기 때문이다. 즉 주변 시세의 65퍼센트가 조금 넘을 정도로 저평가된 빌딩을 사서 90퍼센트가 안 되는 수준에서 판 것이다. 그날 지인들에게 연락을 해서 근사하게 저녁을 샀다. 물론 투자하기를 미적미적했던 그 지인도 포함되어 있었다. "반년 전에 샀던 빌딩을 오늘 팔았습니다. 수익이 좀 남아서 오늘은 제가 한턱 사려고요." 지인들이 속으로 아까워하는 기색이 눈에 훤했지만 그러면 뭐하겠는가. 다음에도 막상 자신에게 기회가 오면 뒷걸음질 칠 것을.

직접투자를 하든, 다른 투자자에게 맡기든 중요한 것은 돈의 준비만이 아니라 마음의 준비다. 주변에서 누가 투자로 돈을 벌었다고 하면 "좋은 것 있으면 같이 하고 같이 벌자고."라는 말은 참 쉽게 한다. 필자도 가끔 다른 분야의 사람들에게 으레 얘기하고는 한다. 돈은 있으니까 그렇게 말할 것이다. 하지만 마음의 준비는 안 되어 있으니 막상 좋은 기회가 오면 뒤로 뺀다. 그런 사람은 지금까지 자기가 했던 말이 찔리기 때문에 다시는 '투자' 얘기를 못 꺼낸다. "나는 꼭 예쁜 여자하고 사귈 거야." 하는 남자가 진짜로 예쁜 여자가 말을 걸면 입이 얼어붙어서 말 한마디 제대로 못하다가 끝나는 것이나 마찬가지다. 희망사항과 마음의 준비는 다르다!

어떤 고수도 죽은 빌딩은 못 살린다

좋은 투자 기회가 있어도 미적거리다가 기회를 놓치는 것과는 반대로, 감언이설에 속아서 큰돈을 어이없는 곳에 투자하고 후회하는 사람들도 있다. 첫 책이 나오고 신문에 인터뷰 기사까지 나오면서 건국대학교 부동산학과 및 기타 여러 곳에서 강의를 요청해오기도 하는 등 여기저기서 연락이 많이 왔다. 지인도 가까운 지인이 있는가 하면 안면 정도나 트고 지내는 먼 지인도 있게 마련이다. 책과 인터뷰 기사를 보고 먼 지인들에게서도 한동안은 연락이 부쩍 늘었다.

그런데 얘기를 들어보면 필자에게 마술을 부려달라는 수준이다. 말도 안 되는 임야를 사놓고 나보고 어떻게 했으면 좋겠냐고 물어보는 사람도 있었다. 애초부터 가치가 없는 부동산이니 변변한 답도 없다. 나로서도 난감하다고 답하면 비아냥거리는 사람도 있다. "고수라면서요?"

진짜 투자의 고수는 살 때 투자 가치가 있는 물건을 잘 찾아서 잘 사는 사람이다. 아무리 훌륭한 명의라도 이미 불치병이 말기에 다다른 환자를 살리지는 못한다. 진짜 명의는 긴가민가한 상황에서도 어떤 병인지를 빨리 파악하고 조기에 치료하는 의사거나, 쉽지 않아도 치료 가능성이 있는 환자의 가능성을 최대한 높이는 의사이지, 애초에 치료 가능성이 거의 없는 환자는 어떤 명의도 못 살린다. 판타지 세계에서 마법사라도 불러오면 모를까, 필자는 어쨌거나 현실 세계의 사람이지 마법사가 아니다.

필자의 책을 보고 나서 연락을 해오는 지인들 중에는 소호 사무실에 잘못 투자한 이들도 여럿 있었다. 한때 벤처 붐이나 1인 창업 열풍을 타고 소호 사무실이 유행했던 시기도 있었다. 사무실 공간을 작게 나눠서 1~3인 정도가 쓸 수 있는 공간으로 만들어놓고 나눠서 팔았던 것이다. 필자에게 전화를 해서 "강북 어디어디에 5000만 원을 주고 샀는데 임대도 잘 안 나가고 죽을 맛이다. 어떻게 했으면 좋겠나." 하고 하소연을 하는데 필자로서도 한숨이 나온다. 근본적으로 가치가 없는 물건을 샀기 때문이다.

전단지, 현수막이나 옥외광고, 심지어 길거리 전봇대나 지하철에까지 붙여놓은 쪽지 광고가 난무하는 이유도, 거기에 걸려드는 사람들이 있기 때문이다. 투자자의 눈으로 보면 과장이 심하거나 함정이 있을 게 뻔한데도 정말 광고 문구에 속아서 그 말이 맞는 말인지, 그 물건은 어떤 물건인지 정확히 검증도 안 해보고 거액을 투자한 뒤에 후회해봐야 때는 늦다.

눈앞에 보이는 달콤한 수익의 유혹에 쉽게 넘어가서 성급하게 큰돈을 던지는 것도, 좋은 기회가 왔는데도 이를 제대로 보지 못하고 큰돈이 들어간다는 것에만 겁을 덜컥 집어먹고 무작정 뒤로 빼는 것도 모두 마음의 준비가 되지 않았기 때문이다. 평상시에 마인드가 갖추어져 있어야 한다. 내가 가진 자금 중에 어느 정도를 투자에 동원할 수 있을지를 미리 정하고, 그 돈은 언제든지 좋은 투자 기회가 생겼을 때 바로 투입할 수 있는 마음 자세가 있어야 한다.

기회가 왔을 때에는 무작정 달려들기 전에 현실과 동떨어진 지나치게 좋은 조건만을 늘어놓지는 않는지, 허위 과장의 혐의가 짙은 '가짜 기회'는 아닌지를 판단하고, 진짜 기회라는 확신이 들면 과단성을 가져야 한다. 앞서 말했지만 좋은 투자는 절대 하염없이 나를 기다려주지 않기 때문이다. 어이없는 곳에 성급하게 투자했다가 수익도 못 내고 팔지도 못하는 외통수에 몰린 사람들도 마찬가지다. 평소에 투자에 대한 마음의 준비가 제대로 안 되어 있다 보니 갑자기 엄청나게 좋아 보이는 게 나타나면 이성적인 판단을 못하고 조급한 마음에 휩쓸리는 것이다. 신중함과 결단력은 결코 상반되는 개념이 아니다. 언제든지 투자의 전시 태세가 닥쳤을 때 도망가지 않고 침착하게 대응할 수 있도록 마음의 준비 자세를 갖추어라. 종종 투자에서는 마음이 돈보다 더욱 중요하다는 사실을 잊지 말라.

6. "빌딩 투자? 돈만 많으면 나라고 못하겠어!"

"흥, 나도 돈만 있었어 봐라. 빌딩 사서 대박 냈지. 돈이 없지 물건이 없나?" "요즘 돈이 돈을 버는 세상 아니냐?" "투자도 돈이 많아야 돈 번다니까. 10억 가진 사람은 1퍼센트만 벌어도 1000만 원인데 1억 가진 사람은 10퍼센트를 벌어야 1000만 원이잖아." "원래 투자라는 게 부자들이나 돈 버는 거지, 개미들은 들어가봐야 털리고 나온다고."

정말로 많은 사람들에게서 이런 이야기를 들어왔다. 나만이 아니라 아마도 투자로 많은 돈을 번 사람들이라면 이런 얘기 한 번쯤 들어보지 않은 사람이 없을 것이다.

2009년에 내 첫 책이 나온 이후로는 나에게 부동산과 투자에 대해서 물어보는 사람들이 부쩍 늘어났다. 내 일도 바빠서 오지랖 넓게 남 일에 신경 쓸 상황이 아닐 때도 많았지만 여력이 되는 한 도움을 주려고 노력했다. 내 책에 관심을 가져주고, 내가 조언을 구할 만한 사람이라고 인정해주는 것이 고맙기도 하고, 책을 썼던 목적이 빌딩 투자에 대해 만연되어 있는 잘못된 인식들을 걷어내고 이 투자 시장이 좀 더 올바른 방향으로 발전할 수 있었으면 좋겠다는, 조금은 주제넘은 생각이기도 했기 때문이다. 그런데 그들의 얘기를 듣다 보면, 알게 모르게 앞에서 언급했던 것과 같은 이야기를 하는 사람들이 적지 않다.

재료만 많이 넣으면 음식이 맛있어지나?

단언하건대, '돈이 돈을 번다'는 생각에서 벗어나지 못하면 투자로 돈을 벌기 힘들다. 그런 마인드를 가지고 있다면 돈이 있어도 투자로 수익을 낼 수 없다. 물론 '돈이 돈을 번다'고 생각하는 근거가 터무니없는 것은 아니다. 부자가 분명 기회의 측면에서 유리한 것도 사실이다.

돈이 많으면 일단 투자할 수 있는 폭이 넓다. 필자 역시도 그런 생각을 할 때가 있다. 강남에 우뚝 서 있는 수천억 원 대의 대형 빌딩을 보면 문득 문득 '나도 수천억 원이 있으면 저런 빌딩에 투자해서 한 번에 수백 억 수익은 거뜬히 낼 수 있을 텐데.' 하는 생각이 든다. 1000억 원이 있는 사람은 또 수천억 원 단위의 초대형 빌딩을 보면서 그런 생각을 할 것이다.

좀 더 안전한 투자가 가능하다는 것도 일리 있는 이야기다. 앞서 언급했던 것처럼 10억 원을 가진 사람이 1퍼센트 수익에 투자하면 1000만 원을 벌지만 1억 원을 가진 사람은 10퍼센트 수익을 내야 같은 돈을 번다. 투자는 수익과 리스크가 비례 관계를 가진다. 더 많은 수익을 추구하기 위해서는 더 많은 리스크를 떠안는 것이 기본 원칙이다. 따라서 부자들이 좀 더 안전한 투자를 할 여유가 많다는 것도 이해할 수 있는 논리다. 그럼에도 불구하고, '돈이 돈을 번다'는 생각은 투자를 반쪽밖에 보지 못하는 짧은 생각이다.

첫 책에서 소개했던 어린 시절의 일을 다시 한 번 이야기하고자 한다. 어렸을 때 방학이 되면 늘 시골 할머니 집에 내려가곤 했다. 할머니는 음식 솜씨가 좋기로 동네에 소문이 자자했다. 나 역시도 시골에 갈 때면 할머니가 해주시는 맛난 음식을 많이 먹을 생각에 기대에 부풀곤 했다.

할머니의 옆집에는 행상으로 근근이 살아가는 아주머니가 있었

"빌딩 투자? 돈만 많으면 나라고 못하겠어!"

다. 다 큰 자식들도 있었지만 빈둥거리고 놀기만 해서 아주머니 혼자 힘들게 생계를 꾸려가는 집이었다. 어느 날, 바깥에서 이웃들끼리 이런저런 얘기를 하는 걸 옆에서 듣고 있었다. 화제가 우리 할머니의 음식 솜씨로 옮겨갔는데, 다들 칭찬을 하는 와중에 옆집 아주머니가 코웃음을 치면서 이렇게 말하는 것이었다.

"흥, 그까짓 거 재료 듬뿍 넣으면 맛있는 거 아냐?"

"나도 재료만 넉넉해봐라, 얼마든지 맛있게 만들지."라는 뜻이기도 할 텐데. 나로서는 이해가 가지 않았다. 재료만 많이 넣으면 맛있다고? 그럼 똑같은 재료를 주고 음식을 만들면 누구나 똑같은 맛을 낼 수 있을까?

지금 생각해보면 그 아주머니를 조금은 이해할 수도 있을 듯하다. 음식에서 좋은 재료를 쓰면 더 맛있어지는 거야 말할 필요도 없다. 혼자서 다 큰 자식들까지 먹여 살리면서 힘들게 사는 아주머니다 보니, 음식을 만들 때에도 마음껏 재료를 쓰지 못하는 심정이야 오죽하겠는가? 어쩌면 그 아주머니도 원래는 음식 솜씨가 아주 좋았을지도 모를 일이다. 하지만 자기만의 틀에 갇혀서 음식 잘하는 사람을 봐도 "재료만 많이 쓰면 맛있지!"라는 식으로 생각해버린다면, 설령 음식 솜씨가 좋은 사람에게서 요리를 배울 기회가 있어도 코웃음만 치고 기회를 버리고 말 것이다.

돈은 투자의 재료다. 음식을 만들 때 좋은 재료가 있으면 좋은 음식을 만드는 데 도움이 된다. 그런데 재료를 그냥 늘어놓기만 하고, 가만히 놓아두면 좋은 음식이 될까? 또는 재료를 적당한 조합을 이루어 음식을 만들어야 맛도 뛰어나는 법이거늘 재료가 많다고, 무조건 음식 맛이 날까? 아무나 데리고 와서 칼만 쥐어주면 고급 레스토랑이 부럽지 않은 음식이 될까? 그렇게 생각하는 사람은 아무도 없을 것이다. 투자도 마찬가지다. 돈만 있으면 아무나 데리고 와도 멋진 수익을 낼 수 있을까? 천만의 말씀이다. 투자로 하루에 1억 원을 버는 것은 누구에게나 하늘의 별따기지만 하루에 1억 원을 날리는 일은 투자 시장에서는 비일비재하다.

관리 못하는 많은 돈은 오히려 불행의 씨앗이다

《조선일보》의 2012년 7월 28일 기사, "로또의 저주… 5년 전 23억 당첨 40대 자영업자"는 '돈이 돈을 번다'는 생각이 얼마나 잘못된 것인지를 말해준다. 이 비극의 주인공은 작은 주점을 운영하고 있었는데, 로또 1등에 당첨되어 당첨금 23억 원 중에 세금을 떼고 18억 원을 받았다. 그는 이 돈을 투자의 밑천으로 썼다. 친구와 지인의 조언을 믿고 수억 원을 들여 번화가에 유흥주점을 냈다. 하지만 결국 실패하고 큰 손실을 보았다. 남은 돈으로 음식점을 열었지만 이것도 실패했다.

주식에도 돈을 댔지만 실패하고, 엎친 데 덮친 격으로 지인에게 사기까지 당하면서 당첨금은 모두 날아가고 오히려 빚더미에 올라앉게 되었다. 결국 이 남자는 부인에게 이혼 요구까지 당하자 스스로 세상을 등지는 선택을 하고 말았다.

이 사연만이 아니라 '로또의 저주'라는 말이 있을 정도로 복권으로 돈벼락을 맞은 사람들 중에 상당수가 오히려 그 이후에 잘못된 선택으로 거액의 당첨금을 탕진하고 오히려 당첨되기 전보다도 못한 상황으로 추락한다. 이미 방송이나 신문을 통해서도 널리 알려진 이야기들이다. 위에서 살펴본 비극의 주인공은 당첨 이전에도 작은 가게를 하고 있었기 때문에 장사를 아주 모르는 것도 아니었고, 돈벼락에 취해 방탕하게 살기보다는 주위에도 당첨 사실을 거의 알리지 않고 투자를 했다. 그럼에도 결과는 참담한 실패의 연속이었다.

"빌딩 투자? 돈만 많으면 나라고 못하겠어!"

앞서 얘기했지만, 나 역시도 내 돈으로 살 수 없는 수천억 원의 빌딩을 보면서 '저런 빌딩을 살 돈이 있으면 좋겠다.'고 생각할 때가 있다. 하지만 저 빌딩을 사서 수백억 원을 벌면 좋지만 반대로 수백억 원을 잃는다면? 그런 생각을 하면서 스스로를 위로한다.

마음가짐이나 마인드 싸움에서는 부자가 여유가 있기 때문에 조급함이나 무리한 대박 욕심에 상대적으로 덜 빠진다. 이런 면에서는 유리한 것은 사실이다. 하지만 1000만 원, 1억 원은 부자에게도 중요한 금액이다. 100만 원 정도의 돈이라면 평범한 사람들과 부자에게는 감의 차이가 있을 수 있다. 한 달에 3, 400만 원의 월급을 받는 사람이 100만 원을 손해 본다면 충격이 크겠지만 부자에게는 그만한 충격은 아닐 것이다. 하지만 1000만 원이나 1억 원으로 가면 얘기가 달라진다. 충격의 무게감에 큰 차이가 없다.

부자라고 해도 '1000만 원쯤이야, 1억 원쯤이야.' 하고 생각하지 않는다. 앞서 언급했던 예에서 10억 원을 가진 사람이 1퍼센트를 손해 보고 1억 원을 가진 사람이 10퍼센트를 손해 봤을 때, 10억 원을 가진 사람이 받을 충격이 1억 원 가진 사람의 10분의 1일까? 절대 아니다. 완전히 똑같지는 않겠지만 큰 차이는 없다.

게다가, 엄밀히 따진다면 앞의 예는 잘못되었다. 10억 원을 가진 사람이라고 1퍼센트 수익만 내서는 답이 없다. 인플레이션이 있기 때문이다. 예를 들어, 1년 동안 1퍼센트 수익을 냈는데 인플레이션이 3퍼센트였다면? 1억을 가진 사람이나 10억, 100억을 가진 사람이나 실질적인 가치로는 똑같이 2퍼센트 손해가 난다. 하지만 손해 보는 돈의 액수는 똑같지 않다. 인플레이션으로 보는 가치 하락의 규모는 돈이 많을수록 더 커진다. 그렇기 때문에 부자라고 해서 마냥 안정성만 추구할 수도 없다.

돈은 투자의 필수 요소지만 결코 많은 돈이 많은 수익을 보장해주지는 않는다. 누구나 잠깐 부자가 될 수는 있다. 복권에 당첨될 수도 있고, 물려받은 하찮은 임야가 신도시 개발로 대박이 터질 수도 있다. 하지만 그 돈을 지키고 투자를 통해서 계속해서 키우는 사람이 있다면 투자에 대한 뛰어난 안목과 자세를 갖추었기 때문이지, 그저 돈이 많아서는 절대로 아니다. 알고 보면 망하는 부자도 은근히 많다. 성공한 부자들만 스포트라이트를 받고 망한 부자들은 침묵하기 때문에 잘 드러나지 않을 뿐이다.

'돈이 돈을 번다'는 생각에만 사로잡혀 있으면 이러한 사람들에게 투자를 배울 기회가 있어도 할머니의 음식 솜씨를 비웃던 이웃 아주머니처럼 코웃음이나 치면서 기회를 놓칠 것이다. 자신이 가진 작은 밑천을 꾸준히 키워서 큰돈으로 만들 수 있는데도 항상 한 방만을 노리고 일확천금만을 꿈꾸다 세월을 보내게 될 것이다.

"빌딩 투자? 돈만 많으면 나라고 못하겠어!"

7. 투자 성공, 오로지 내가 잘한 결과라고 착각하지 말라

부동산 투자에 발을 들여놓은 이후로, 시간이 흐를수록 단순히 돈을 버는 것의 문제를 넘어서 깨닫고 배우는 것들이 있다. 한탕으로 대박을 꿈꾸는, 도박과 다를 바 없는 투자가 아니라 꾸준하고 견실하게 수익을 내는 투자를 하기를 원한다면 꼭 기억해두시라고 당부하고 싶은 숫자가 있다. 바로 4-4-2다.

축구 팬이라면 4-4-2 전법 같은 것을 생각할 수 있겠지만 어느 정도의 부동산 투자 실력을 가진 필자 입장에서 겸손하게 표현을 하지면 부동산 투자에서는 실력이 40퍼센트, 운이 40퍼센트, 그리고 실력 또는 운이 20퍼센트라는 뜻을 담고 있다. 즉 투자는 실력과 운이 만나서 결과가 나오는 것이고, 달리 말하면 오로지 실력만으로, 혹은 오로지 운만으로 성과를 거두는 것은 아니다.

때로는 운으로만 대박을 낼 수도 있다. 가진 돈은 있는데 좋은 부동산을 보는 법을 모르는 사람이 있다고 가정해보자. 우연히 중개업자가 소개해준 부동산을 말만 믿고 샀는데 값이 올라서 이익을 볼 수도 있다. 거의 운으로 얻은 결과다. 과거에는 일단 부동산은 뭐든 사놓으면 오를 확률이 높았으므로 이러한 운이 꽤 잘 통하기도 했다. 갈수록 그와 같은 운은 줄어들고 있다. 다른 곳에서 더 자세히 이야기하겠지만 중개업자는 중개 자체에는 밝아도 좋은 부동산을 가려내는 안목을 가지고 있는 것은 아니라는 점은 미리 짚어두자.

초심자의 행운이 오히려 위험한 이유

좋은 빌딩 하나를 사려면 시장조사를 적게는 몇 개월, 많게는 1년 이상 할 때도 적지 않다. 6개월 정도는 긴 것도 아니다. 그 시간 동안 좋은 빌딩을 찾아서 사흘이 멀다 하고 새벽 두세 시까지 각종 정보를 들여다보았다. 정보도 한두 개의 채널만 보고 다 봤다고 착각해서는 안 된다. 인터넷에서 볼 수 있는 전반적인 시세 자료에서부터 컨설팅 업체 및 부동산 등을 통해서 얻는 실물 자료, 지역의 중개업자를 통해서 얻는 지역 정보 등등. 수많은 자료를 새벽까지 보고 있다 보면 눈이 빨개질 정도다.

　매물이야 수십 개 수백 개 나온다. 그중에서 좋은 것을 골라야 한다. 그러자면 가보아야 한다. 몸은 하나뿐이고 좋은 매물은 언제까지 나를 기다려주지 않으니 타이밍을 놓칠 수도 있다. 내가 모두 다 가볼 수 없으면 직원이나 다른 사람들을 보내야 할 때도 있다. 직원의 현장 답사 후 100여 개 중 두세 개 빌딩이 괜찮아 보인다는 말을 듣고 가보면 다 별 볼일 없는 건물일 때가 부지기수다.

　이러한 안목을 갖추는 건 실력이기도 하면서 노력이기도 하다. 실력이란 부동산을 보았을 때 그 가치를 간파해내는 것이 전부가 아니다. 물론 좋은 부동산을 알아보는 감을 키우고 활용하는 것은 중요하지만 그것만으로 저절로 좋은 빌딩이 나에게 굴러오지는 않는다. 말이 쉬워서 몇 달이고 1년이지 웬만한 끈기와 집요함이 아니면 얼마 못 가서 포기한다. 경험이 없다면 더더욱 지치고 빨리 포기하기 쉽다. 끝이 안 보이고 언제까지나 좋은 빌딩을 못 찾을 것 같은 좌절감이 들 수도 있다. 조급함을 이겨낼 수 있는 지구력, 그리고 반드시 원하는 것을 찾아낼 수 있다는 확신을 가지고 우직하게 나아갈 수 있어야 한다. 빌딩 투자를 위해서는 이러한 실력이자 노력의 자세가 반드시 필요하다.

투자 성공, 오로지 내가 잘한 결과라고 착각하지 말라

이제 운의 이야기를 해보자. 투자를 하면 할수록, 알면 알수록 투자의 상당 부분은 운이 작용한다는 것을 깨닫게 된다. 투자에는 운이 있어야 하니 그저 요행수나 바라보라는 것이 아니다. 그보다는 자신의 실력을 너무 과신 또는 맹신하지 말라는 뜻에 가깝다. 아무리 실력이 좋아도 그것만으로 다 성공할 수 없는 것이 투자의 세계다. 그러기에는 알 수 없는 외부변수가 워낙 많기 때문이다.

정말 많은 조사를 하고 수없이 발품을 판 끝에 정말 좋은 빌딩을 찾아내고 매입했다고 가정해보자. 그런데 얼마 후 큰 천재지변으로 건물에 큰 피해를 입었다면? 갑자기 IMF 사태와 같은 국가 단위의 경제 위기가 터진다면? 조금 극단적인 예이기는 해도, 투자가로서 자신의 실력이나 노력만 가지고는 달성하거나 피할 수 없는 문제가 이 세상에는 의외로 많다. 그렇기 때문에 위험 분산, 즉 헤지라는 말도 나오는 것이다. 오로지 자신의 실력만을 믿기에는 운이라는 요소를 무시할 수 없기 때문에 내 예상과는 반대의 경우로 움직일 때를 대비해서 위험을 분산하는 것이다.

영어에는 beginner's luck이라는 말이 있다. '초심자의 행운'이라는 뜻인데, 아무것도 모르는 초보가 뜻밖에 거두는 행운을 뜻한다. 카지노에서 처음 도박을 해보는 사람이 돈을 짭짤하게 딸 수도 있고, 주식에 대해서 아무것도 모르는 사람이 손댄 주식이 우연히 대박을 칠 수도 있다. 하지만 오히려 이런 초심자의 행운이 독이 될 수도 있다. 운이 좋아서 돈을 번 것인데도 자신의 실력으로 착각하고 또 돈을 넣고, 이전보다 훨씬 더 큰 일확천금을 노리고 더 큰 돈을 넣었다가 크게 손해를 볼 수 있기 때문이다. 그러면 본전 생각 때문에 또 다시 돈을 넣고, 잃고 하면서 처음에 행운으로 벌었던 돈보다 훨씬 큰 손해를 볼 수도 있다.

늘 겸손한 자세를 가지고 무리수를 두지 않아야 한다. 1억 원을 투자했는데 1억 5000만 원을 벌었다고 해서 '그럼 열 배를 투자하면 열 배를 벌겠네' 하는 생각으로 10억 원을 들고 뛰어들지 말라는 뜻이다. 투자는 한 번의 큰 손실을 보아도 다음 기회를 노릴 수 있을 정도의 선에서 해야 한다. 또한 큰 방향에서는 내가 판단한 쪽이 맞더라도, 단기적으로 보면 반대로 움직일 수도 있다. 이럴 때 무리수를 둔 사람들은 쉽게 마음이 흔들린다.

필자는 부동산 투자가 주력이지만 보조적으로 주식이나 외환에도 투자하고 있다. 삼성전자 주가가 하락세를 보일 때의 일이었다. 대략 주당 130만 원~120만 원으로 내려갈 때 분할 매수를 했지만 이후 주가가 더 빠져서 100만 원선까지 내려앉았다. 마음이 전혀 흔들리지 않았다면 거짓말이다. 더 떨어질 수도 있는데 여기서 손절매하는 게 맞지 않을까? 하지만 기다렸다. 올라갈 거라고 믿었기 때문이다. 그저 믿었기 때문은 아니었다. 기업평가서를 비롯해서 기업의 현황도 보고, 과거와 현재의 흐름을 다각도로 보았기 때문에 지금은 분명한 저평가 상태라고 확신하면서 마음 편하게 기다릴 수 있었다. 결국 예상대로 주가는 반전해서 160만 원 이상까지 올라갔다.

만약 자기 재산의 대부분을 투자했다면 자기 예상과는 반대로 움직일 때 쉽게 흔들린다. 하지만 내가 투자했던 돈은 큰 타격을 받지는 않는 정도였다. 그 정도의 손해는 감수할 수 있었기 때문에 단기적인 변화에 쉽게 흔들리지 않았다. 반대로, 단기적인 문제가 아니라 확실히 내 예상이 틀렸을 수도 있다. 이럴 때에는 가진 것의 대부분을 털어 넣은 사람은 오히려 쉽게 손절매를 못할 수도 있다. 여기서 털면 끝장이기 때문에 틀렸다는 사실을 인정 못하고 '혹시나' 하는 기대만으로 버티는 것이다. 반면 감수할 수 있는 손해라면 틀렸다는 것을 인정하기가 상대적으로 부담이 적다. 투자에는 실력 못지않게 운이 작용한다는 생각을 견지한다면 한두 번의 성공으로 더 큰 것을 노리면서 무리수를 둘 위험도 적고, 투자의 결과가 성공했을 때에는 좀 더 겸손하게, 실패했을 때에는 좀 더 담담하게 받아들일 수 있다.

반대로 운을 강조하는 데에는 스스로 최선을 다했고, 충분한 노력 끝에 확신을 가지고 투자했지만 결과가 좋지 않았을 때에도 너무 좌절만 하지는 말라는 의미도 담겨 있다. 필자 역시도 기타 외 투자에서 실패의 씁쓸한 경험을 할 때가 있고, 최고의 투자 전문가도 큰 손실을 기록할 때가 있다. 그럴 때 자책만 할 게 아니라 '운이란 내가 어쩔 수 없다'고 스스로를 위로하고, 다시 용기를 내야 한다. 돈은 손해를 보겠지만 그 과정에서 내가 실수한 것은 무엇인지, 몰랐던 것은 무엇인지 곰곰이 생각해보고, 다음에는 같은 잘못을 반복하지 않도록 교훈을 얻는다면 그만큼 자신의 실력이 더 발전하는 수업료를 치른 것이나 마찬가지다.

운도 노력하는 사람에게 의미가 있다

실력이 40퍼센트, 운이 40퍼센트, 그리고 나머지 20퍼센트는 운일 수도 실력일 수도 있다는 말에는 두 가지 뜻이 있다. 첫째는 어떤 때는 운이 더 많이 작용할 때가 있고, 어떤 때는 실력이 더 많이 작용할 때가 있다. 운과 실력이 아주 칼로 무 자르듯이 나뉘지 못할 때도 많다. 예를 들어, 평소에 알고 지내던 지인들로부터 좋은 정보를 얻을 수도 있다. 사실 이런 '좋은 정보'의 상당 부분은 알고 보면 잘못되었거나 이미 남들도 다 알고 있는 것들이지만, 정말 운이 좋아서 좋은 개발 관련 정보를 알아서 부동산 투자로 돈을 벌었다고 가정해보자. 분명 운이지만 진짜 좋은 정보를 아는 사람들을 만나고 좋은 관계를 유지하는 것도, 시각을 달리 보면 네트워크를 관리하는 실력이라고 말할 수도 있다. 실제로 좋은 투자자가 되기 위해서는 다양한 방면의 사람들을 만나고 교류하면서 배우는 것이 많다.

한편 어떤 사람들은 좋은 운이 굴러들어 와도 못 보고 지나치기도 한다. 나에게 다이아몬드 원석이 굴러들어 와도 그게 그냥 돌인지 원석인지 보는 눈이 없다면 그냥 걷어차버릴 것이다. 부동산이나 경제 관련 전문용어를 모르면 사전이나 인터넷을 찾아보거나, 주위에 대답해줄 만한 사람에게 물어보거나, 꾸준하게 자기 실력을 키우고 보는 눈을 길러야 좋은 운이 자기에게 왔을 때 놓치지 않고 잡을 수 있다. 좋은 운도 준비된 사람 앞에서만 진짜 기회로 변신하는 것이다.

가만히 있는데 누가 우연히 좋은 빌딩을 알려줘서 샀고 수익을 냈다면 운이 정말로 좋았던 것이지만, 적극적으로 움직여서 좋은 빌딩을 찾아내는 것은 실력이 좀 더 크게 작용한다. 물론 몇 달 되지 않아서 좋은 빌딩을 발견할 때도 있고, 1년 이상을 찾아도 마땅한 빌딩이 나타나지 않을 때도 있다. 운도 어느 정도는 필요한 것이다. 그러나 적어도 가만히 있을 때보다 적극적으로 찾아 나설 때 좋은 운을 만날 기회는 많아진다.

한편 좋은 빌딩이 나왔는데도 보는 눈이 없어서 잠재적인 가치를 보지 못하고, 당장 겉보기에 건물이 낡아 보인다든가, 임대료가 낮다든가 하는 단편적인 단점만을 보고 외면한다면 기회는 다른 사람에게로 가버린다. 반대의 경우도 있다. 누군가 나에게 나쁜 마음을 먹고 말도 안 되는 부동산을 좋은 것처럼 포장해서 접근하는 것은 일종의 나쁜 운이다. 그런데 그들의 수법을 알아채지 못하고 속아서 돈을 날리는 것은 실력의 문제다. 운과 실력은 이렇듯 어느 한쪽이 절대적이기는 힘들다.

투자 성공, 오로지 내가 잘한 결과라고 착각하지 말라

투자에는 운도, 실력도 필요하다. 때로는 운이 60퍼센트 또는 그 이상일 수도 있고 반대로 실력이 60퍼센트 이상일 수도 있다. 어떤 한 가지가 정답은 아니기에 20퍼센트라는 여지를 남겼다. 한두 번의 단타에서는 어느 한쪽이 절대적인 비중을 차지할 수도 있지만 꾸준하게 투자를 하면서 실적을 쌓다 보면 어느 쪽도 절대적이지 않다는 사실을 깨닫게 될 것이다. 그러면 결과에 자만하지 않고 겸손해지며, 끊임없이 스스로의 실력을 발전시키려는 자세를 가지게 되고, 한 번의 성공이나 실패에 지나치게 일희일비하지 않게 되며, 무리수를 두지 않는 안정된 투자 자세를 견지할 수 있을 것이다.

8. 빌딩 투자를 실패로 이끄는 네 가지 마인드

아마도 여기에서 소개하는 '빌딩 투자를 실패로 이끄는 네 가지 마인드'는 단지 빌딩 투자에만 해당되는 이야기는 아닐 것이다. 빌딩만이 아니라 주식, 외환, 현물, 파생상품을 비롯한 다양한 분야의 투자를 해왔기 때문에, 투자의 큰 원칙은 어떤 분야에나 대체로 통하며 투자에 성공하는 사람과 실패하는 사람의 마인드도 어느 분야든 대체로 비슷하다는 것을 깨닫게 된다. 당신의 투자를 실패로 몰고가는 네 가지 마인드는 과시욕, 불신, 팔랑귀, 그리고 자만심이다. 따로따로 자세히 설명하겠지만 일단 모아서 간단히 살펴보면서 스스로 이런 함정에 빠져 있지는 않은지 되돌아보자.

마인드 1 : 과시욕

중개업소에 와서 어떤 물건을 찾느냐는 질문에 층수 얘기부터 하는 사람들이 있다. 이런 사람들은 투자자로서는 하수 취급을 받는다. 빌딩 투자에 실패하는 사람들 중에는 빌딩의 가치를 판단하기보다는 남에게 어떻게 보일 것인지, 주위에 빌딩을 가지고 있는 사람들이 있다면 어떻게 하면 그 사람보다 더 큰 빌딩을 살 것인지, 이런 것에 더 정신을 파는 사람들이 많다. 이런 사람들은 일단 자기가 가진 돈 중에서 살 수 있는 가장 크고 으리으리한 빌딩에 마음을 빼앗긴다.

자기가 가진 돈의 범위 안에 마인드가 갇혀서 '저게 더 크고 좋은데, 같은 돈이면 저쪽을 잡아야지.' 하는 생각에 입지 조건이나 상권으로 볼 때 투자 가치가 떨어지는 빌딩을 사고 후회하는 사람들이 많다. 가치는 떨어지는데 덩치만 큰 빌딩은 시간이 갈수록 유지·관리비 잡아먹는 하마가 된다.

혹시 크고 멋진 건물에 마음을 빼앗긴다면 정신을 차리고 투자의 기본으로 돌아와야 한다. 왜 빌딩에 투자를 하는가? 정말 돈이 너무 남아돌아서 돈은 못 벌어도 좋으니 남들에게 자랑하는 게 주목적이라면 가장 큰 것을 사도 된다. 그게 아니라면 투자의 목적은 수익을 내는 것이라는 기본으로 돌아와야 한다.

마인드 2 : 불신

덮어놓고 불신하는 마인드도 투자자로서는 낙제점이다. 투자를 하는 과정에서 갖가지 사람들을 만나게 되는데, 이 중에는 나쁜 마음을 먹고 속일 목적으로 접근하는 사람들도 있는가 하면, 그럴 목적은 아니지만 스스로 안목이 떨어지거나 자기도 속은 상태에서 투자 가치가 떨어지는 부동산을 권하거나 잘못된 정보를 제공하기도 한다. 항상 신중하게 생각하고 한 발 떨어져서 객관적으로 평가하는 자세는 투자자 스스로를 보호하기 위해 필요하다.

문제는 마치 모든 사람들이 자신을 속이려고 하는 사기꾼이라도 되는 것처럼 덮어놓고 남을 의심하는 사람들이다. 자기 고집이 지나치게 심해서 말도 안 통하고, 옥석도 제대로 못 가리면서 의심한다. 합리적인 이유가 있어서 의심하면 괜찮은데, 사소한 것으로 트집만 잡는다. 자기 평가나 판단에 자신감이 없고 남의 말이나 정보가 맞는지 그른지 판단할 자신도 없으니 덮어놓고 의심부터 하고 보는 것이다. 이런 사람들은 속된 말로 계속 간만 보다가 쉽게 포기하고, 좋은 기회를 번번이 놓친다.

필자 역시 이런 사람들을 종종 만나게 된다. 주변에서 "이런이런 부동산에 투자를 할까 고민하고 있는데 확신이 서지 않는다. 혹시 평가를 좀 해줄 수 있겠느냐." 하는 부탁을 받곤 한다. 바쁜 시간을 쪼개어 성의껏 부동산을 현장 방문도 해보고, 다양한 관점에서 가치 분석을 해서 알려주면 '못 믿겠다'는 반응을 보이는 사람들이 있다. 왜 필자가 그렇게 판단했는지 충분히 설명을 하는데도 듣는 둥 마는 둥 자기하고 싶은 얘기만 하고 덮어놓고 의심하는 식이다.

필자를 부동산 투자 전문가라고 생각해서 도움을 요청해놓고서 자기 생각과 다르면 의심해버리는 태도라면 나도 포기할 수밖에 없다. 요즘 이런 광고도 있지 않은가? 자신과 생각이 다른 사람을 보면서 '생각이 다른 게 아니고 틀리다'고 생각한 적은 없는지 묻는 광고 말이다. 그 사람의 투자나 인생을 내가 대신 책임져줄 수는 없지 않은가. 결국 이런 사람에게는 누구도 진심으로 조언을 하지 않는다. 그저 그 사람이 믿는 대로, 듣고 싶은 대로 얘기해주면 그만이다. 이런 사람의 투자 결과는 굳이 말 안 해도 예상할 수 있을 것이다. 더 재미있는 것은 열

등감과 우월감이 동전의 양면이라는 말과 비슷하게 무조건적 불신과 팔랑귀는 의외로 동전의 양면처럼 그 근본이 같다는 것이다.

마인드 3 : 팔랑귀

덮어놓고 의심하는 사람들과는 정반대로 이 사람 저 사람 말에 쉽게 휘둘리는 태도도 투자를 실패로 몰고가는 마인드다. 어떤 부동산을 보면서 투자 가치가 있겠다는 판단을 내렸는데, 주변 친구가 "외관이 별로지 않아?" 하는 한마디에 마음이 흔들리고 급격히 불안 상태에 빠진다. 친구는 그저 건물 사진을 보고 한마디 던진 것에 불과한 것이고, 투자 가치에 큰 영향을 주지 않는 사소한 문제조차도 말 한마디에 결심이 흔들리고 사소한 단점이 점점 크게 느껴진다. 그러다가 또 다른 사람이 "괜찮구만 뭘!" 하면 또 그 말에 솔깃해서 마음이 바뀐다. 결국 나중에 좋은 물건을 놓치거나 나쁜 물건을 사고 나면 "그 자식 때문에 이렇게 됐다니까?" 하고 남 탓만 한다.

특히 부동산 업계에 있는 친척이나 지인들의 말이라면 덮어놓고 믿는 사람들도 많다. 앞에서 불신과 팔랑귀는 동전의 양면과 같다는 이야기를 했다. 다른 사람들의 이야기는 자기 생각과 안 맞으면 불신하면서 친척이나 친한 친구, 특히 부동산 업계나 건설 업계에 있는 사람 말이라면 의심하는 마음 없이 철석같이 믿는 사람들도 있다. 부동산 업계에 있다고 해서 가치판단의 전문가라는 법은 없다. 오히려 경력이 제법 된다는 사람들 중에도 가치판단에는 눈 뜬 장님인 사람들이 많다. 건설 업계는 말할 것도 없다. 건물 잘 짓는 전문가이지 부동산 전문가가 아닌데도 전문가라면서 무한 신뢰를 보낸다. 마치 칼 잘 만드는 사람을 당연히 사무라이처럼 칼 잘 쓰는 달인이라고 생각하고 찾아가 배우는 격이다.

마인드 4 : 자만심

지금까지 투자를 하고 높은 수익을 거두었던 저평가된 빌딩들이 대체로 가지고 있는 공통점을 본다면 건물주가 빌딩은 보는 안목이 떨어진다는 것이다. 그런데도 자신은 아주 빌딩을 잘 알고 있는 것처럼 자만심에 가득 찬 사람들도 많다.

최근에 매입한 서초구의 한 빌딩은 건물주가 나이 지긋한 어르신이었다. 그분은 필자를 만나자마자 자기가 부동산 강의에도 나간다면서 노하우 자랑을 늘어놓았다. 들어보면 앞뒤가 맞지 않는 이야기투성이인데도 참으로 자랑스럽게 일장연설을 했다. 그러면서 하는 얘기가, 2층 임차인은 공실이 생기는 바람에 다른 동네에서 어렵사리 모시고 왔으니 잘해줘야 한다고 신신당부를 했다. 사거리 코너에 자리 잡고 있어서 위치가 좋은데도 건물의 가치가 저평가되고 입지가 그보다 못한 주위 빌딩에 비해서도 임대료가 낮았다. 그런데도 공실 걱정을 하고 있었다.

그 어르신이 한번은 1층 매장의 임대료를 올리려고 했는데 "주위에 빈 공실 많아요. 그리로 가도 돼요." 하는 임차인의 위협 아닌 위협에 "나가란 뜻은 아니라고… 있어줘서 고마워요." 하고 말했다 한다. 그 빌딩을 매입한 필자는 리모델링 후 주저하지 않고 임대료를 올렸다. 물론 임차인은 나에게도 똑같은 위협을 했지만 신경 쓰지 않았다. 올려도 주위 시세의 90퍼센트 선으로 여전히 싼 수준이었기 때문이다. 임차인 입장에선 이사를 가면 원상복구 철거 및 인테리어 공사도 다시 해야 하므로 그 지출까지 생각하면 나갈 이유가 더더욱 없었다. 건물주라고 해서 갑 행세를 하면서 터무니없이 임대료를 올려서는 안 되지만 건물이나 매장의 가치, 그리고 주위 시세를 감안해서 합리적인 수준으로 임대료를 조정하는 것은 건물주의 권리이며 당연함이다.

자만심에 빠져서 건물의 실제 가치를 못 보고, 자신의 수준을 과대평가하는 사람들은 건물주 말고도 많다. 특히 어떤 분야에서 성공을 거둔 전문가에 속하는 사람일수록 이런 경향을 더 쉽게 볼 수 있다. 의사로서 성공했다면 그는 의학 분야의 전문가지 부동산 전문가는 아닌데도 스스로 엘리트라는 의식에 빠져서 '나는 뭐든 다 알고 잘 한다'는 착각에 쉽게 빠진다. 그래서인지 부동산 관련 사기를 당하는 사람들을 보면 엘리트에 속하는 사람들이 의외로 많다. 누군가 접근해서 달콤한 말로 자만심을 들쑤셔 주면 붕 떠서 사기에 쉽게 넘어가는 것이다.

전 제일모직의 대표인 J씨도 이런 부류에 속한다. 가까운 친척이 논현동에 빌딩을 매입할 때 필자가 가치판단에서부터 계약에 이르기까지 상당한 도움을 준 적이 있었다. 그런데 친척의 가까운 지인인 J씨는 그 빌딩의 가치를 깎아내리면서 자신이 얼마 전에 빌딩 투자로 돈을 벌었다고 자랑을 늘어놓았다. 그러면서 "앞으로 빌딩 살 거면 나한테 얘기해요."라고까지 이야기하는 것이었다.

도대체 어떤 빌딩을 샀기에 저렇게 자랑을 하나? 얘기를 들어보고 나서 알아보니 가격이 올라서 시세 차익을 낸 것은 맞았다. 하지만 애초에 시세 대비 비싸게 산 것은 문제였다. 예를 들어 20억 원에 빌딩을 사서 25억 원에 팔았다면 5억 원을 벌었다고 이야기할 수 있다. 그런데 사실 주변 시세로 볼 때 15억 원에 살 수 있는 빌딩을 20억 원에 샀다면, 25억 원에 팔았다고 해서 투자를 잘 했다고 볼 수 있을까? 누구도 그렇게 생각하지 않을 것이다. 물론 시세가 떨어져서 돈을 잃는 것보다야 낫겠지만 10억 원 차익을 남길 수 있었던 빌딩을 5억 원 밖에 못 남겼다면 투자를 잘했다고 말할 사람은 없다. J씨도 그런 경우에 속했다. 그런데도 자신이 시세보다 비싸게 샀다는 생각은 전혀 못 하고 돈 벌었다고 자랑을 하면서 심지어 "앞으로 빌딩 살 거면 나한테 얘기해요."라고까지 이야기하다니. 제대로 투자를 아는 사람이 봤다면 그야말로 한심하기 이를 데 없는 자만심이다.

투자를 위해서 자신의 판단을 믿는 자신감은 필요하다. 하지만 자신감과 자만심은 다르다. 스스로를 지나치게 과신한 나머지 과연 자신이 합리적인 판단을 내리고 있는지, 원칙을 가지고 그 원칙에 부합하는 결정을 하는지 성찰하고 노력하기보다는 주위의 칭찬에 우쭐하고 자기만의 세계에 갇혀 있는 사람들은 투자의 실패로 가는 막차를 예약한 것이나 다름없다.

기회가 왔을 때 뒷걸음질 치는 사람들

영국의 유명한 극작가 버나드 쇼의 묘비에는 살아 있을 때 직접 써 놓은 "우물쭈물 하다가 내 이럴 줄 알았지."라는 문구가 쓰여 있다고 한다. 우리나라에서도 광고에 여러 번 써서 잘 알려진 문구인데, 요즘 흔히 쓰는 말로는 '결정 장애'라고 할 수 있겠다. 빌딩 투자를 한다고 열심히 말만 하고 결국 변변한 성과를 못 낸 사람들의 묘비명으로도 이 말은 참 잘 어울리는 문구다.

빌딩 투자를 통해 꾸준하게 좋은 수익을 내다 보니 주위 지인들 중에서 어떻게 하는지 좀 알려달라고 찾아오곤 한다. 특히 첫 번째 책을 내고 나서는 더 많은 분들이 문의해오는데, 실제로 본격적으로 투자하는 분들은 몇 없다.

냉정하게 본다면 그런 분들과 공동으로 투자를 하는 게 필자에게 이득이 될 것은 별로 없다. 내가 자금력이 부족해서 지인들의 돈을 끌어와야 한다면 모르지만 원하는 물건을 매입할 만큼의 자금 동원은 할 수 있기 때문이다. 좋은 물건은 한정돼 있는데 지인들의 돈을 받아서 투자하면 수식을 나눠야 하니 내 몫은 줄어든다. 하지만 사람에게 돈이 전부는 아니다. 평생을 두고 관계를 유지하고 싶은 좋은 사람들이라면 내가 조금 양보해서 수익을 나누는 게 좋다. 돈의 관점으로만 볼 문제는 아니다.

낚시꾼에겐 놓친 물고기가 가장 큰 대어다

직접 투자를 할 때에도 우물쭈물 하다가는 "내 이럴 줄 알았지."로 끝난다. 좋은 빌딩은 나를 기다려주지 않는다. 설령 남들이 발견하지 못한 저평가된 빌딩을 내가 발견했다고 해도 언제까지 나만 그 사실을 알고 있으리라는 보장은 없다. 일단 내가 알아차렸다면 남들도 알아차릴 가능성은 얼마든지 있다. 그런데 판단을 내리지 못하고 결정 장애에 빠지는 사람들이 있다. 사소한 단점에 집착해서 결정을 못 내리거나, 돌다리도 두드려보고 건너는 차원을 넘어서 하염없이 두드려보고 있는 사람도 있다. "혹시 이것보다 더 좋은 빌딩이 나오면 어쩌지?" 하고 망설이는 사람도 있다. 이유는 다양하지만 결국은 '결정 장애'라는 말로 요약된다.

결국 마지막 판단을 못 내리고 며칠을 망설이다 보면 건물주가 마음이 변하거나 자존심이 상해서 매물을 거둬들이기도 하고, 중개업자가 다른 단골손님에게 정보를 흘리기도 한다. '저 빌딩을 누가 사려고 한다더라.'는 소문이 돌아서 다른 투자자가 뛰어들어 값이 오르기도 한다. 결국 빌딩을 놓칠 수도 있고, 값이 올라서 투자 가치가 확 떨어질 수도 있다. 좋은 기회를 놓치고, 다른 사람 손에 들어간 빌딩이 그 뒤 값이 올라가는 모습을 보면 속이 여간 쓰린 게 아니다.

그나마 이런 쓰라림을 통해서 교훈을 얻고, 다음번에는 결정 장애의 늪에 빠지지 않으면 다행이다. 진짜 문제는 잘못을 반복하는 것, 그것도 더 심하게 반복하는 것이다. 가끔 나에게 보고 있는 빌딩이 있는

데, 투자 가치가 어떨지 잘 모르니 한번 봐 달라고 부탁하는 지인들이 있다. 내가 투자할 빌딩 찾기도 바쁜데 남의 빌딩까지 봐줄 시간이 어디 있겠나 싶은 생각을 하면서도 돈보다는 인간관계를 생각해서 빌딩의 투자 가치를 판단해서 얘기해주는데, 이런 반응을 보이는 사람도 있다.

"그렇군요. 얘기 들어보니까 지난번에 사려다가 못 산 그 빌딩보다는 좀 못하네."

이런 얘기가 나오면 힘이 쭉 빠진다. 보나마나 그 지인은 빌딩을 못 살 것이다. 낚시꾼은 잡다가 놓친 고기가 세상에서 가장 크다는 말이 있듯이, 남에게로 넘어간 빌딩에 자꾸만 아쉬움이 남아서 다른 빌딩을 볼 때에도 자꾸만 놓쳐버린 '대어'와 비교를 하는 것이다. 사실은 이번 빌딩이 투자 가치가 더 좋은데도 남의 떡이 더 커 보일 때도 종종 있다. 이러면 결정 장애는 더욱 더 악화된다.

이 책의 다른 곳에서 자세히 이야기를 풀겠지만, 결코 100퍼센트 만족할 수 있는 투자처는 없다. 모든 투자는 약간의 불만족과 어느 정도의 리스크를 안아야 한다. 빌딩 투자만이 아니라 모든 비즈니스에서도 지나친 완벽을 추구하다가 결국 기한 안에 일을 못 끝내서 결과를 망치는 사람들이 있다. 큰돈이 들어가는 투자는 꼼꼼하고 신중한 자세가 필요하다. 그러나 세상사 모든 게 과유불급이다. 신중함이 지나치면 결정의 타이밍을 놓쳐서 좋은 빌딩을 남에게 빼앗기고, 신세 한탄 아니면 남 탓만 하다가 "우물쭈물 하다가 내 이럴 줄 알았지."라는 묘비명처럼 끝난다.

빌딩 투자를 실패로 이끄는 네 가지 마인드

9. 정보의 홍수 시대, 투자의 감을 키워라

2016년 봄을 뜨겁게 달구었던 이세돌 9단과 알파고의 '인간 대 인공지능' 바둑 대결은 바둑을 잘 모르는 나까지 포함해서 많은 사람들에게 충격을 안겼다. '바둑만큼은 설마…' 하고 기대한 사람들의 바람과는 달리 알파고는 무시무시한 실력으로 인류 최강의 바둑기사를 연패에 빠뜨렸다. 1승을 거두어서 자존심은 지켰다지만 이렇게 빠르게 발전하는 인공지능이 결국 SF 영화에서 보는 것처럼 인류를 정복이라도 하면 어떻게 하나 싶을 지경이다.

빌딩 투자라는 바둑판에서 묘수를 찾으려면

바둑의 수는 무한대라고 한다. 인공지능은 학습효과가 축적되고 컴퓨터의 성능이 발전하면서 계속 확장되지만 사람은 성장기가 지나면 늙어가므로 오히려 성능이 후퇴된다. 컴퓨터는 수백 수천 대를 네트워크로 연결해서 한 몸처럼 움직일 수 있지만 사람의 뇌는 각자 하나뿐이다. 주어진 시간을 다 쓰고 초읽기에 몰린다고 해도 제한된 시간 동안 사람이 따져볼 수 있는 수는 무한대의 수 중에 극히 일부다.

그렇다면 어떤 수를 둬야 하나? '감'이 필요하다. 감이란 결코 시험문제 찍기나 복권 번호 찍기와 같은 것이 아니다. 수많은 연구와 훈련, 시행착오를 통해서 키워온 머릿속의 정보 처리 시스템이다. 감을 통해서 짧은 시간 안에 몇 가지의 수로 후보군을 좁힌 다음, 이 가운데서 최적의 수를 찾는다.

물론 인간의 감에는 한계가 있다. 기발한 묘수를 놓칠 수도 있고, 잘못된 수에 감이 꽂힐 가능성도 있다. 그러니 이기는 사람과 지는 사람이 생긴다. 알파고를 이기는 신의 한 수를 두는가 하면 초일류 기사도 어이없는 패착을 두기도 한다. 하지만 감이 없으면 무한에 가까운 수 중에서 도대체 뭘 둬야 할지 아예 알 수가 없다. 텅 빈 바둑판에 처음 한 점을 어디다 둘 것인가? 감이 없으면 한 수도 못 둔다.

이제는 빌딩 투자 이야기를 해보자. 세상은 넓고 빌딩은 많다. 하루에도 수많은 매물들이 나오고 거래된다. 인터넷과 스마트폰 시대에는 어마어마한 정보들이 넘쳐난다. 안방의 컴퓨터 앞, 혹은 길거리에서 스마트폰만 들고 있어도 전국의 매물 정보를 검색해볼 수 있고, 직접 가보지 않아도 위성 지도를 보고 대략 입지 조건을 파악할 수도 있다(하지만 위성 지도를 전적으로 믿어서는 안 되며, 그 이유는 나중에 다시 설명한다). 정보가 너무 많은 게 이제는 탈인 시대다.

정보의 홍수 시대, 투자의 감을 키워라

자, 이제 이 어마어마하게 많은 빌딩 중에서 대체 어디에 투자해야 할 것인가? 물론 투자할 수 있는 자금의 규모나 지역과 같은 몇 가지 변수를 가지고 범위를 좁힐 수 있다. 그래도 여전히 빌딩의 수는 많고도 많다. 그중에 내가 볼 수 있는 빌딩은 얼마나 될까? 하루 온종일 쉬지 않고 죽어라 돌아다닌다고 한들 빌딩을 몇 채나 보겠는가? 일어나서 잘 때까지 컴퓨터와 스마트폰에 머리를 박고 있어도 내가 볼 수 있는 빌딩의 수에는 한계가 있다. 그러다 보면 부동산 중개사나 컨설팅 회사의 권유를 깊게 생각하지 않고 쉽게 믿어버릴 수 있다.

바둑기사가 감으로 후보군을 좁히듯, 빌딩 투자자도 감으로 후보군을 압축하고 투자 가치가 있는 빌딩을 분석하는 데 집중해야 한다. 처음부터 감을 잡기는 당연히 힘들다. 호기롭게 빌딩 투자에 뛰어들어 보자, 하고 나섰지만 어디에서 시작해야 할지도 모르겠고, 알아야 할 것은 수백 수천 가지인 것 같은데 이걸 어떻게 배우고 외우지? 저 수많은 빌딩 중에서 도대체 어디에 투자해야 하나 싶을 것이다. 건물을 봐도 그게 그것인 것 같고, 투자의 바둑판에 어디에다 첫 돌을 놓아야 할지도 막막하다.

필자 역시 빌딩 투자를 처음 시작할 때 처음에는 뭐가 뭔지 몰랐고, 가치판단과 시행착오도 겪었다. 빌딩 투자에 관한 변변한 책도, 가르쳐주는 사람도 없었다. 누구나 백지에 가까운 상태에서 시작해서 내공을 쌓아가고 감을 키운다. 부동산 중개사나 컨설팅 회사들이 권하는 매물들도 잘 들여다보면서 스스로 가치판단을 하기 위해 애써야 한다. 내가 모른다고 해서 다른 사람들의 말에 너무 쉽게 휘둘리지 말아야 한다. 내가 많이 알든 모르든 투자의 최종 결정은 내가 하는 것이다. 법적으로 사기가 아닌 한은 투자의 책임도 온전히 나에게 돌아온다. '난 저 사람 말만 믿고 했다'는 식의 변명은 통하지 않는다.

감이 없다고 겁먹지 마라, 감은 부딪치면서 큰다

빌딩의 가치를 보는 눈을 틔우려면 직접 봐야 한다. 발이 부르트도록 많이 돌아다니는 것은 기본이다. 하지만 그저 많이 돌아다니기만 한다면 운동만 될 뿐이다. 눈에 걸리는 빌딩 하나하나를 내가 살 빌딩이라고 생각하고 봐야 한다. 저 빌딩을 살 가치가 있는가, 지금 저 빌딩이 가지고 있는 강점과 약점은 무엇인가, 빌딩을 산다면 약점을 어떻게 보완할 것인가와 같은 것들을 끊임없이 생각해야 한다. 그런 정도로 치열하게 고민해야 빌딩 투자의 길이 보이고 눈이 열린다.

가치가 있어 보이는 빌딩이라면 더욱 집중적으로 관찰해야 한다. 한 번 두 번 가는 것만으로는 부족하다. 낮에 가 봤으면 밤에도 가 봐야 한다. 요일과 시간대를 달리 해서 가봐야 한다. 처음에는 가치를 어떻게 평가해야 할지 감도 안 잡힐 것이다. 빌딩 하나를 가지고 고민하는 것만으로도 머리가 아프겠지만 시간이 지나고 내공이 쌓이면 기본적인 가치판단은 한눈에 들어온다. 그런 시스템이 머릿속에 들어오기까지가 힘들지, 일단 시스템이 잡히면 나 자신도 놀랄 만큼 빠른 가치판단을 할 수 있다.

더욱 경험이 쌓이고, 눈이 트이면 이제 빌딩을 볼 때 지금의 가치는 물론이고 한눈에 이 빌딩의 미래 모습이 들어오는 단계로 발전한다. 마치 프로 바둑기사가 바둑판을 보았을 때 앞으로 전개될 수십 수가 한 번에 보이는 것과 비슷하다. 지금의 건물을 보면서 벌써 미래의 이미지를 그릴 수 있다. 여기는 이렇게 고치고, 조명을 이렇게 달고, 증축이 가능하니 이 정도로 두세 층을 올리고… 하는 식으로 지금보다 훨씬 부가가치가 높은 건물의 모습을 떠올린다. 내공이 더욱 쌓일수록 그림도 더욱 빠르고 자세하게 그려진다. 조명의 위치 색깔, 건물 바깥을 두를 석재의 종류나 색깔, 몰딩을 비롯한 디테일이 점점 발전한다.

직관이 이 정도로까지 발전하면 마음의 여유가 생긴다. 이때쯤이면 빌딩 투자에 올인하느라 못했던 일이나 다른 방면의 투자에도 조금씩 관심을 가질 수도 있을 것이다.

내공이 쌓이고 거래 실적도 쌓이면서 부동산 업계에 인맥이 생기면 나중에는 여기저기서 연락이 오고 자료가 제공된다는 것도 장점이다. 그렇다고 앉아서 들어오는 자료만 봐도 된다는 뜻은 아니다. 자료가 많아지면 오히려 보아야 할 빌딩이 더 많아지는 것이지 내가 편해지는 것은 별로 없다. 내가 직접 다니면서 보는 것에 더해서 제공되는 정보까지 있으면 폭이 넓어지고 투자 가치가 있는 빌딩을 발견할 가능성도 올라간다고 생각해야지, 게을러지면 안 된다.

사실 중개업자나 컨설팅 회사가 제공하는 자료 가운데는 실제 쓸모 있는 게 별로 없다. 중개의 전문가라고 해서 가치판단의 전문가란 법은 없기 때문이다. 하지만 이런 자료도 빼놓지 않고 본다. 나를 어느 정도 경험해본 업자들은 자기들은 별로라고 생각하는 매물도 일단은 '혹시나' 하고 자료를 제공하고 본다. 그중에 숨은 진주가 있을 때도 있다. 내가 그런 빌딩에 투자하면 자기들이 정보를 제공해놓고서도 자기들이 놀란다. "아니, 정말로 이걸 사실 거예요?" 물론 나중에 내가 수익을 내는 것을 보면 꿀 먹은 벙어리가 된다.

빌딩 투자는 단순히 돈 있는 사람들의 재테크 수단이 아니며 다른 사업처럼 치열한 비즈니스의 세계다. 가장 위험한 사람들은 내공과 감은 없는데 돈만 많은 사람들이다. 바둑의 감도 없으면서 돈만 가지고 내기 바둑판에 뛰어드는 꼴이다. 돈이라도 많지 않으면 섣불리 거액을 지르지나 않을 텐데, 주위 사람들의 얘기에 쉽게 끌려 들어가서 거액을 잘못 투자하고 나중에 후회하거나 남 탓을 한다. 노름은 돈, 즉 판돈만 많으면 된다고 이긴다는 생각과 같다.

072

스스로 노력해서 최선의 판단을 했지만 시행착오로 돈을 손해 볼 수도 있다. 그래도 아주 어이없는 투자가 아니라면 현물은 남고 손절매를 해서라도 어느 정도는 회수할 수 있다. 잘못 투자하면 아예 휴지 조각이 되어버리는 주식보다는 낫다. 무엇을 잘못했는지, 무엇이 부족했는지를 돌아보고 채울 수 있다면 손해 본 돈의 몇 배의 값어치가 있다. 감을 키우고 내공을 쌓으려면 왕도는 없다. 끊임없는 노력과 치열한 고민, 그리고 쓰라린 교훈이 될 몇 번의 시행착오, 그게 전부다.

2

그러면 어떤
빌딩에
투자할 것인가?

1. 돈에다 빌딩을 끼워 맞추지 말라

빌딩 투자를 계획하는 사람들마다 조건이나 목적은 각기 다르다. 그중에 가장 큰 차이는 투자 금액일 것이다. 몇억 원 정도의 자금을 알뜰하게 모으거나 일부는 대출을 받아서 투자를 꿈꾸는 사람도 있고, 수십 억의 여유 자금으로 빌딩 투자를 계획하는 사람들도 있을 것이다.

그런데 지금, 빌딩 투자를 꿈꾸는 당신은 가장 먼저 무엇을 생각하는가? 대다수는 '내가 가진 돈이 이만큼이니까, 난 이 정도 가격대의 빌딩을 알아봐야겠구나.' 하고 생각한다. 이는 초보 빌딩 투자자가 빠지기 쉬운 함정 중 하나다.

당장 살 수 없다고 해도 다양하게 보아라

초보 투자자들은 자기 자금, 또는 대출을 포함해서 동원할 수 있는 자금에 따라서 투자할 빌딩의 범위를 정한다. 예를 들어, 가지고 있는 자금이 3억 원 정도이고 빌딩을 담보로 3억 원 정도의 대출이 가능하다면 6억 원 안팎의 빌딩이나 상가를 찾게 된다. 이런 사람들은 강남이나 서울의 번화한 곳은 애초부터 대상에 넣지도 않는다. '요즘은 서울 외곽 수도권이나 지방에도 괜찮은 빌딩들이 있다는데, 내가 가진 돈이면 가능하지 않을까?' 하고 생각하는 게 보통이다.

중개업자들이 투자자들에게 먼저 하는 질문은 '어느 정도 가격대의 빌딩을 원하십니까?'이다. 동원할 수 있는 자금의 규모는 6억 원인데 20억 원짜리 빌딩을 소개하면 투자자를 놀리는 결과가 될 수도 있고, 반대로 투자자는 20억 원 정도의 자금을 동원할 수 있는데 10억 원짜리 빌딩을 소개한다면 이 역시 투자자의 자존심을 상하게 하는 일일 수도 있다.

그런데 이렇게 자신의 자금 규모에 빌딩을 맞추는 것은 스스로 투자의 범위를 좁게 한정시키는 결과를 낳는다. 범위가 좁아질수록 좋은 빌딩을 찾을 확률은 낮아진다. 가능한 한 알아보는 빌딩의 범위를 위아래로 넓게 잡는 것이 현명한 투자자의 태도다.

언뜻 들으면 현실성이 없어 보인다. 가진 돈이 5억 원밖에 없는 사람에게 현실적으로 투자가 불가능한 30억, 50억 원 규모의 건물을 알아보는 게 무슨 의미가 있을까? 하지만 생각의 틀을 바꾸어보자. 옷 가게에 가면 옷을 고르고 입어볼 수도 있지만 반드시 옷을 사라는 법은 없다. 때로는 내 수입에 맞지 않는 고급스러운 옷을 입어보기도 하고, 반대로 평소에는 '싸구려'라고 거들떠보지도 않던 옷가게를 지나가다가 괜찮아 보이는 옷이 있으면 입어보기도 한다. 백화점의 의류 매

장을 거의 벌집 쑤시듯 몇 시간씩 순례하고 나서 겨우 한 벌을 사거나 아예 안 사고 나오는 사람도 있다. 부동산이라고 이렇게 하지 말라는 법이 어디 있는가?

　돈이 없다고 싸구려 옷만 대충 사서 입었던 사람과, 자기 수입에는 맞지 않더라도 좋은 옷을 자주 살펴보고 입어도 보았던 사람들 중에, 같은 가격대의 옷을 사더라도 누가 더 맵시 있는 옷을 고를지는 굳이 설명할 필요가 없을 것이다. 부동산도 비슷하다. 내가 살 수 있는 가격대의 빌딩만 알아보면 투자의 눈이 그 범위 안으로 갇혀버린다. 가치를 판단할 때에도 그 범위 안의 비슷비슷한 빌딩들과 비교하게 된다. 10억 원 시세의 빌딩과 11억 원 시세의 빌딩을 놓고 '왜 이 가격일까?'를 열심히 고민하지만 '이 두 개의 빌딩은 왜 10억 원 안팎일까?'라는 고민은 하지 못한다. 5억 원대의 빌딩, 20억 원대의 빌딩도 보아야 시야가 넓어진다.

　'알아본다'는 것은 반드시 사는 것만을 목적으로 하는 것은 아니다. 번화가는 유동 인구가 많고 매장의 경쟁도 치열하며, 유행에 민감하다. 건물의 모양이나 인테리어, 매장의 구성을 비롯해서 참고하고 배울 것도 많다. 설령 내가 가진 돈이 번화가에 있는 빌딩을 사기에는 충분하지 않다고 해도 먼저 번화가 일대를 다녀보고 조사해보는 것은 가치판단의 감을 키우는 데 큰 도움이 된다(이 책 전반의 도움말들은 전적으로 투자자, 즉 매수자를 위한 조언이다. 매도자나 중개업자에게는 괜한 시간 낭비가 될 수도 있다. 시장 질서(?)가 다소 어지럽게 될 수도 있으니 이점 유의해서 상황에 맞게 적용하면 좋겠다).

　증권처럼 모의투자를 해볼 수도 있다. 투자 가치가 있다고 생각한 빌딩을 점찍어놓았다가 이후에 가격이나 거래가 어떻게 변하는지 계속 확인해볼 수 있다. 이를 통해 나의 투자 안목을 테스트할 수도 있다. 처음부터 내가 가진 자금만 생각하고, 그 범위를 넘으면 오르지 못할 나무라고 등을 돌릴 필요는 없다.

생각했던 범위를 넘어가는 빌딩이지만 투자 가치가 정말 좋을 경우에는 추가 자금을 생각할 수도 있다. 예를 들어, 자기 자금 5억 원 정도만으로 상가 투자를 생각했던 사람이 10억 원에 매물로 나온 정말 투자 가치가 좋은 빌딩을 발견했다면 생각을 바꿔 은행 대출을 활용해서 빌딩을 매입할 수도 있다. 5억 원 언저리로는 투자 가치를 확신할 수 있는 매물이 없는데도 '내 돈으로만 투자한다'는 생각에 갇혀서 가치가 떨어지는 부동산에 투자하는 것보다는 범위를 넓게 보고 필요하며 전략을 수정하는 투자자가 더욱 좋은 성과를 얻게 될 것이다.

큰 빌딩 하나보다 작은 빌딩 두 개가 나을 수도 있다

돈에 빌딩을 끼워 맞추는 마인드의 또 다른 유형은 투자할 수 있는 최대치의 빌딩만 찾는 것이다. 예를 들어 20억 원이 있다면 20억 원 수준의 빌딩만 찾는 것이다. 자금력이 많을수록 당연히 선택의 폭이 넓어지는데도 그 최대치와는 거리가 먼 작은 빌딩은 외면하는 것이다. 20억 원을 가진 사람은 투자 가치가 좋은 빌딩이 10억 원에 나왔는데도 '에이, 너무 작잖아!' 하고 신경도 안 쓴다.

예를 들어 A빌딩은 20억 원이지만 실제 가치보다 5퍼센트 정도 거품이 끼여 있는 상태이고, B빌딩은 10억 원이지만 실제 가치보다 20퍼센트 정도 저평가되어 있다면 어느 쪽에 투자하는 것이 현명하겠는가? 같은 20억 원으로 B와 같은 빌딩을 두 채 사면 A빌딩 하나를 하는 것보다 수익이 훨씬 커진다. 그런데도 20억 원을 가진 사람 중에는 20억 원짜리 빌딩만 찾는 사람들이 많다. 이 역시 돈에 맞춰서 대상을 잡는 잘못된 마인드다.

중개업자들은 큰 것을 권하는 경향이 있다. 거래 금액과 중개수수료가 비례하기 때문이다. 중개업자의 입장에서는 작은 금액이나 큰 금액이나 거래에 들어가는 노력은 큰 차이가 없는데 중개수수료는 하늘과 땅 차이가 될 수 있다. 그래서 중개업자들은 고객에게 어느 정도까지 투자할 수 있는지를 물어보고 그 한도 안에서 가장 큰 금액의 빌딩을 보여주려고 한다.

여기에 속지 말아야 한다. 자신이 먼저, "더 작은 빌딩이라도 좋은 매물이 있으면 보여달라."라고 적극 요청해야 한다. 정말 투자 가치가 있는 좋은 매물이라면 비싸더라도 은행 대출을 받아서라도 살 수도 있고, 싸더라도 가치만 발견하면 두 채, 세 채라도 살 수 있다면서 보여달라고 해야 한다. 선택의 폭을 가지고 있는 돈의 범위로 한정하지 말아야 한다. 빌딩을 50개 볼 때와 100개 볼 때 중 좋은 빌딩을 찾을 확률이 어느 쪽이 더 높은지는 말할 필요도 없다.

덧붙여, 좋은 기회는 항상 있는 것은 아니라는 점도 염두에 두어야 한다. 10억 원 안팎의 빌딩을 알아보는 투자자가 그 가격대에는 투자 가치를 확신할 만한 매물이 없고 5억 원 정도의 좋은 빌딩이 있다고 가정해보자. 자신의 자금에 비해서 매물이 작다고 생각해서 결국 10억 원 시세의 애매한 빌딩에 투자했는데 몇 달 후에 정말 좋은 10억 원 가치의 매물이 나왔다면? 속이 엄청나게 쓰릴 것이다.

반면 5억 원을 남기고 5억 원 가치의 좋은 빌딩에 투자한 사람은 10억 원 대의 좋은 매물이 나왔을 때 선택의 폭이 생긴다. 가치가 좋은 빌딩은 팔기도 쉽기 때문에 일단 가지고 있는 5억 원으로 계약을 한 다음 빌딩을 팔아서 자금을 마련할 수도 있고, 아직 가지고 있는 5억 원과 은행 대출 5억 원을 이용해서 새로 빌딩을 매입할 수도 있다. 다시 강조하지만 투자에서 가장 중요한 판단 기준은 가치가 되어야 한다.

그러면 어떤 빌딩에 투자할 것인가?

2. 싼 빌딩을 찾기보다 투자금을 늘릴 방법을 찾아라

많은 사람이 빌딩 투자를 남의 나라 얘기처럼 생각한다. 일단 수십 억 원의 자금이 있어야 빌딩을 살 수 있다고 생각하는데, 웬만한 고소득층이 아니라면 이런 자금을 모으기는 힘들다. 자금이 3~5억 원 정도라면 선택할 수 있는 빌딩의 폭은 극히 제한된다. 서울의 번화가는 거의 포기하고 변두리 지역이나 수도권 외곽에 새로 조성되는 신도시나 지방의 빌딩으로 눈을 돌릴 것이다.

이런 빌딩은 적은 돈으로 투자할 수 있다는 장점이 있지만 그만큼 위험부담도 크다. 예를 들어 신도시의 경우, 처음에는 상권이 반짝 떴다가 죽는 일이 적지 않다. 안정된 번화가는 주변 환경이 변해도 영향이 적지만 신도시는 외부 변화에 대한 내성이 떨어진다. 인근에 대형 쇼핑몰 하나만 생겨도 상권이 확 죽어버리는 일들이 생긴다. 디테일하게 들어가면 저평가된 빌딩도, 고평가된 빌딩도 있지만 전반적으로 본다면 시세가 비싼 지역은 그만한 이유가 있다.

부동산 전문가들이나 투자 관련 책에서는 부동산을 설명하면서 자신의 자금에 맞는 것을 선택하도록 권한다. 필자는 반대의 방법을 권한다. 일단 투자할 곳을 정한 다음 자금을 모을 방법을 고민하는 것이다. 무한정 돈을 모을 수는 없으니 5억 원 선인지 10억 원 선인지 정도는 정해야겠지만 지금 가진 자금에 얽매이기보다는 자금의 규모를 키우는 방법을 적극 고민해보라는 것이다.

자금을 늘릴 다양한 방법을 고민해 보라

자금을 늘릴 수 있는 방법은 여러 가지가 있다. 첫째로 투자 시기를 늦추는 것이다. 주택에 비해서 빌딩 시장은 경기나 정부 정책의 외풍을 비교적 덜 받는 편이다. 아파트는 확 끓어올랐다가 확 식는 일이 잦지만 빌딩 시장은 움직임이 천천히, 그리고 견조(堅調)하게 이루어진다. 김빠지는 이야기인 것 같지만 빌딩 투자에 급하게 뛰어들기보다는 차근차근 계획을 세우고 준비하고, 그 기간 동안 자금을 더 모아가는 것도 나쁘지 않다.

값이 쌀수록 비지떡 수준도 안 되는 부동산들이 넘쳐난다. 부동산과 빌딩에 관한 기초 지식도 부실한 상태에서 싼 빌딩이나 상가를 찾다가 말도 안 되는 물건을 산 다음 땅을 치고 후회하는 사람들을 한두 번 본 게 아니다. 부동산 초보들은 관련 용어들이 무슨 뜻인지도 알기 힘들고, 중개업자가 하는 말도 알아듣기 힘들다. 그러다 보면 정말 중요한 이야기를 못 알아들을 수도 있고, 무슨 내용이 있는지도 하나하나 세밀히 수많은 문구를 정확히 모르면서 계약서에 도장을 찍을 수도 있다. 이미 계약이 체결되고 나면 아차 해도 이미 엎질러진 물이다. 계약 과정에서 '무지와 무식은 죄'다.

기초 없이 돈만 들고 뛰어들었다가는 중개업자나 컨설팅 회사의 말에 휘둘리기 딱 좋다. 짧게는 2~3년, 길게는 5년 정도를 보고 자금을 더 모아가면서 부동산 공부를 하는 것도 좋다. 투자자의 마음으로 시간 나는 대로 빌딩을 살펴보고, 가치를 따져보고, 오를 것으로 예측한 빌딩이 실제로 오르는지 확인해보는 것이다. 당장 투자를 하지 않더라도 중개업자와 관계를 가지면서 대화를 하라. 처음에는 무슨 말인지 이해하기 힘들겠지만 몰랐던 용어를 찾아보고 공부하면 하나하나 터득할 수 있다. 조바심과 싸우는 지루한 지구력 싸움이 될 수도 있다.

그러면 어떤 빌딩에 투자할 것인가?

그래도 계속해서 관심과 애정을 가지고 꾸준하게 공부하고 빌딩을 보는 안목을 키우다 보면 반드시 기회는 온다.

하지만 혼자서 자금을 늘려 나가기에는 한계가 있을 것이다. 두 번째 방법은 여러 사람이 돈을 합치는 것이다. 3억 원 정도 자금이 있는 두 명이 힘을 합치면 6억 원이 되고, 셋이면 9억 원이 된다. 살 수 있는 빌딩의 폭이 그만큼 넓어지고 위험이 적은 빌딩을 살 가능성도 넓힐 수 있다. 친척, 직장 동료, 주위 지인들 중에 부동산 투자에 관심을 가진 사람들이 있다면(요즘 같은 시대에는 아마 많을 것이다.) 힘을 합쳐볼 수 있을 것이다. 혼자서 가진 돈을 올인 하기보다는 여러 명이 각자 가지고 있는 자금 중 적당한 비율을 분산투자 차원으로 투입한다면 불안감도 적을 것이다.

몇천만 원 정도의 소액 투자금으로도 여러 명이 돈을 합칠 수도 있다. 이 정도의 돈으로는 지방에 있는 토지에 투자하는 사람들도 많은 편인데, 돈을 합침으로써 서울 변두리 혹은 위성도시의 소형 빌딩이나 상가를 노려볼 수 있다. 서울의 중심가보다는 못하지만 지방에 있는 땅에 돈을 묻어놓고서 이제나저제나 개발되기만을 노심초사하는 것보다는 상가는 당장 오르지 않더라도 임대 수익이라도 얻을 수 있다. 물론 많은 노력과 가치판단을 통해서 옥석을 잘 가려야겠지만 그래도 상가가 땅보다는 대체로 낫고 속을 위험도 조금이라도 적다.

공동투자를 원활하게 만들어주는 장치들

물론 공동투자가 쉬운 일은 아니다. 사공이 많으면 배가 산으로 간다는 말처럼 투자를 하는 과정에서 여러 사람들이 일일이 간섭하고 티격태격하다 보면 의견 조율하다 세월이 다 가고 물건도 놓친다. 열 명이 5000만 원씩 돈을 대서 5억 원대의 작은 빌딩을 사기로 했다고 가정해보자. 내가 열심히 찾아본 끝에, 투자 가치가 있는 변두리의 작은 빌딩을 발견했다. 그런데 수리할 필요가 있는 곳이 여러 군데 있다. 1000만 원 정도가 수리비로 들어갈 예상이다. 이럴 때는 누가 수리비를 부담할지 계약 당사자 사이에 합의해야 한다. 건물을 팔려는 사람은 "살 거면 당신들 돈으로 수리하고 아니면 관두자."고 완강하게 나온다. 대부분의 매도자는 이런 식이다. 하지만 그 수리비를 이쪽에서 부담해도 투자 가치는 충분해 보인다.

당신을 제외한 아홉 명 중에는 당신 의견에 동의하는 사람도, 그냥 포기하자는 사람도 있을 것이다. 그 많은 사람들이 모이기도 쉽지 않고, 모인다고 해도 의견 충돌이 잘 안 풀려서 결론은 못 내고 시간만 갈 수도 있다. 서로 피곤하기도 하겠지만 좋은 부동산일수록 시간을 끌면 기회는 날아간다. 이를 해소하기 위해서는 처음부터 합의가 필요하다. 즉 돈을 모은 사람 중에서 가장 계산이 빠르고 부동산에 밝은 사람, 실제로 시간을 투자할 여지가 많은 사람에게 권한을 위임하는 것이다.

아주 중요한 결정, 예를 들면 최종적으로 그 빌딩을 살 것인지 말 것인지는 전체가 합의를 하더라도 그밖에 사항들은 대표를 한 명 세워서 그의 결정에 따른다면 사소한 문제로 다툴 걱정이 줄어든다. 가장 많은 시간과 노력을 투자하는 사람이니 수익을 나눌 때 인센티브는 인정해줘야 할 것이다. 물론 이러한 과정 중에 옥석을 가리는 잣대에 대해 다른 투자자들에게 충분한 설명을 해야 할 것이다.

대표를 세웠지만 '그 사람이 잘할까? 잘못 판단하면 어떻게 할까?' 하고 걱정할 수도 있다. 그렇다면 내가 혼자 판단하고 결정하면 불안하지 않을 것인가? 내가 올바른 결정을 했는지조차도 늘 불안한 게 투자다. 걱정과 불안은 이러나저러나 비슷하다.

그러면 어떤 빌딩에 투자할 것인가?

대표가 열심히 노력해서 투자 가치가 있는 부동산을 발견했다면 나머지 투자자들에게 이 부동산을 설명하고 결정을 내려야 한다. 사소한 문제는 대표에게 일임해도 중요한 결정은 함께 내려야 할 텐데, 이때에도 미리 규칙을 정해놓는 것이 좋다. 사람이 많을수록 만장일치는 힘들 것이다. 예를 들어, 흔히들 알고 있는 다수결 규칙으로 3분의 2 이상, 즉 열 명이라면 일곱 명 이상이 동의하면 그 의견으로 결정하는 식으로 미리 규칙을 정해놓고 가는 것이 나중에 말썽이 생길 여지를 줄일 수 있다.

또 한 가지, 미리 목표 수익률을 정해놓는 것도 방법이다. 투자한 빌딩의 가격이 오르는데 처분해서 수익을 낼까? 더 기다릴까? 이 역시 참 까다로운 문제다. 오를 때에는 더 오를 것 같은 데 지금 팔면 아까울 것 같기도 하고, 이러다가 떨어지면 어쩌지, 싶어서 불안하기도 하다. 주저하다 보면 적절한 매도 타이밍을 놓칠 수도 있다. 혼자 투자해도 결정하기 힘든 문제인데 투자자가 여럿이면 더더욱 결정이 힘들다. 부동산을 살 때 임대 수익 외에 '20퍼센트 이상 오르면 처분한다'는 식으로 미리 목표 수익을 정해 놓으면 결정을 내리기가 쉬워진다. 의견 대립이 예상되는 문제에 미리 규칙을 정해놓고 서로 합의하면 사공이 많아서 생기는 문제를 크게 줄일 수 있다. 구두로만 합의하지 말고 서로 동의서를 작성하는 것이 더욱 좋다.

공동투자가 원활하게 이루어지려면 참여하는 투자자들이 마인드를 공유하는 것이 대립이 적을 것이다. 이 책의 내용에 공감한다면 서로 돌려보는 것도 방법이다. 당신이 공동투자를 주도하고 대표 격으로 뛸 생각이라면 단순히 열심히 하는 것에 그치지 않고, 투자자들에게 충분히 물건의 장단점을 설명하고, 어떤 가치가 있으며 어떻게 잠재 가치를 끌어낼 수 있을지를 잘 설명할 수 있어야 한다. 이러한 설명

싼 빌딩을 찾기보다 투자금을 늘릴 방법을 찾아라

이 정확하고 자세하며, 알기 쉬울수록 의견 대립이나 불안감이 줄어든다.

누구나 돈만 있다면 제일 안정적이고, 중심가 노른자위에 있는 빌딩에 투자하고 싶을 것이다. 최종 목적지에 당장 가기는 불가능하다고 해도 최대한 가까이 가기 위해서 자금의 규모를 늘릴 방법을 생각해보자. 다양한 방법으로 최대한 자금을 늘릴수록 처음 생각했던 곳보다는 더 기대 수익이 높은 곳, 더 안전한 곳에 투자할 수 있다.

그러면 어떤 빌딩에 투자할 것인가?

3. 레버리지, 더도 덜도 말고 적당히

종종 부동산 투자의 고수라는 사람들이 강연이나 방송, 책에서 권장하는 것 중 하나가 '레버리지 투자'라는 것이다. '레버리지(leverage)'란 지렛대를 뜻한다. 지렛대를 이용하면 적은 힘으로 크고 무거운 물건을 움직일 수 있다. 마찬가지로 레버리지 투자를 하면 적은 자금으로도 큰 물건에 투자할 수 있다는 게 레버리지 투자를 권하는 이른바 '전문가'들의 논리다.

오르면 대박, 하지만 떨어지면?

레버리지는 쉽게 말해서 대출을 끼고 투자하는 것이다. 예를 들어 내 수중에 돈이 1000만 원이 있는데 금리 5퍼센트로 2000만 원 대출을 받아서 3000만 원짜리 땅을 샀다고 하자. 5년 후에 땅값이 올라서 6000만 원에 팔았다면 수익률은 100퍼센트가 되는데 사실 내가 투자한 돈은 1000만 원뿐이다. 6000만 원 중에서 대출금 2000만 원과 그동안의 이자 500만 원을 빼면 3500만 원이 남은 셈인데, 결과적으로는 1000만 원으로 3500만 원 이익을 남긴 것이므로 수익률이 350퍼센트가 된다는 논리다(물론 이 이익에서 양도세를 비롯한 각종 세금과 비용을 제하면 실제 수익률은 좀 더 낮아질 것이다). 이렇게 생각해보면 굉장한 대박을 낚은 셈이다.

레버리지 투자는 가격이 오르면 내 자금만 가지고 투자하는 것보다는 높은 수익률을 안겨줄 수 있다는 장점이 있고, 투자 대상의 폭이 넓어지는 것도 장점이라 할 수 있다. 특히 아파트 집 사재기를 권하는 소위 '전문가'들이 종종 레버리지를 들먹인다. 하지만 투자는 항상 내가 원하는 시나리오대로만 가지 않는다는 점을 잊어서는 안 된다. 투자는 수익과 리스크의 싸움이다. 만약 대출을 받아서 산 부동산이 가격이 떨어지면 그 피해는 눈덩이처럼 불어난다.

위의 예에서 만약 내 돈 1000만 원과 2000만 원 대출을 받아서 산 땅의 가치가 5년 후 하락해서 땅값이 2500만 원이 되었다면? 대출 2000만 원은 그대로 남기 때문에 내 돈 500만 원을 손해 본다. 그뿐만이 아니라 땅값이 떨어지든 말든 매달 나가는 이자 비용도 그대로다. 5년 동안 이자로 500만 원이 나갔을 터이니 결국 내 돈 1000만 원이 다 사라진 것이나 진배없다. 게다가 땅을 처분하지 못하면 이자는 계속 내야 한다. 가격이 떨어지는 부동산은 거래도 안 된다. 만약 대출로 부동산 투자를 했다가 부동산 가격은 떨어지고 이자를 감당 못해서 연체 상황에 몰리면 헐값에 처분해야 하거나 최악의 경우에는 부동산이 경매로 넘어간다. 실제로 2000년대 중반 아파트 값 폭등기에 이렇게 레버리지 투자를 했다가 시장 분위기가 하락 반전하면서 크게 낭패를 본 사람들이 부지기수였다.

설령 오르는 시기에 레버리지 투자를 해서 이익을 봤다고 해도 시장이 하락 반전하면 단기간에 수익을 모조리 까먹을 수도 있다. 자기 자본 20억 원에 대출 10억 원을 끌어들여서 6억 원짜리 집 다섯 채를 샀다면 어떻게 될까? 만약 시기가 좋아서 가격이 올랐다면 아주 행복할 것이다. 하지만 팔지 않고 있다가 하락 반전하면? 폭탄을 지고 있는 꼴이 된다. 대출 10억 원을 연 4퍼센트 금리로 빌렸다면 한 달 이자만 약 333만 원이 나간다. 1년이면 4000만 원이다. 웬만한 직장인 세후 연봉이 날아가는 것이다. 집값 하락으로 보는 손해에 대출 이자까지 감안하면 그동안의 수익 대부분을 몇 년 안에 까먹을 수도 있다. 집 사재기는 대부분 전세 보증금을 끼고 하는 것이라 대출금은 오롯이 내 돈으로 나가야 한다. 따라서 '오르면 대박'이라는 말에만 혹하기 전에 '떨어지면?'이라는 질문을 해야 한다.

그래도 레버리지 투자를 고려한다면

투자는 가급적 대출을 받지 않고 자기 자금으로 하는 것이 좋다. 물론 어떤 자금으로 투자하든 가치가 오르면 행복하고 떨어지면 속은 쓰리다. 하지만 내 자금으로 투자하면 내 돈 잃는 것으로 끝이지만 대출은 원금과 이자 상환 부담을 계속 져야 하기 때문에 이중 삼중으로 고통을 받는다. 조금만 더 버티면 되겠지, 하는 생각 때문에 대출을 받아서 대출 이자를 갚기도 하는데 그렇게 되면 점점 손실이 기하급수적으로 불어난다.

그럼에도 불구하고, 빌딩 투자를 할 때에 레버리지 투자를 고려해야 할 경우가 종종 있다. 정말로 투자 가치가 확실한 물건인데 자기 자금이 부족할 때에는 대출을 적극 고려하게 될 것이다. 또한 세금 문제에도 관계가 있다. 빌딩 투자라면 아무리 적어도 몇 억에서 많게는 몇십 억, 몇백 억 정도를 투자해야 하는데, 거의 모든 경우 국세청에게 자금 출처를 입증해야 한다. 이 과정이 생각보다 까다롭고 스트레스를 받는 일이다. 또한 자금출처 증명보다 더욱 힘들고 스트레스가 심한 세무조사의 가능성도 높아진다. 잘나가는 기업들도 세무조사라면 벌벌 떠는데 개인 투자자라면 더 말할 것도 없다.

이럴 때 자기 자금과 대출 자금의 비율을 어느 정도 혼합하면 도움이 될 수 있다. 대출은 그 자금 출처가 더 이상 입증할 필요가 없을 정도로 확실하기 때문이다. 대출을 이용하면 자금 출처 증명의 부담이 줄어들어 세무 관련 부담을 줄일 수 있는 장점이 있다. 자금 출처 증명이나 세무조사는 정신적인 스트레스만이 아니라 관련된 비용도 만만치 않은 만큼, 대출 이자의 상환 능력을 고려해서 대출을 활용하면 큰 도움이 된다.

금융 이자는 보통 임대료 수익을 이용하게 된다. 그래서 가능하다면 대출을 많이 활용하는 게 레버리지 측면에서나 세무 관련 문제에서나 좋다고 생각할 수도 있다. 하지만 유의할 점이 있다. 빌딩으로부터 나오는 임대 수익을 고스란히 은행에 갖다 바치는 꼴이 되어서는 안 된다. 투자 가치가 확실한 빌딩이라고 생각해서 임대 수익을 전부 이자로 내더라도 나중에 시세 차익으로 이득을 보면 된다고 생각하는 사람들이 많다. 이는 위험하다. 경제의 날씨가 항상 맑을 거라고만 생각하면 안 된다. 경기가 나쁠 때에는 세입자의 월세가 밀릴 위험성도 커진다.

만약 경기가 좋을 때에도 월세를 걷어서 거의 은행에 갖다 바치는 상황이었다면 경기가 나빠지면 공실이나 임대로 연체로 은행 이자 상환에 문제가 생길 수가 있다. 이럴 때에는 부동산 거래도 침체되는 경우가 많으므로 더더욱 곤란해진다. 경기가 좋을 때라고 해도 임대료 수익을 모두 금융 비용으로 쓰면 건물의 하자 수리나 보수에 필요한 자금이 없어서 건물의 가치가 떨어질 수도 있고, 임대료 연체를 비롯한 이유로 세입자와 소송이 붙으면 이 역시 상당한 법적 비용이 들어가므로 자금이 경색될 수 있다. 따라서 대출을 고려할 때에는 임대료 중에 일정 비율은 여유 자금으로 들어올 수 있도록 대출액을 정하는 것이 좋다.

이와 비슷한 맥락으로 투자를 할 때 가진 돈을 모두 쏟아붓지 말고 여유 자금을 남길 필요도 있다. 부동산 투자는 단위가 크기 때문에 가진 자금을 모두 올인하는 사람들이 많다. 이는 위험하다. 여유 자금도 생각할 필요가 있다. 경기가 힘들거나 급격한 사회 변동이 있을 때 자신의 여유 자금이 없으면 마음이 불안해지고 조급해진다. 그러다 보면 중요한 결정을 신중하게 판단하지 못하고 덜컥 잘못된 결정을 내릴 수도 있다. 또한 여러 이유로 목돈이 들어갈 수도 있는데 자기 자금이 없으면 상황 대처에 어려움을 겪는다. 그때 가서 부랴부랴 급하게 대출을 받으려고 하면 나쁜 조건으로 받아야 할 수도 있다. 자금 여력이 충분한 사람이라고 해도 뜻하지 않게 또 다른 좋은 투자 가치를 가진 물건이 나타날 수도 있다. 이럴 때를 생각해서 여유 자금을 확보해두는 것이 현명하다. 절대로 한곳에 가진 자금을 모두 쏟아붓지 말라. 리스크 보호, 혹은 다른 투자 기회를 위한 비용으로 여유 자금을 남겨놓고 투자액을 정해야 한다.

레버리지, 더도 덜도 말고 적당히

4. 싸게 샀다고 좋아하다가는 빌딩 푸어가 된다

알고 지내던 지인 한 분으로부터 전화가 왔다. 잘 아는 친구가 경기도 부천에서 상가 분양 일을 하고 있는데, 이번에 정말로 싼 상가가 나왔다는 것이다. 최초 분양가는 평당 2500만 원이었지만 특별히 평당 1500만 원까지 40퍼센트나 분양가를 낮춰줄 수 있다고 한다. 수십 년 동안 알고 지낸 친한 친구가 권하는지라 투자를 해볼까, 생각하다가 큰돈이 들어가는 게 불안했는지 필자에게 도움을 요청했다. 그 상가에 관한 여러 가지 정보를 찾아보고 그 가격에 투자 가치가 있을지 여부를 알려주었다. 필자의 판단은 '사지 말라'는 것이었다. 40퍼센트나 저렴한 가격이라고는 하지만 주변 시세나 상권의 흐름을 보니, 그 가격으로도 투자 가치가 나오지 않았다. 그런데 지인은 먼저 나에게 도움을 요청해놓고서 내 설명에 의구심을 품었다.

"그럴 리가요. 그 친구를 안 지가 수십 년인데, 돈이 안 되는 상가를 저보고 사라고 할까요? 그럴 리가요. 뭔가 잘못 알아보신 거 아닌가요?" 지인은 필자가 "친구가 당신한테 사기 치려고 한다."고 말하는 것이라 생각했을지도 모른다. 그러나 그 친구가 지인을 속였다고는 생각하지 않는다. 분명히 지인의 친구도 이 상가가 정말 싸게 나왔다고 믿고 투자를 권유한 게 분명했다. 문제는 그 역시 이 상가의 정확한 가치를 제대로 모르고 있다는 것이다.

착한 가격? 가치가 착해야 한다

최초 분양가 기준으로 40퍼센트 낮은 가격으로 살 수 있다면 굉장히 쌀 것이고, 사면 무조건 이득이라고 생각하기 쉽다. 그런데 최초 분양가는 어떻게 정해진 것인가? 땅을 사고 건물을 짓는 데 필요한 돈을 투자한 시행사에서 정하는 것이다. 시행사가 판단을 잘못해서 또는 사업 수익률을 과하게 책정했기 때문에 최초 분양 가격을 너무 높게 잡았다가 분양이 잘 되지 않아서 싸게 파는 사례들은 많다. 이런 상가는 40퍼센트를 할인한들 투자 가치가 좋다는 보장이 없다.

심지어 애초부터 고의적으로 분양가를 높게 잡은 다음 선심을 쓰듯이 할인을 해주는 사례도 있다. 마치 백화점에서 바겐세일을 한다면서 상품 가격을 일부러 높게 붙여놓은 다음 대폭 할인 판매하는 것과 비슷한, 일종의 조삼모사인 셈이다. 이런 식으로 상가나 오피스텔이 '회사 보유분'이라는 이름을 달고 최초 분양가보다 싼 값으로 나오는 경우는 주위에서 쉽게 볼 수 있다.

부동산에는 문외한이었던 필자의 지인은 단지 수십 년 동안 알고 지낸 친구가 권하는 거니까, 게다가 상가 분양 일을 하니까 자신보다는 부동산을 많이 알 테니까, 설마 나를 속이거나 바가지를 씌울까, 하는 생각에 먼저 내게 도움을 청해놓고서도 내 말을 쉽게 믿지 않았다. 그러나 그 친구도 상가의 가치 평가를 제대로 못 하고 지인에게 투자를 권유한 것이다. 부동산 업계에서 일한다고 해서 부동산의 가치를 제대로 본다고 생각하면 절대 오산이다. 친구나 친척의 말을 믿고 잘못된 부동산에 투자했다가 손해를 보고 인간관계까지 나빠지는 모습을 그동안 수없이 보아왔다.

아무리 착한 가격처럼 보인다고 해도 판단의 기준은 부동산이 가진 실제 가치여야 한다. 최초 분양가는 참고는 될 수 있을지 몰라도 가치 평가의 절대적인 기준은 될 수 없다. 심지어 그 주변 시세보다 낮은 가격에 나온 매물이라고 해도 정말로 가치에 비해서 저평가된 것인지, 아니면 시세에 거품이 끼어 있거나 싼 게 비지떡인 것인지는 제대로 조사해봐야 알 수 있다.

예를 들어, 전부터 잘 알고 지내던 중개업자로부터 평당 시세가 1억 원인 강남의 어느 지역에 빌딩 하나가 평당 9000만 원에 매물로 나왔다는 연락을 받았다고 가정해보자. "시세도 싸지, 대로변에 있으니까 입지 조건도 좋지, 이런 물건 흔치 않아요. 빨리 안 잡으시면 금방 다른 사람들이 채가요." 하는 권유에 서둘러 매입했는데 알고 보니 도로가 편도 2차로이었다. 지역에 따라 다르지만 서울 강남을 기준으로 한다면 편도 2차로는 대로라고 하기에는 좁기 때문에 매력이 떨어지는 곳이 많다. 투자에는 초보라 이런 문제점을 잘 모른 상태에서 덥석 샀다가 뒤늦게 싼 게 비지떡이라는 사실을 알아서 아차 해도 이미 엎질러진 물이다.

이와 비슷한 유형의 잘못된 마인드는 큰 빌딩에 현혹되는 사람들이다. 서울 강남은 땅값 비싸니 빌딩의 평당 가격도 당연히 비싸다. 다른 지역으로 가면 평당 가격이 내려가는 만큼 같은 돈으로 더 큰 빌딩을 살 수 있다. 예를 들어 강남에서 100평짜리 7층 빌딩을 보다가, 강북에 똑같은 가격으로 20층짜리 건물을 살 수 있다고 하면 대부분 사람들은 눈이 확 돌아간다. 여기에 "내가 돈 좀 벌어서 빌딩 샀다."고 주변에 자랑하고 싶은 과시욕까지 겹치면 투자 가치보다는 덩치에 끌려간다.

투자 금액이 적은 사람들이라면 더더욱 이러한 함정에 빠지기 쉽다. 투자 금액이 얼마 안 되어서 서울에 적당한 빌딩을 찾기가 쉽지 않은데, 눈을 돌려서 수도권 신도시나 지방으로 가면 같은 돈으로 큼직한 빌딩을 살 수 있다. 이런 유혹에 쉽게 넘어가는 사람들이 많다.

작은 건물보다는 기왕이면 큰 건물이 좋을 것이라고 생각하는 사람들이 많지만 단순한 생각이다. 강남, 특히 강남구나 서초구 권역의 빌딩은 평당 가격이 비싼 만큼 임대료 시세도 높다. 유동 인구나 소비력이 그만큼 형성되어 있다면 임대료가 비싸다고 해도 그 돈을 내고 장사를 해서 돈을 벌 수 있기 때문에 임대 시세가 높게 형성된다.

만약 강남 번화가의 7층 빌딩과 강북의 20층 빌딩이 대략 비슷한 수준의 임대료 수입을 올릴 수 있다고 가정해보자. 20층 빌딩이 당연히 건평도 많고 매장의 수도 많을 것이다. 어쨌거나 빌딩의 가격도 같고 임대료 수입도 비슷하다면 투자 가치가 비슷할까? 아니다. 빌딩이 커질수록 각종 유지 관리비가 많이 든다. 물론 임차인이 관리비조로 상당 부분을 부담하지만 건물주가 지출하게 되는 부분들도 적지 않다. 임차인이 많으면 그만큼 관리하기도 힘들다. 만약 리모델링을 한다면 당연히 20층짜리 건물이 비용이 훨씬 커지고 공사 기간도 길어진다. 간혹 차이가 있기도 하지만 대부분 들어오는 임대료 수입이 비슷하면 작은 빌딩 쪽이 실제 수익은 더욱 알차다.

하우스 푸어만 있나? 빌딩 푸어도 있다

더 중요한 것은 건물 자체의 가치와 환금성이다. 지역에 따라서 달라지겠지만 대체로 강남의 번화가가 환금성이 더 좋다. 상권의 안정성이 높고 유동 인구의 구매력이 높은 편이기 때문이다. 경기가 나빠져도 구매력이 높은 곳은 상대적으로 영향을 덜 받는다. 환금성이 좋다는 것은 내가 급히 돈이 필요할 때 처분하기가 좋다는 뜻이지만, 환금성이 좋으면 가격도 잘 안 떨어진다. 가격이 떨어지는 이유는 팔려고 내놓아도 안 팔리므로 가격을 낮춰야 하기 때문인데, 환금성이 좋아서 내놓으면 잘 팔리는 빌딩이 가격이 떨어질 가능성은 없다.

아파트 경기가 꼭짓점을 지나서 침체기에 빠지자 하우스 푸어라는 말이 유행했다. 몇 억 원에서 10억 원이 넘는 아파트를 가지고 있는

싸게 샀다고 좋아하다가는 빌딩 푸어가 된다

사람들, 특히 여러 채를 가지고 있으면 대단한 재산가로 대접받을 것이다. 하지만 대부분 대출을 끼고 샀다가 집값이 떨어지면 대출을 제외한 내 돈은 거의 증발하고, 세금은 계속 나가니 점점 가진 돈이 바닥난다. 집을 팔려고 해도 침체기니 팔리지도 않고 최악의 경우에는 집을 처분한 돈으로 은행 대출 원금도 못 갚는다. 그러면 아파트는 가지고 있지만 돈은 없는 하우스 푸어가 되는 것이다.

그런데 하우스 푸어에 가려서 잘 드러나지는 않지만 빌딩 푸어의 문제도 심각하다. 투자 가치가 별로인 빌딩을 거액의 대출까지 끼고 샀는데 공실이 많이 생기면 당장 자금 압박이 온다. 예를 들어 어떤 빌딩의 임대료 수입이 한 달에 400만 원 나온다고 가정하고, 대출 이자가 한 달에 250만 원이라고 가정해보자. 그러면 은행 이자를 갚고도 150만 원이 남는다. 그런데 20퍼센트의 공실이 발생하면 임대료 수입이 320만 원으로 줄어든다. 대출 이자를 제하면 겨우 70만 원이 남는다. 실제로는 관리비를 제외하고도 건물주가 부담하는 빌딩의 각종 비용에 세금까지 있기 때문에 결국은 손실이 된다.

이런 기간이 장기화되면 건물주 소리는 듣지만 돈은 없는, 빌딩 푸어가 된다. 공실이 많이 나는 빌딩을 내놓는다고 해서 잘 팔릴 리도 없고, 헐값에 처분하면 내 돈은 다 날아가고 심지어 대출 원금도 못 건질 수 있다. 공실이 많이 생기는 빌딩은 분위기도 좋지 않고 썰렁하니 기존의 임차인들도 떠나고 싶어 한다. 공실이 더더욱 늘어나는 악순환에 빠지는 것이다. 지방 신도시에 이런 종류의 빌딩 푸어들이 부지기수다. 남들은 속도 모르고 건물주라고 부러워하지만 정작 본인의 속은 까맣게 타들어간다.

조금만 생각하면 빌딩 푸어로 가는 위험한 첫발을 내디디는 건데도 당장 눈에 보이는 큰 빌딩의 모습에 마음을 빼앗기는 사람들이 많

그러면 어떤 빌딩에 투자할 것인가?

다. 자기가 가진 돈의 범위 안에 마인드가 갇혀서 '저게 더 크고 좋은데, 같은 돈이면 저쪽을 잡아야지.' 하는 생각에 입지 조건이나 상권으로 볼 때 투자 가치가 떨어지는 빌딩을 사고 후회하는 사람들이 많다.

혹시 크고 멋진 건물에 마음을 빼앗긴다면 정신을 차리고 투자의 기본으로 돌아와야 한다. 왜 빌딩에 투자를 하는가? 정말 돈이 너무 남아돌아서 돈은 못 벌어도 좋으니 남들에게 자랑하는 게 주목적이라면 사도 된다. 그게 아니라면 투자의 목적은 수익을 내는 것이라는 기본으로 돌아와야 한다.

빌딩 투자를 비롯한 부동산 투자에서 사람들이 가장 착각하기 쉬운 것 중 하나가 '싸다'는 개념이다. 저 부동산이 실제로 가지고 있는 가치, 또는 잠재되어 있는 가치와 비교했을 때 현재 가격이 싼지 비싼지를 판단해야 하는데 기준점을 잘못 잡는 것이다. 반대로 마음속에 투자 기준의 중심만 잘 잡고 있다면 최초 분양가 대비 대폭 할인이라는 유혹으로부터도, 큰 건물이 주는 만족감과 과시욕의 함정에서도 벗어날 수 있다.

똑똑하고 잘난 사람은 빌딩 투자를 하지 마라

얼마 전 지인의 부탁으로 빌딩 투자에 관심이 많은 자신의 지인이 필자를 만나서 조언을 듣고 싶어 하니 만남을 가져달라고 해서 자리를 가졌다.

처음 만난 자리에는 부부가 함께 나왔다. 아내는 한의사였고 남편은 S그룹의 부장이었다.

처음 만난 우리는 가볍게 인사를 하고 식사를 주문해 음식을 먹으며 이런저런 얘기를 나누기 시작했다. 그러던 중 필자가 그에게 빌딩 투자 여유 자금이 어느 정도 되냐고 물었다. 그는 현금 자산이 대략 16억 원 정도 된다고 했다. 필자는 보수적으로, 안정성을 추구하는 차원에서 현금 자산이 16억 원이라면 총 매매가 25~30억 원 정도의 빌딩에 투자하시는 게 좋다고 설명을 하며 나름 그들의 상황과 수준(?)에 맞는 조언을 시작하던 참이었다. 필자의 얘기를 듣고 있던 그는 말문을 열었다. "그동안 여기저기 많은 부동산중개업소에 돌아다니며 검토해보고 추천받은 빌딩들을 많이 봤지만 대부분 현금 16억 원이 있으면 대출 70퍼센트+임대보증금 등을 합하여 50~60억 원 정도의 건물을 살 수 있다고 했는데 25억 원에서 30억 원이라니 빌딩 재테크 전문이시라는 분이 신뢰가 확 떨어지네요."라며 쓴웃음을 짓고 농담반 진담반을 섞어 말했다.

60억 원짜리 건물을 현금 16억 원에 구입하려면 현금 16억 원+임대보증금 약 3억 원, 그리고 나머지는 대출을 받아야 할 것이다. 즉 19억 원 외에 41억 원은 대출로 구입하겠다는 것이다. 보통 감정가액의 60~70퍼센트 정도 담보대출이 가능하다. 그렇기에 신용상의 특별한 하자가 없다면 41억 원의 대출을 받기에는 큰 문제가 없을 것이다(경우에 따라서 신용대출도 포함). 하지만 필자가 추천하는 투자 방식은 다르다. 무조건 공격적 투자를 하기보다는 리스크를 관리하는 게 우선이다. 무리하게 41억 원이라는 돈을 대출받으면, 경제 상황이 어려워졌을 때 이 대출에 대한 대안이 없다는 것이 가장 큰 문제다. 내가 가진 돈으로 최대한 큰 빌딩을 구입하는 게 최선은 아닌 것이다. 뿐만 아니라 그가 추천받은 빌딩을 들어보니 앞서 얘기한 오피스 빌딩이며 공실이 빈번한 지역의 건물이었다. 시세 또한 신뢰하기 어려운 금액이었으며 좋은 면을 꼽자면 단지 겉모습만큼은 아주 오래된 건물보다 깔끔해 보인다는 정도였다. 아마도 그는 최대한 크고 층수가 높고 깔끔한 빌딩을 원했을 것이다. 그뿐만 아니라 모든 사람이 빌딩을 산다라고 하면 그런 건물을 구입하고 싶어 한다. 필자와 함께 식사한 그들도 분명 그런 생각이었을 것이다. 그러나 소중한 나의 재산을 그런 허세에 부추김 당해 투자

그러면 어떤 빌딩에 투자할 것인가?

해서 위험을 감수할 필요가 있을까 하는 생각이 든다.

필자가 25~30억 원 정도의 빌딩 구입을 추천한 이유는 급격한 사회 변동이나 경제 불황이(예를 들어 IMF 같은) 왔을 때 파산이나 연체 걱정 없이 투자하기 위함이었다. 각자 평생 직업이라 해도 과언이 아닐 직업들을 갖고 있는 상황에서 빌딩 투자를 한다면 무엇보다 리스크 관리를 최우선으로 삼아야 한다. 자기자본 대비 40퍼센트 정도만 대출 받고, 오피스 건물이 아니라 상가 건물에 투자한다면 충분히 리스크를 대비할 수 있다. 무턱대고 크고 높고 남들 보기 좋은 빌딩은 겉보기에는 좋아도 그만큼 단점도 있기 마련이다. 여기서 단점이란 빌딩 자체의 단점이라기보다는 투자자 입장에서의 단점을 말한다. 높은 수익을 원하는 만큼 그만큼의 위험은 동반되어야 하는 것이기 때문이다.

필자가 계속해서 설명을 하려 했으나 그는 본인이 경매 물건도 알아본다며 빌딩 투자의 초보티를 팍팍 내며 필자의 얘기를 들으려 하지 않았다. 그러면서 뜬금없이 "대표님께서 구입하시는 빌딩에 지분투자를 하고 싶습니다."라고 했다. 즉 필자와 같이 빌딩을 사자는 것이다. 지인의 부탁으로 자리를 만들었건만, 조언으로 해주는 얘기는 제대로 듣지도 않으면서 필자와 빌딩을 같이 사자고 하니 참 황당하기만 했다. 아마도 그는 우리나라 최고 일류 기업의 부장이고 아내 또한 사회에서 안정된 직업인 한의사이고 하니 자신의 생각과 선택이 맹목적으로 맞다는 환상에 사로잡혀 있는 듯했다.

2009년도에 언급했듯, 대다수 사람들이 조금이라도 경제적 여유를 갖추고 나면 "내가 누군데! 나는 할 수 있어, 내말이 맞아. 내 선택이 옳아."라는 생각을 하는 것 같다. 현실은 절대 그렇지 않다. 내가 모르는 분야는 모르는 것이다. 그렇기에 노력하고 배우는 자세가 필요하다. 그래야만 투자 성공의 길에 가까워지면서 실패의 길에서는 멀어지는 것이다.

5. 확정수익 보장이라는 위험한 유혹

최근 몇 년 들어서 오피스텔이나 분양형 호텔과 같은 부동산이 분양되는 과정에서 자주 들을 수 있는 광고 문구가 '확정수익 보장'이다. 오피스텔은 오랫동안 수익형 부동산의 하나로 여겨져 왔다. 특히 1~2인 가구가 늘어나는 추세가 이어지면서 한때 시장이 호황을 누리기도 했다. 그러나 호황에 따른 과잉 공급, 여기에 도시형 생활주택의 등장과 원룸텔(고시원)의 고급화가 겹치는 실정이다. 오피스텔은 일반 다세대 주택이나 원룸보다 관리비가 비싸다는 약점이 있다. 때문에 오피스텔의 공실률이 오르고 수익률은 떨어지면서 인기도 급락하고 있다.

분양형 호텔도 마찬가지여서, 이른바 '유커'라고 하는 중국인 관광객들이 급증하면서 숙박 시설이 부족하다 보니 호텔이 우후죽순으로 생겨나기 시작했고, 분양형 호텔도 급속도로 활황을 띠기 시작했다. 오피스텔 경기는 시들고 분양형 호텔은 인기가 오르다 보니 처음에는 주거용 오피스텔로 건축되었던 건물이 분양형 호텔로 용도를 변경하는 경우도 생겨났다. 그러나 분양형 호텔 역시 경쟁이 과열되어 과잉 공급으로 이어지고 있는 실정이다.

부동산 사업자가 확정수익을 이용하는 방법

'확정수익을 보장한다'고 광고하는 오피스텔이나 분양형 호텔이 늘어나고 있다. 신문 광고, 전단지는 물론 지하철 안에도 이런 쪽지 광고를 쉽게 볼 수 있다. 이들 광고는 거의 하나같이 일정 기간 동안 확정수익을 보장해준다고 한다. 2~3년 동안은 미리 수익률을 정해놓고 만약 공실 등으로 실제 수익이 그에 미치지 못하면 시행사가 모자라는 만큼을 메워주는 것이다. 이들 광고는 많게는 '실투자액의 연 10~12퍼센트'라고 주장하고 있다. 저금리 시대에 연 10퍼센트가 넘는 수익이라니, 이쯤 되면 귀가 솔깃해질 만도 하다.

이러한 광고가 무조건 허위인 것은 아니다. 아예 분양 계약을 할 때 보증보험 회사의 지급보증을 세우는 경우도 있다. 하지만 알고 보면 확정수익 보장에는 여러 가지 함정들이 도사리고 있다. 이제 사는 사람이 아닌 파는 사람의 눈으로 관점을 바꾸어보자.

내가 분양형 호텔 시행사의 대표라고 가정해보자. 분양형 호텔을 짓고 있는데, 경쟁이 치열해져서 정상적인 방법으로 분양을 해봐야 실적이 저조할 것 같아서 뭔가 인센티브를 얹어줄 필요가 생긴다. 크게 보면 방법은 두 가지가 있다. 하나는 실제 가치보다 분양가를 부풀린 다음 할인을 크게 해주는 것이고, 또 하나는 어쨌거나 분양이 많이 되는 게 중요하니 마진을 조금 양보하는 것이다. 주택이라면 분양가를 낮춰주는 쪽이 주로 선택되지만 오피스텔이나 분양형 호텔은 수익률에 관심을 가질 것이기 때문에 확정수익 보장이라는 방법이 등장하게 된다.

광고 문구를 어떻게 만들면 좋을까? 최대한 수익률이 높은 것처럼 광고를 하면 사람들이 솔깃할 것이다. 생각 끝에 '실투자액의 연 12퍼센트를 3년간 확정수익으로 보장한다.'라고 광고를 하기로 했다. 게다가 '1억 원이면 두 채 투자 가능!'이라는 문구도 만들었다. 저금리 시대에 두 자릿수 수익률이라니! 그리고 1억 원으로 한 채도 아니고 두 채를 투자할 수 있다. 이쯤 되면 사람 관심을 끌기에는 충분하다.

가장 큰 함정은 '실투자액'이라는 말에 있다. 1억 원에 두 채를 투자할 수 있는 이유는 시행사에서 50퍼센트까지 대출을 알선해주기 때문에 한 채 값인 1억 원이 있으면 대출 1억 원을 끼고 두 채를 살 수 있는 것이다. 그런데 실투자액은 전체 2억 원 중 대출을 제외한 1억 원만을 뜻한다. 즉 내가 보장해줄 확정수익은 1억 원의 12퍼센트이므로 전체 금액 2억 원으로 보면 6퍼센트로 뚝 떨어진다.

저금리 시대에 6퍼센트도 투자하는 입장에서는 적은 수익률은 아닐 것이다. 하지만 이 역시 3년이라는 한정된 기간에 불과하다. 1억 원의 실투자금액에 1억 원의 대출을 받아 객실 두 개를 산 사람에게 확정수익으로 3년간 지급할 돈은 총 3600만 원으로 2억 원 중에서 대략 18퍼센트에 해당하는 액수다. 3년 내내 객실이 텅텅 비지는 않을 테니 공실률이 0퍼센트라면 분양받은 사람이 3600만 원의 수익을 가져갈 수 있다고 가정해보자.

3년 동안 실제 공실률이 30퍼센트 정도로 예상된다면 3년 동안 1080만 원, 1년에 360만 원 정도만 주면 된다. 2억 원을 분양 대금으로 받고 1080만 원을 주는 것이니까 5.4퍼센트만 마진을 양보하면 되는 것이다. 분양가를 실제 계획했던 것보다 좀 더 올리고 수익률을 더 챙겨주는 조삼모사식 수법도 쓸 수 있다.

이제 분양형 호텔을 산 사람의 관점으로 돌아가 자. 내 돈 1억 원과 대출 1억 원을 합쳐서 2억 원을 투자하고 1년에 1200만 원을 3년 동안 확정수익으로 보장받으니 한 달에 100만 원 정도의 수익이 생긴다. 이렇게 보면 나쁘지 않은 것 같지만 은행 이자가 나간다. 연 3퍼센트라고 가정하면 1억 원에 대해 1년에 300만 원이 나가므로 실제 수익은 900만 원, 한 달에 75만 원이 된다.

보너스에 정신 팔지 말고 실제 가치에 집중하라

본격적인 문제는 확정수익 보장이 끝나는 3년 후부터 시작된다. 호텔 운영이 잘 되면 다행이지만 지금은 이미 공급이 포화 상태에 가깝다. 중국인 관광객의 폭발적인 증가로 분양형 호텔이 속속 들어서고 있는 제주도도 이미 경고 신호가 켜져 있다. 한국은행 제주본부는 2014년에 이미 "2015년 이후 관광객 증가율이 둔화하며 관광호텔 객실 가동률이 2018년에는 67.2퍼센트까지 떨어질 수 있다."고 경고했다.

67.2퍼센트의 가동률이면 3분의 1이 공실이라는 얘기다. 1년에 넉 달 가까이 방이 비어 있는 셈이다. 통계는 아직도 한국에 호텔 객실이 부족한 것처럼 나오지만 통계란 실제 시장 상황보다는 한두 걸음 뒤쳐지는 게 보통이다. 객실이 비는 날이 많아질수록 수익은 뚝 떨어진다. 더더구나 주택이나 상가에 비하면 활용할 수 있는 여지가 극도로 제한되어 있기 때문에 환금성도 훨씬 나쁘다.

오피스텔도 공실률이 높고 수익률이 계속해서 떨어지는 추세지만 분양형 호텔은 더욱 불안 요소가 많다. 2015년 메르스 사태와 같은 악재가 터졌을 때 가장 먼저 직격탄을 맞는 분야가 관광이다. 사람이 살자면 주거 공간이 필요하고, 장사나 사업을 하려면 매장이나 사무실이 필요하다. 반면 관광은 안 가면 그만이다. 따라서 외부의 돌발 요소에 따라 수익이 출렁이기 쉽다.

최악의 경우는 시행사 또는 호텔 운영사가 두 손을 들어버렸을 때다. 아무리 지급보증이 있다고 해도 보증보험이 확정수익 지급 이행을 보증해주거나 담보물이 있는 경우가 아니라면 결국은 소송까지 가야 한다. 내 물건의 가치가 추락하는 것은 말할 것도 없다. 법인이 파산 및 청산까지 가게 되면 지급보증이 문제가 아니라 투자한 돈의 상당 부분을 날려버릴 수도 있는 것이다. 이미 약정된 수익을 지급하지 않는 시행사 또는 임대관리 회사와 투자자 사이에 소송이 벌어지는 사례도 속출하고 있고, 앞으로 공급 과잉과 출혈 경쟁이 심화되면 부도나 청산까지도 충분히 가능한 시나리오다.

오피스텔이든 분양형 호텔이든 여러 가지 리스크를 감안한다면 확정수익 보장이라는 말을 믿고 투자하는 것은 결코 현명하지 않다. 치열한 경쟁 속에서 이러한 부동산들이 앞으로 또 어떤 새로운 미끼를 들고 투자자들을 유혹할지는 알 수 없지만 단순하게 생각해보자. 만약 광고에서 주장하는 대로 높은 확정수익을 보장하고, 보장 기간이 끝난 뒤에도 장기간 상당한 수익률을 보장한다면 벌써 투자회사들이 덤벼들어서 아예 건물 전체를 통째로 분양받거나 했을 것이다. 시행사 입장에서도 복잡하게 객실 단위로 나눠 분양할 필요 없이 한 번에 넘겨버리는 게 편하다. 그렇게 높은 수익률을 보장하는 부동산이 왜 잘 안 팔려서 전단지도 모자라 지하철에 쪽지까지 붙일까? 생각해보면 좀 더 신중하게 판단할 수 있을 것이다.

오피스텔이나 분양형 호텔이 모두 수익이 형편없거나 망하지는 않을 것이다. 그러나 이러한 부동산에 투자하는 사람들이 저지르는 또한 가지의 가장 큰 실책은 실제 물건을 제대로 보지도 않는다는 것이다. 확정수익 보장에 마음을 빼앗기다 보니 광고에서 내세우는 입지조건이나 접근성, 주변의 환경 같은 것들이 진짜인지 확인도 제대로 안 하고 덥석 분양을 받아버리는 것이다. 그저 한 번 가서 둘러보는 것만으로 파악할 수 있다고 생각한다면 큰 착각이다.

이 책을 통해서 여러 차례 되풀이해서 강조하지만 열심히 정보를 찾고 몸을 움직여서 정확한 입지 조건과 주변 환경, 주위 비슷한 물건들의 시세와 임대 현황과 같은 중요한 사항들을 직접 보고 듣고 확인해야 한다. 광고 문구가 요란하고 달콤할수록 그 뒤에 숨어 있는 함정이 더 클 가능성이 높다는 것은 비단 오피스텔이나 분양형 호텔만이 아닌 모든 종류의 투자에 통용되는 정석이다. 확정수익 보장은 보너스에 불과하다. 가장 중요한 것은 수익을 얼마나 보장해주느냐가 아니라, 실제 그 부동산이 투자한 만큼의 가치를 가지고 있으며, 임대나 객실 운영을 통한 안정적인 수익을 낼 수 있는 조건을 갖추고 있는가이다.

105

6. 집 앞에서 시작하라

부동산은 많다. 빌딩도 많다. 서울부터 부산까지, 아니 제주도까지 빌딩이 있다. 마음만 먹는다면, 그리고 자기 자금이든 금융권 대출이든 자금을 동원할 수 있다면 어디에 있는 빌딩이든 살 수 있다. 그렇다면 어디에 있는 빌딩을 살 것인가? 아마도 여기에서부터 고민이 시작될 것이다. 요즘 언론에서 한창 기사를 쏟아내고 있는 유망한 지역에 투자할 것인가? 아니면 내가 가지고 있는 자금에 맞는 시세를 보이는 지역에 투자할 것인가?

몸이 멀어지면 마음도 멀어진다

투자를 시작하는 초보자라면 가장 좋은 지역은 '집 앞'이다. 즉 내가 지금 살고 있는 동네에서부터 시작하는 게 답이다. 살고 있는 동네가 그다지 번화하지 않다면 사는 곳에서 가장 가까운 번화가, 그중에서도 오랫동안 번화가로 안정된 상권을 형성하고 있는 곳을 찾는 것이 가장 좋다. 초보자라면 차로 한 시간 안에 갈 수 있는 범위에서 지역을 선택할 것을 권한다. 어지간한 시골에 살지 않는 한은 그 정도 범위 안에서 번화한 상권을 찾을 수 있을 것이다.

흔히 '몸이 멀어지면 마음도 멀어진다'는 말이 있다. 인간관계에 대한 말이지만 이는 빌딩 투자에도 통한다. 예를 들어 내가 사는 곳은 광주광역시인데 강남 3구가 가장 좋다고 해서 강남 빌딩을 사기로 결심했다고 가정해보자. 좋은 빌딩을 찾으려면 한두 번 가는 것으로는 어림도 없다. 일단 공인중개사나 컨설팅 회사들을 돌면서 가능성 있는 물건을 찾아야 하고, 가치가 있어 보이는 빌딩을 발견했다고 해도 실제 가치판단을 위해서는 여러 번 가봐야 한다. 주중과 주말, 출퇴근 시간과 낮 시간, 밤 시간과 같이 여러 가지 다른 조건 속에서 유동 인구나 매장 손님들이 얼마나 되는지를, 그것도 여러 번 관찰해야 한다. 수십 번은 해당 지역에 가봐야 한다. 좋은 빌딩 하나를 찾기 위해서 한 지역을 몇 달 동안 하루가 멀다 하고 다닌 적도 있었다.

그런데 광주에 사는 사람이 좋은 빌딩을 찾기 위해 과연 서울에 몇 번이나 올 수 있을까? 반대로 서울에 사는 사람이 요즘 대구가 뜬다고 해서 대구에 제집 드나들 듯 할 수 있을까? 처음 몇 번이야 의욕에 넘쳐서 열심히 다닐 수도 있겠지만 시간이 갈수록 지친다. 실제 가치가 20억 원이지만 15억 원에 살 수 있는 빌딩을 찾는 것을 목표로 하고 있다고 가정해보자. 이런 빌딩이 그리 쉽게 나올 리는 없다. 몇 달에 걸쳐서 날마다 눈이 빠지게 정보를 찾아다니고 발이 부르트도록 돌아다녀도 원하는 빌딩이 없고 몸과 마음이 지쳐가다 보면 슬금슬금 타협을 하고 싶어진다. '아무래도 15억에 나오는 빌딩은 없을 것 같은데, 그래도 사긴 사야 하니까 17억, 18억에 나온 거라도 살까? 그래도 수익은 날 텐데?' 하물며 자신의 행동반경 안에서 찾으려 할 때에도 지치기 쉽다. 먼 곳에서 찾으려고 한다면 훨씬 빨리 지쳐버린다. 이러다 보면 중개업자나 주변 사람들의 말에도 자신의 투자 원칙이 쉽게 흔들린다. 실제 가치가 별로인데도 몸과 마음이 지친 나머지 '이 정도면 괜찮잖아.' 하고 스스로를 합리화하고 빌딩을 사게 된다.

빌딩을 산 후에도 문제다. 빌딩을 샀다고 해도 관리가 필요하다. 자주 가보면서 관리가 잘 되고 있는지 확인해야 한다. 필요하면 증축이나 리모델링을 통해서 가치를 높일 수도 있는데 이 역시도 자주 현장에 가서 공사가 제대로 되고 있는지 확인해야 한다. 그런데 빌딩이 먼 곳에 있으면 역시 쫓아다니는 게 힘들다. 그러다 보면 가보는 횟수도 뜸해지고 관리인한테 그냥 맡겨버리다시피 한다. 이러면 관리자가 게을러지거나 딴 짓을 하기 쉬워지고 관리도 공사도 부실해질 가능성이 높다. 물건을 살 때에도 관리할 때에도 자주 가서 볼 수 있는 지역을 선택하는 게 좋다.

내가 가장 잘 아는 지역은 우리 동네다

또 한 가지 이유는 내가 가장 잘 알고 있는 지역이기 때문이다. 번화한 상권에 있는 빌딩은 다 좋을 것 같지만 실상은 천차만별이다. 어떤 빌딩은 입지는 좋지만 그에 비해 지나치게 거품이 끼여 있는 곳도 있고, 또 어떤 빌딩은 유동 인구가 많아 보이지만 실상은 흐르는 유동 인구, 즉 그 지역에 오래 머무르지 않고 다른 곳을 가기 위해 지나가는 사람들이 많은 곳이라서 겉보기와는 달리 상권이 좋지 않을 수도 있다.

그 지역에서 잘 되는 업종과 안 되는 업종은 무엇인지, 장사가 잘 되는 가게라든가, 지금 들어와 있는 매장은 영업을 얼마나 오래 했는지, 이전에는 어떤 매장들이 있었는지, 최근에 그 빌딩에서 이전하거나 폐업한 가게는 없는지, 이전이나 폐업을 한 이유는 무엇인지와 같은 여러 디테일한 정보를 많이 알고 있을수록 가치판단에 도움이 된다. 때로는 그 동네에 도는 루머도 시세에 영향을 미친다.

번화가라는 중개업자의 말만 믿고 바가지를 쓰거나 결점이 많은 빌딩을 사고 후회하는 사람들도 많다. 중개업자들은 아무래도 거래가 성사되기에 유리한 정보만을 제공하기 때문이다. 그 빌딩 주변 지역의 디테일을 잘 모르고 중개업자 말만 듣다가는 빌딩의 가치에 마이너스가 되는 정보를 모르고 함정에 빠지기 쉽다. '난 저 지역에 대해서 좀 알아.' 하고 생각할 수도 있겠지만 대체로 직접 보고 듣고 겪는 것보다는 방송이나 인터넷을 통해서 피상적으로 주워들은 정보들이 대부분이다. 반면 자신이 사는 동네, 또는 가까운 동네일수록, 그 지역에 오래 살았을수록 지역의 사정에 밝은 것은 당연한 이치다.

일단 초보자라면 집 근처에서 시작하라. 투자의 경력이 쌓이고, 투자를 본업으로 전력투구할 수 있는 사람도 서울과 부산 정도의 거리라면 힘들다. 하물며 초보 투자자이거나 아직은 투자를 전업으로 하기 어렵다면 더더욱 힘들다. 물론 경험이 쌓이고 빌딩의 가치를 보는 눈이 길러지면, 그리고 투자를 전업으로 할 수 있을 정도가 된다면 좀 더 범위를 넓힐 수도 있다. 하지만 아무리 실력이 붙는다고 해도 한 번 가서 가치가 좋은 빌딩을 찾고 그 빌딩의 가치를 제대로 파악하는 것은 힘들다. 결국 여러 번, 수십 번 이상 가봐야 한다. 빌딩 관리를 위해서도 정기적으로 가봐야 하기 때문에 너무 먼 지역의 빌딩에 투자하는 것은 득보다 실이 많다.

　자신이 사는 지역이 별로 마음에 안 들거나, 투자의 경력이 붙어서 거리가 멀지만 좀 더 큰 상권 쪽으로 나가보고 싶다면 그 지역으로 이사를 가는 것까지도 고려해보라. 빌딩 투자 때문에 이사까지 가야 하나 싶을 수도 있지만 대다수 사람들에게 빌딩 투자는 자신의 대부분, 또는 모든 재산을 건 일생에서 가장 큰 결단이나 비즈니스일 것이다. 올바른 결정을 하면 인생이 좋은 쪽으로 크게 바뀌겠지만 나쁜 결정을 하면 삶이 지옥이 된다. 어떤 지역을 제대로 파악하기 위해서는 그 지역에 살아보는 것만큼 좋은 방법이 없다. 자신이 아직 잘 모르는 지역에 많은 돈을 투자해서 빌딩을 사고 싶다면 이사를 가서라도 그 지역을 제대로 파악할 각오를 할 가치는 분명히 있다.

그러면 어떤 빌딩에 투자할 것인가?

7. 지역의 상권에서 시세와 가치를 비교하라

필자가 투자 가치가 있는 빌딩을 찾아내는 기준은 '실제 가치 대비 저평가된 빌딩'이다. 같은 지역에서 주변 다른 빌딩보다 저평가된 물건을 찾아내는 방법도 있지만, 또 한 가지는 그 지역 자체가 저평가된 경우도 있다. 즉 주변 빌딩과 비교했을 때 딱히 저평가되었다고 보기는 어려운 빌딩이라고 해도 그 지역 자체가 인근의 다른 지역, 혹은 비슷한 상권을 형성하고 있는 다른 지역에 비해서 시세가 낮게 형성되어 있다면 이 역시 향후에 오를 것을 예상할 수 있다. 또는 현재는 상권이 크게 활성화되어 있지 않지만 주변 여건을 볼 때 앞으로 활성화가 기대되는 요소들이 있다면 이 역시 향후에 시세가 오를 것으로 기대할 수 있다.

강남대로에서 시작해서 방배동 카페 골목까지

최근 방배동 카페 골목에 있는 빌딩에 투자하게 된 과정을 소개하려고 한다. 처음부터 이쪽을 공략하려고 생각했던 것은 아니다. 처음에는 강남의 중심권을 공략 대상으로 삼았다. 몇 년 전부터 모텔이나 다른 용도의 빌딩을 리모델링해서 부티크 호텔로 재탄생시키는 투자가 주목을 받고 있다. 중국인 관광객의 급증으로 숙박 수요가 급증한 데다가 특히 강남을 중심으로는 내국인들도 모텔보다는 고급스럽고 좋은 이미지의 부티크 호텔을 선호하는 경향이 있었다. 필자 역시 리모델링을 거쳐서 부티크 호텔을 만들어서 빌딩의 가치를 올리는 투자를 계획하고 있었다.

문제는 가격이었다. 투자 수요가 몰리면서 이미 가격이 상당히 오른 상태였다. 강남대로를 중심으로 번화가들을 조사했지만 모두 가격이 뛰었고 심지어 시세의 10퍼센트 이상 프리미엄까지 붙어 있었다. 아무리 수요가 많다고 해도 이 가격으로는 부티크 호텔로 만든다고 해도 투자 대비 수익이 나오지 않았다. 강남대로 일대에서는 원하는 빌딩을 찾지 못하고 차츰 범위를 넓혀 나갔지만 투자 가치가 있는 빌딩은 좀처럼 나타나지 않았다. 그러다가 방배중앙로, 즉 방배동 카페 골목까지 범위가 닿았다. 이곳에서 부티크 호텔을 위한 빌딩을 찾지는 못했지만 투자 가치가 좋은 다른 물건을 발견했다.

이곳은 과거에 오렌지족들이 활개를 치던 압구정동 로데오거리와 같이 번화한 고급 상권이었지만 이제는 예전만큼의 영화는 누리지 못하는, 세간의 눈으로는 죽은 상권이다. 그럼에도 내가 이곳에 눈을 돌리게 된 데에는 몇 가지 이유가 있었다.

첫째, 아무리 옛날 같지 않다고는 하지만 상권이 완전히 죽었다거나 한 상태는 분명 아니었다. 전성기 때처럼 고급스러운 매장들로 들어차 있지는 않지만 대형 프랜차이즈 카페들이 여전히 줄지어 자리를 잡고 있었고, 전반적인 분위기도 먹자 골목과 더불어 어느 정도의 수준을 유지하고 있었다.

둘째, 바로 인근에 대형 아파트 단지들이 있었기 때문에 상권을 지탱할 수 있는 주변 인구가 확보되어 있었다. 또한 이들 단지는 지은 지 오래되었기 때문에 머지않은 장래에 재건축의 가능성도 높았다. 재건축이 이루어지면 지금보다 더욱 많은 세대가 들어올 수 있고 지금보다 좀 더 소득 수준이나 구매력이 높은 사람들이 들어올 가능성이 높으므로, 인구의 양이나 질 모두가 앞으로 좋아질 전망이었다.

또 하나, 서초구와 동작구의 경계에 가까웠지만 그래도 자타가 공인하는 상업용 빌딩의 노른자위인 강남 3구(강남구, 서초구, 송파구)에 속해 있었다. 만약 이웃 동작구에 속해 있었다면 투자 가치를 다르게 생각했을 것이다. 단순히 행정구역이 어디냐에 속하는 문제로 가치가 달라진다면 속상할 사람들도 있겠지만 현실은 현실이다. 왜 사람들이 도로명이나 아파트 이름을 놓고 관청과 죽자 살자 싸우고 소송까지 걸겠는가. 그 이름 하나가 가치의 상당 부분을 좌우하는 게 현실이기 때문이다.

필자는 결국 방배동 카페 골목에서 투자 가치가 있는 빌딩을 발견할 수 있었다. 비록 처음에 의도했던 부티크 호텔로 쓸 수 있는 건물은 아니었지만 중요한 것은 이 빌딩을 사면 오를 것인가, 하는 투자 가치다. 상권이나 주변 배경으로 볼 때 지역 자체도 시세가 오를 가능성이 높았지만 마침 관리가 부실해서 주변 다른 건물보다도 저평가된 빌딩이 있었다. 매입 후 리모델링을 거친 빌딩은 이미 매입 몇 달 후에 이미 30퍼센트 이상 가격이 상승했다.

번화가에서 시작해서 범위를 넓혀라

여기서 한 가지 덧붙일 이야기가 있다. 만약 내가 동원할 수 있는 자금이 대출까지 포함해서 10억 원이라고 해서 10억 원으로 빌딩을 살 수 있는 지역으로 처음부터 축소하고 들어가지 말라. 일단은 번화가에서 시작하라. 처음에 강남대로 일대의 번화한 거리에서 시작했을 때에 보았던 빌딩은 프리미엄까지 포함하면 150억 원을 요구했지만 방배동에서 매입한 건물은 그 5분의 1 가격 수준이었다. 그 이전에도 처음에 알아보았던 가격의 2분의 1, 3분의 1 수준 가격의 빌딩을 매입한 사례는 여러 차례 있었다.

일단 번화가에서 시작해서 범위를 넓혀 나가는 탐색법은 처음부터 내가 살 수 있는 빌딩을 알아보는 것보다 시간이 많이 걸릴 수도 있다. 그럼에도 절대 시간 낭비가 아니다. 가장 중요한 이유는 범위를 넓혀가는 과정 속에서 해당 지역을 전반적으로 보는 눈을 키울 수 있다는 것이다. 빌딩 투자는 미시적인 현미경의 눈과 거시적인 망원경의 눈을 동시에 가져야 한다. 투자를 원하는 빌딩의 입지 조건과 주변 환경, 유동 인구를 살피는 것이 현미경의 눈이라면 구 단위나 영동 지역, 강남 3구와 같은 좀더 넓은 지역에 걸쳐서 대세와 흐름을 살피는 것이 망원경의 눈이다.

현미경의 눈만 제대로 키워도 빌딩의 투자 가치를 보는 데에는 큰 도움이 되지만 특히 미래 가치나 장기적인 전망을 보려면 망원경의 눈이 없으면 안 된다. 서초구 외곽인 방배동 카페 골목까지 범위를 넓힌 것도, 실제 강남 일대의 상권 수요가 점점 범위가 넓어지고 있었기 때문이다. 특히 저금리 시대에서 수익형 부동산 쪽으로 투자 수요가 이동하고 번화가의 부동산 값이 오르니 자금들도 점점 투자의 범위를 넓혀가고 있었다. 번화가에서 시작해서 점점 범위를 넓혀 갔기 때문에 이러한 흐름을 읽을 수 있었던 것이다. 만약 처음부터 내가 강남대로는 너무 비싸니 외곽이나 아예 다른 지역으로 넘어갔다면 이러한 흐름을 읽을 수 있었을까?

그러면 어떤 빌딩에 투자할 것인가?

빌딩에 투자한다면서 부동산 중개업자와 함께 빌딩에 한두 번 가보고 주위만 살펴본 후 덜컥 매수하는 사람들이 의외로 많다. 예를 들어 수도권 외곽의 신도시에는 건물도 새것으로 잘 지었고 주변에 유동 인구가 꽤 있는 상권이 형성되어 있는 빌딩들이 있다. 하지만 범위를 더 넓혀서 보면 근처에 새로운 신도시가 추진되고 있을 수 있다. 이런 경우 새로운 신도시가 들어서면 상권이 옮겨가서 유동 인구가 크게 줄어들 위험이 높다. 빌딩 자체와 주변 입지 조건도 가치판단에 중요하지만 더 넓은 범위의 흐름을 함께 보아야 올바르게 빌딩의 가치를 판단할 수 있다.

번화가 빌딩은 비싸고 값이 오르지 않는다?

주변 여건에 비해서 지역의 가치가 저평가되어 시세 자체가 낮게 형성된 곳의 빌딩은 향후 시세 상승을 기대할 수 있다. 그렇다면 번화한 지역은 향후 시세 상승을 기대하기 어려울까? 번화한 지역은 당연히 비쌀 것이고, 이미 충분히 가치 평가를 받았으므로 뜨는 상권, 유망한 상권에 비해서 가격이 잘 오르지 않아서 더 이상 큰 수익이 없을 거라고 생각할 수도 있다. 실제로는 그렇지 않다.

일단 번화한 곳일수록 상업용 부동산의 강점인 임대료 수익이 빛을 낸다. 공실이 적고 설령 공실이 생기더라도 그 기간이 짧은 편이다. 임대료도 경제 성장이나 물가상승과 같은 요인에 따라서 꾸준히 상승하고, 침체 국면에도 건물의 가치가 잘 떨어지지 않는다. 실제로 2011년 이후 부동산 침체기에도 강남의 상업용 빌딩은 시세를 거의 유지했다. 보통 경기 사이클이 나빠지면 안 좋은 지역부터 소비가 침체되므로 먼저 영향을 받는 반면, 경기가 좋을 때에는 좋은 지역부터 사람이 몰리고 소비가 커지므로 먼저 시세가 오른다.

비슷한 규모, 비슷한 입지의 건물이라고 가정한다면 번화한 곳이 그렇지 않은 곳보다 비싼 것은 당연하다. 그러다 보니 초기에 적은 자금으로 투자하는 사람들은 번화한 곳은 애초에 포기하고 변두리 지역을 찾아다니기 쉽다. 그렇게 처음부터 포기하고 들어가지 말라. 일단 번화한 곳에서 최대한 가능성이 있는 빌딩을 찾기 위해서 전력투구해야 한다. 이미 가치가 검증된 상권의 건물이라도 수익을 얻을 가능성이 있고, 주변 환경을 잘 파악하면 내 사정 안에서 투자할 수 있는 빌딩을 충분히 찾을 수 있기 때문이다.

대로변은 시세가 비싸고 빌딩의 덩치가 크지만 이면도로로 들어가면 자신의 능력 범위에 들어오는 중소형 빌딩을 찾을 수도 있다. 흔히 이면도로는 좋지 않다고 생각하지만 이면도로에도 옥석이 있다. 대로변은 유동 인구는 많지만 대체로 흘러가는 유동 인구인데 반해, 오히려 이면도로 쪽에 머무르는 유동 인구가 많은 지역도 있다. 전반적인 시세는 대체로 평균 수치이기 때문에 '평균의 함정'에 빠지기 쉽다. 즉 작은 지역 단위 또는 건물 단위의 가격 차이가 지역의 평균 시세에 묻히기 쉽기 때문에 실제 가치보다 저평가된 빌딩이 평균 시세 속에 묻혀 있을 수 있다. 전반적인 시세만 가지고 쉽게 포기하지 말고 최대한 찾아보라.

결과적으로 동원할 수 있는 자금의 범위 안에 있는 빌딩을 찾는 데 실패할 수도 있다. 그러면 조금씩 범위를 확장해본다. 번화한 상권이라면 그 주위로 좀 더 시야를 넓혔을 때에 핵심 상권만은 못해도 어느 정도 안정된 상권을 유지하고 있는 지역들을 찾아볼 수 있다. 길 하나만 건너도 가격 차이가 크게 나는 상권을 쉽게 볼 수 있다. 당연히 그 길 하나를 사이에 두고 유동 인구의 양이나 질에 큰 차이가 날 것이다. 그럼에도 최선은 못 되지만 차선으로 선택할 수 있는 빌딩을 찾을 가능성이 생긴다.

더 좋은 방법은 비슷한 여건을 가진 인근의 다른 지역들을 찾아보

116

는 것이다. 예를 들어 번화가 상권에서 길 하나를 건넜더니 70퍼센트 정도 상권이 있는 이면도로 A가 있다고 가정해보자. 이쪽 빌딩들의 시세를 조사해본 다음, 비슷한 정도로 70퍼센트 상권이 형성된 이면도로 B를 찾아보는 것이다. 이쪽의 시세는 어떤가? 만약 처음에 알아보았던 이면도로 A에 비해 B의 시세가 확실히 높게 형성되어 있다면 A의 향후 투자 가치를 긍정적으로 볼 수 있다. 물론 B에는 A에 없는 장점이 있기 때문에 시세가 높을 수도 있으므로 늘 빌딩이나 지역을 볼 때에는 '왜?'라는 질문을 자주 던져야 한다.

최선의 답이 자신의 자금으로는 도달하기 불가능하다는 것이 직접 확인이 된 다음에야 차선이 최선이 되는 것이다. 최선을 다해 건물 하나하나를 샅샅이 뒤진다는 마음으로 파헤치기 전에 쉽게 포기하고 차선으로 넘어가지 말라.

더 나아가, 이렇게 빌딩을 찾아다니는 과정 그 자체가 소중한 투자 수업이다. 미국의 아이비리그에서 관련 박사학위를 받았다고 해서 투자의 귀재가 되는 것은 아니다. 부동산은 특히 더 그렇다. 열과 성을 다해서 가치 있는 부동산을 찾아다니고, 하나하나의 물건을 볼 때마다 최대한 집중해서 장단점과 잠재 가치를 판단하는 방법을 어느 학교에서 가르쳐준단 말인가? 스스로 시간과 노력을 투자해서 터득해나가는 수밖에 없다.

번화한 곳의 빌딩, 좋은 빌딩을 많이 보고, 왜 저 빌딩이 좋은지, 왜 높은 가치를 가지는지 생각하라. 끊임없이 생각하고 연구하는 자세를 축적해나가면 그보다 못한 곳의 빌딩을 볼 때에도 옥석을 구분해내는 능력이 생긴다. 신도시와 같이 단기간에 유행을 타거나 불붙는 상권은 정확한 가치판단에 따라서라기보다는 투기 심리로 가격이 매겨지는 경우가 많다. 이런 곳만 쫓아다니면 진짜 가치를 판단할 안목을 기르기 힘들다.

지역의 상권에서 시세와 가치를 비교하라

8. 지역의 토박이는 1급 부동산 정보원이다

20대 중반 때의 일이었다. 알고 지내던 사람에게 돈을 빌려줬는데 기일이 지나도 차일피일 미루더니 아예 전화를 없애고 연락을 끊어버렸다.

이리저리 뛰어다닌 끝에 그 사람의 주소를 알아내서 동네로 찾아갔다. 그런데 그곳을 도통 찾을 수가 없었다. 예를 들어서 주소가 100-5번지이면, 100-4번지까지만 보이고 5번지가 없는 것이었다. 부동산에 물어봤는데도 틀린 곳을 가르쳐주는 바람에 몇 시간을 헤매도 도무지 그 주소를 찾을 수가 없었다.

자포자기한 상태가 되어 이대로 돌아가야 하나, 낙담한 내 눈에 허름한 '복덕방' 간판이 들어왔다. 문 너머로는 일흔은 족히 넘었을 할아버지 혼자 꾸벅꾸벅 선잠이 들어계셨다. 동네 사람 아무도 모르는데 저 어르신이 뭘 알까 싶어서 그냥 갈까 하다가 '여기까지 온 거, 저분한테까지만 물어보고 가자.' 하고 지푸라기라도 잡는 심정으로 복덕방에 들어갔다.

그런데 웬걸, 어르신은 내가 내민 주소를 보더니 단박에 길을 가르쳐주셨다. 세 시간 동안 헤매던 주소지를 어이없을 정도로 쉽게 찾았다. 알고 보니 그 할아버지는 이 동네에서 40년 동안 복덕방을 운영해온 토박이였다. 그 일로 한 가지 교훈을 얻게 되었다. 번지르르한 간판에 깔끔한 사무실, 큼직한 지도를 붙여놓은 부동산보다도 그 지역에 오래 산 토박이가 최고라는 사실 말이다.

지역의 정보는 지역에 가서 캐라

요즘은 부동산 정보를 구하기가 무척 쉬워졌다. 이미 인터넷 부동산 정보는 대중화되었고, 정보 제공은 물론 직거래까지도 할 수 있는 각종 스마트폰 앱들이 즐비하다. TV를 틀면 경제 채널은 물론 아예 부동산 전문 채널도 있다. 방 안에 앉아서도 전국의 부동산 정보를 넘치도록 구할 수 있다.

하지만 편리함 뒤에는 함정도 있다. 과거와 비교하면 양으로나 질로나 많이 나아졌지만 가치 없는 정보나 가짜 정보도 여전히 적지 않다. 첫째로, '호가시세'와 '저가시세'는 다르다. 호가시세란 물건을 내놓은 사람이 "얼마에 팔겠소." 하고 부르는 값으로, 가장 높은 가격으로 거래된 사례를 뜻한다. 반대로 저가시세는 실제로는 이만한 가격이 되어야 거래가 가장 쉽게 되고, 시세의 최저치 또는 급매로 나올 경우의 가격을 뜻한다. 소유주가 원하는 가격을 고집하면 실제 가치보다 높든 거래가 안 되든 호가시세가 된다. 한마디로 '부르는 게 값'이기 때문에 호가시세에는 거품이 끼어 있을 때가 많다.

시세 정보의 정확한 실체를 파악하기 위한 가장 좋은 방법은 그 지역 부동산을 이용하는 것이다. 특히 그 지역에서 오랫동안 뿌리를 박고 영업을 해온 부동산일수록 더 많은 것을 알고 있다. 한 군데만 방문해서 얻는 정보도 단편적일 수 있으니 주위 여러 곳의 부동산을 돌아다니면서 시세를 파악하고 빌딩에 관한 질문을 여러 가지 던져보도록 하자. 이 물건의 정확한 시세가 손에 잡힐 것이다.

수십 년간 부동산 업계에서 명성을 쌓아온 부동산의 달인이나 대형 컨설팅 회사가 제공하는 정보라면 신뢰성이 높다고 생각하는 사람들도 있다. 하지만 자신들이 주력하는 한두 지역이 아닌 그 많은 지역의 시세 정보를 어떻게 수집했을까? 결국 그 지역에 가거나 네트워크

지역의 토박이는 1급 부동산 정보원이다

를 통해서 입수해야 한다. 이러한 정보들이 여러 지역의 시세 정보를 충분히 지역 부동산을 돌면서 종합해서 판단한 결과물일까? 아닐 가능성이 높다. 지역에 관한 자세한 정보는 그 지역에서 직접 캐는 게 가장 정확하다.

부동산에 관련된 정보 가운데에는 객관적이지는 않지만 중요한 내용도 있다. 예를 들어 특정한 땅이나 건물에 나쁜 소문이 돌거나 안 좋은 내력이 있는 경우가 있다. 그 건물에 입주했던 매장들이 계속 망해서 나간다든가, 불길한 사고들이 잇달아 벌어졌다든가 하는 소문들이다. 이런 정보를 인터넷이나 방송을 통해 구하는 데에는 한계가 있다. 직접 빌딩을 찾아간다고 해도 그런 정보가 빌딩에 쓰여 있을 리도 없다. 이런 정보를 가장 잘 아는 사람들은 당연히 지역 토박이들이다.

빌딩 자체는 물론 건물주나 관리인에 관한 정보를 파악할 때에도 지역의 토박이들은 큰 도움이 된다. 강남대로변에 무척 좋은 상가가 매물로 나온 적이 있었다. 입지 조건도 좋은 데다가 가격도 주위와 비교하면 좋은 조건이었다. 이 정도만 해도 무조건 살 사람도 많겠지만 언제나처럼 건물의 주위를 돌면서 지역의 부동산을 통해서 시세도 알아보고 이것저것 정보도 캐보았다. 그랬더니 수상한 점이 발견되었다. 무엇보다도 그 좋은 입지 조건에, 상태도 좋은 빌딩에 공실이 있었다. 직접 가보지 않으면 알 수 없는 정보다. 부동산 정보 사이트나 컨설팅 회사 같은 곳에서 이런 문제를 정직하게 얘기해줄까? 반드시 살 생각이 있는 물건은 직접 내 눈으로 철저하게 확인해야 한다.

이상한 점을 발견했으니 원인을 알아야 했는데 단지 보는 것만으로는 파악할 수 없었다. 주위 부동산을 돌고 지역의 상인을 만나서 정보를 캐보았다. 문제는 건물주였다. 입점하는 점포에게 권리금을 인정하지 않으면서 월세는 주위보다 비싸게 받았다. '내가 권리금을 인정하

120

지 않은 덕분에 싸게 들어왔으니 월세를 좀 더 내라'는 논리였다. 최근에는 권리금이 법적으로 인정되긴 시작했지만 최근까지는 전 임차인과 새 임차인 사이의 사적 거래였다. 건물주들은 보통 권리금 거래를 묵인하는데, 이 상가의 건물주는 임대차계약서를 쓸 때 '권리금을 주장하지 않는다.'라는 조항을 넣도록 강요해왔다.

권리금 없이 들어올 수 있으니 업주들이 좋아할 것이라고 생각할 수도 있겠다. 하지만 업주 입장에서 볼 때에도 권리금이 꼭 부담만 되는 것은 아니다. 사업을 열심히 해서 영업이 잘 되면 자신이 낸 돈보다 더 비싼 권리금을 받고 가게를 팔 수 있기 때문에 권리금이 없다는 사실은 별 매력이 안 된다. 건물주는 자신만 최대한 이익을 보겠다는 욕심 때문에 권리금을 인정하지 않으면서 이를 구실로 월세는 더 비싸게 받으려고 하니 자연스럽게 임차인들이 이 건물을 꺼리게 된 것이다.

그래도 입지 조건이 좋기 때문에 1층에는 매장이 계속 영업을 하고 있었다. 대기업 계열사나 글로벌 브랜드가 자신의 이미지를 과시하기 위해서 안테나 매장을 오픈하는 위치라서 권리금 같은 부대조건은 후순위로 밀릴 수 있지만 나머지 공간들은 얘기가 다르다. 그래서 그 좋은 입지 조건에 공실이 있었다. 건물주의 지나친 욕심이 오히려 건물의 가치를 떨어뜨린 것이다.

나쁜 소문이나 내력을 안고 있거나, 건물주나 관리인에게 문제가 있어서 공실이 나는 빌딩이라고 해서 무조건 투자 가치가 없는 것은 아니다. 나쁜 소문이 있어도 오래 가지 않을 것이라고 확신한다면 투자할 수도 있다. 건물주나 관리인에게 문제가 있다면 매입한 후 문제를 바로잡아서 가치를 회복할 수 있다. 오히려 그러한 약점이 빌딩의 가치를 저평가시켜서 좋은 조건으로 빌딩을 살 수도 있다. 하지만 나쁜 소문이나 내력을 알고 가치를 냉정히 따져 투자 여부를 결정하는 것과, 정보를 모르고 '이런 좋은 건물이 왜 이렇게 싸게 나왔지?' 하고 기쁜 마음에(?) 덥석 사는 것과는 전혀 다르다.

빌딩이 아니라 사람이 하자일 수도 있다

한 가지 예를 더 들어보자. 강남에 입지 조건이 괜찮은 빌딩이 매물로 나온 적이 있었다. 1층에는 꽤 유명한 고깃집이 들어와 있었다. 오래 전에 지은 건물이라 법적으로 허용된 용적률에 비해 층수가 낮았다. 건물을 매입해서 헐고 신축하면 훨씬 높은 층수를 올릴 수 있었다. 매입한 후 내가 직접 새 빌딩을 올리지 않더라도 개발사 또는 시행사에게 높은 가격으로 팔 수도 있었다. 이런 투자 가치와 비교하면 가격이 저렴했다. 권리분석을 해 봐도 아무런 문제가 없다. 이 정도까지 확인하고 직접 가서 건물이나 주위 여건을 보면 이 빌딩을 안 살 이유가 별로 없다. 그런데 주위를 돌면서 알아본 결과 건물 자체만 봐서는 알 수 없는 중요한 문제점을 발견했다.

122

문제는 바로 1층에 있던 고깃집이었다. 이 가게를 운영하는 사람이 유명한 조폭 보스 출신이었기 때문이다. 다른 업소를 들이고 싶어서 내보내려고 해도 안 나가려고 하는 건 물론이고 오히려 건물주가 험한 꼴이라도 당할까 봐 겁을 먹는 실정이었다. 만약 헐고 새로 건물을 짓겠다면 가만히 있겠는가? 안 나간다고 버티거나 뭔가 본전을 뽑으려 할 게 뻔했다.

법적으로 소송을 거치게 된다면 결과적으로 제 아무리 조폭 보스라도 어쩔 수는 없을 것이다. 하지만 소송으로 결과가 나올 때까지는 몇 년씩 걸릴 수도 있고 법적 비용도 만만찮다. 게다가 분쟁으로 겪게 될 마음고생에다가 가게 주인이 조폭들을 동원해서 건물주나 다른 임차인들을 괴롭힐 수도 있다. 이런 복잡한 문제가 얽혀 있는 빌딩을 사들이려는 사람은 별로 없을 것이다. 이런 문제는 건물만 봐서는 절대 알 수 없다. 설마하니 간판에 '이 고깃집은 조폭 출신이 운영합니다.'라고 써 붙이기라도 하겠는가? 그 지역에서 오래 영업한 중개업자나 지역 토박이들을 만나봐야 알 수 있는 정보다.

사회에 막 발을 디딘 젊은 시절에 우연히 얻은 교훈은 훗날 부동산 투자에 뛰어들었을 때 큰 도움이 됐다. 물건을 보러 다닐 때는 눈으로만 보지 않고 귀로도 많이 들으려고 애썼다. 근처에서 오랫동안 가게를 했던 상인이나 지역 주민들 중에서도 오랜 토박이들의 얘기는 판단을 내릴 때 좋은 정보가 되었다. 주위 장사꾼이나 주민들한테 내력을 캐고 들어가보면 그 상가에 언제 어떤 가게가 있었는데 망했다던가, 빌딩 1층 메인 자리에 주인이 몇 번 바뀌었다던가 하는 이야기를 들을 수 있었다.

투자할 부동산을 찾고, 마음에 두고 있는 부동산을 확인하기 위하여 직접 지역에 가보는 것은 기본 중에 기본이다. 하지만 지역에 가서 건물을 직접 보았다고, 부동산 한두 군데 돌아보았다고 충분한 정보를 얻었다고 속단하지 말라. 눈에 보이는 것만이 전부가 아니다. 지역 주민들, 특히 그곳에서 오랜 세월을 보낸 토박이들의 이야기를 듣는다면 더욱 폭넓은 정보를 얻고 정확한 판단을 내릴 수 있다. 반짝이고 깔끔한 사무실을 가진 부동산이나 컨설팅 회사보다 허름한 간판에 사람도 뜸한 복덕방에서 정말로 귀한 정보를 얻을 수도 있다는 사실을 잊어서는 안 된다.

지역의 토박이는 1급 부동산 정보원이다

9. 초보를 위한 부동산 옥석 가리기의 기본

빌딩 투자의 초보자들은 처음에 물건을 보는 눈을 어떻게 키워야 할지부터가 막막할 것이다. 발품을 열심히 팔라고 해서 물건을 보기는 하는데 좋은 빌딩인지 아닌지가 쉽게 감이 오지는 않을 것이다. 게다가 그 많은 매물을 다 일일이 보러 다니기도 힘에 부친다. 부동산에 대한 경험을 꽤 쌓은 필자도 건물 두 개를 보면 하루가 다 갈 정도인데 초보자들은 오죽하겠는가. 일단은 수많은 매물에 대한 정보를 보고 직접 확인해볼 만한 괜찮은 투자 대상을 골라내야 하는데 도대체 어떤 기준으로 골라야 할지도 막막할 것이다. 계속 경험을 쌓다 보면 분명히 안목이 성장하겠지만 그래도 첫발을 내딛기가 어려운 초보 투자자들을 위하여 빌딩 투자 때 몇 가지 길잡이가 될 만한 기준들은 소개하고자 한다.

좋은 입지 조건을 선별하는 기본 중에 기본

첫째, 대로변 사거리, 특히 코너가 가장 좋다. 이 점은 초보자들도 쉽게 이해할 수 있을 것이다. 각 지역별로 그 지역의 중심이 되는 큰 길이 있고, 그 길을 중심으로 건물이 늘어서 있다. 자신의 사정에 맞게 투자할 지역을 선택했다면 그 지역의 도로부터 파악하는 게 우선이다. 가장 중심이 되는 대로는 어디어디인지를 파악하고, 그 대로변의 부동산을 중심으로 투자처를 물색해나간다. 대로변 중에서도 사거리 코너는 더더욱 투자 가치가 높은 곳임은 두말할 필요도 없다. 단, 도로의 크기에 관계없이 일방통행인 도로변은 피하는 것이 좋다.

하지만 꼭 대로변에 있는 빌딩이나 상가만이 답인 것은 아니다. 보통 이면도로는 대로변보다 투자 가치가 떨어지는 곳으로 취급받지만 그 반대인 경우도 있다. 상권이 밀집되어 있는 곳은 이면도로가 더 좋을 수도 있다. 쉽게 예로 들 수 있는 곳이 명동이다. 이곳은 대로변보다 오히려 이면도로의 유동 인구가 훨씬 많다. 동대문이나 대학로, 홍대 일대, 강남역과 같이 널리 알려진 번화가도 이면도로가 대로변보다 더 유동 인구가 많거나 최소한 대로변 못지않은 유동 인구가 있다. 따라서 상권이 크게 형성되어 있고 밀집되어 있다면 이면도로라고 해서 나쁠 게 없다. 많은 사람들에게 알려진 유명 지역이 아니라고 해도 지역의 번화가 중에는 대로변 못지않은 투자 가치를 지닌 이면도로들이 상당수 있다. 직접 가서 충분히 조사를 해보고 이면도로의 투자 가치를 확인해볼 필요가 있다. 기계적인 기준보다 직접 발로 뛰고 보고 들어서 평가하는 가치가 더욱 정확하다는 것을 잊지 말자.

참고로, 이면도로든 대로든 물건 앞의 메인 도로가 가파른 경사라면 투자 가치가 떨어진다. 목이 좋은 대로와 붙어 있는 이면도로라고 해도 경사가 가파르다면 신중하게 생각해야 한다. 사람이나 차나 경사진 도로를 지나다니기도 힘이 들고 차를 대기에도 나쁜 곳이므로 통행하는 데에 많은 불편이 있어서 투자 가치에 악영향을 미친다.

둘째, 유동 인구가 많은 이면도로 쪽에 있는 빌딩 투자를 생각하고 있다면 건물의 북쪽에 도로가 나 있는 곳이 좋다. 그 이유는 사선제한 때문이다. 가끔 건물을 보다 보면 곧게 직사각형 모양으로 올라가던 건물이 위쪽에서 사선을 그리면서 계단형으로 좁아지는 모습을 볼 수 있다. 나름대로 건축 미학을 살리느라 그렇게 했을 수도 있겠지만 그런 건물은 사선제한에 걸렸기 때문일 가능성이 높다. 인접한 도로의 폭을 기준으로 하는 도로 사선제한은 폐지되었지만 일조권 사선제한은 여전히 유지되고 있다. 일조권 사선제한은 높이 9미터까지는 건물의 정북쪽 방향 인접 대지로부터 1.5미터 이상, 높이 9미터를 초과하는 부분은 해당 건축물의 각 높이의 2분의 1 이상의 간격이 있어야 한다는 규제다. 따라서 내 빌딩 북쪽에 있는 이웃 건물과의 간격이 내 빌딩의 높이에 영향을 미치는데, 도로가 건물 북쪽에 나 있으면 도로 폭만큼 이웃 건물과의 간격이 생기므로 사선 제한을 덜 받는 효과를 얻게 되며 그만큼 건물을 지었을 때 연면적이 더 많이 확보된다. 또한 사거리 코너에 있을 경우에는 그 코너가 동쪽과 북쪽에 자리 잡은 건물이 가장 좋고 그다음은 서북 방향이다. 위에서 얘기했던 사선제한에 관련된 문제가 있어서 일단 북쪽이 끼어 있는 게 좋으며 전통적으로 방향을 중시하는 우리나라의 문화 때문에 동쪽이 선호된다.

지금까지 이야기한 내용은 아주 기본 중에 기본이다. 좋은 빌딩을 고르기 위한 기준은 그밖에도 수없이 많지만 빌딩 투자를 시작하는 초보가 그러한 수많은 요소들을 다 고려해서 옥석을 고르기는 힘들다. 일단 초보 수준에서 필터링을 하기 위해서 단순화시킨 기준이라고 생각하라. 대부분의 빌딩에 이러한 기준이 통하지만 100퍼센트 절대적인 기준은 아니다. 여기에서 설명한 기준에 맞지 않는다고 무조건 '투자 가치가 없다'고 단정 짓는 것은 잘못된 생각이다. 다만 같은 값이면 다홍치마란 얘기도 있으니 한두 푼도 아니고 목돈을 들여서 투자하는 만큼 기왕이면 좋은 입지와 방향에 자리 잡은 빌딩에 투자할 수 있다면 더 좋을 것이다.

초보를 위한 빌딩 분류

다양한 크기, 모양, 입지 조건을 가진 빌딩을 몇 가지로 분류하는 것은 힘들다. 자칫하면 개별 빌딩이 가진 특성과 가치를 무시하고 너무 단순화시킬 위험이 있어서이다. 그럼에도 불구하고 초보자들의 이해를 돕기 위해서 빌딩의 종류를 크게 나눠서 분류해본다면 다음과 같다.

오피스 빌딩	상가 빌딩	
주상복합 빌딩	상가주택 빌딩	원룸, 오피스텔 등 주거용 빌딩

　　이 분류는 어디까지나 이 책에서 초보를 위한 설명을 도울 목적으로 필자의 편의에 따라 만든 기준임을 이해해주시기 바란다. 위의 기준에서 가장 왼쪽에 있는 것, 즉 오피스 빌딩과 주상복합 빌딩은 일단 접어놓도록 하자. 이쪽 빌딩들은 어지간한 부자라고 해도 개인이 투자하기에는 무리수가 많고, 그만큼 많은 돈과 공을 들여서 투자를 해도 그에 상응하는 성과를 내기도 어렵다.

　　가장 주목할 부분은 가운데에 있는 상가 빌딩, 또는 상가주택 빌딩이다. 여기서 상가주택 빌딩은 주상복합과는 다르다. 주상복합은 보통 아래쪽 몇 층이 상가로 구성되어 있고, 그 위로는 대규모 아파트가 구축되어 있는 대형 빌딩이고, 상가주택 빌딩은 가장 꼭대기 한 개나 두 개 층 정도가 주거 용도로 조성되어 있는 중소규모의 빌딩이다. 은퇴를 앞둔 분들이 노후를 대비한다면서 대출을 최대한 당겨서 강남 아파트에 투자한다든가 하는 중산층 이상 분들이 많은데, 그 정도의 금액이면 좋은 상가주택 빌딩을 구할 가능성이 충분히 있다. 노후를 대비한다면 투자 가치가 있는 상가주택 빌딩을 매입해서 위쪽은 자신의 주거 공간으로 삼고 상가로부터 임대 수익을 얻는다면 일석이조의 효과를 얻을 수 있다. 원룸이나 오피스텔과 같은 주거용 빌딩도 개인이 투자를 고려해볼 수는 있는데 같은 건물이라면 상가 빌딩보다는 세입자의 수가 많아서 관리하기나 세입자를 상대하는 문제가 귀찮기도 하고, 수익률도 떨어지고 있는 추세라는 점은 염두에 둘 필요가 있다.

내 건물보다는 주변 시세가 더 중요하다

빌딩 투자 초보자가 빠지기 쉬운 함정 중 하나는 내가 염두에 두고 있는 건물 그 자체의 가치에 지나치게 빠지기 쉽다는 점이다. 예를 들어 보자. 투자를 고려하는 비슷한 가격의 비슷한 규모인 A, B 두 개의 건물이 있다. A빌딩은 관리가 썩 좋지 않아서 좀 낡고 볼품없어 보인다. 주변 빌딩의 임대료 시세는 평당 50만 원 정도인데, A빌딩은 평당 35만 원 정도를 받고 있다. B빌딩은 지은 지 얼마 안 되어서 깨끗하고 시설도 좋은 편이다. 주변 빌딩의 임대료 시세는 평당 35만 원 정도인데 이 빌딩은 주변 다른 빌딩보다 깔끔해 보여서 그런지 평당 40만 원 정도를 받고 있다. 비슷한 가격이라면 어떤 빌딩이 좋겠는가?

빌딩 초보자들은 B를 선택할 가능성이 높다. 낡은 A빌딩보다는 같은 값이면 더 깔끔하고 시설도 좋은 B빌딩이 당연히 더 가치가 있다고 생각할 것이다. 게다가 임대료도 많이 받고 있으니 투자 가치는 B가 더 좋을 것이라고 생각한다. 하지만 이 책의 내용을 잘 이해하는 독자라면 A를 선택할 것이다. A빌딩은 주변 시세에 비해 저평가되어 있기 때문에 리모델링을 하거나 관리를 제대로 하면 주변 시세에 가깝게 임대료를 받을 여지가 많다. 반면 B빌딩은 이미 잠재 가치가 다 반영된 상태이므로 더 오를 여지가 적다. 같은 값이라면 잠재 가치가 있고 이 가치를 구현하면 B를 뛰어넘을 수 있는 A빌딩이 더 나은 선택이다. 물론 이는 어디까지나 초보의 이해를 돕기 위해 빌딩의 가치를 결정하는 많은 요소를 무시하고 단순화한 예임을 유의하시기 바란다.

빌딩 그 자체에 너무 빠지지 말고 주변 시세를 탐색한 다음에 상대적인 가치를 비교하고 빌딩의 장점과 약점을 분석하는 것은 초보자들이 가치를 판단하는 데 큰 도움이 된다. 투자할 빌딩을 물색할 때에는 반드시 주변의 임대 시세를 확인해보라. 계속해서 탐색을 하다 보면 주변에 비해 유난히 임대 시세가 싼 빌딩이 있다. 그러면 이유를 찾아본다. 엘리베이터가 없거나 건물이 낡았거나, 관리가 안 되거나 무언가 저평가된 이유가 있을 것이다. 건물이 낡아 보인다고 무조건 '리모델링을 해서 싹 고치면 가치가 뛰겠다'고 단순하게 판단하기보다는 주변 건물에 비해 경쟁력이 떨어지는 이유를 최대한 자세하게 파악해보려고 노력하라. 그다음 그러한 이유를 어떻게 해소하고 주변 건물과 비슷한 경쟁력을 가질 수 있을지, 비용이나 기간은 얼마나 들 것인지를 열심히 파고 들어가야 한다. 이 책 후반부에서 좀 더 자세히 설명하겠지만 무조건 돈을 많이 들여서 리모델링을 한다고 그에 비례해서 경쟁력이 올라가는 것이 아니며, 리모델링을 하는 쪽이 더 좋은 건물과 그냥 가지고 있는 쪽이 더 좋은 건물이 있다. 또한 리모델링을 하더라도 안팎으로 싹 뜯어서 고치는 대규모의 리모델링이 필요할 수도 있고 바깥쪽만 필요한 리모델링, 혹은 현관이나 일부 시설만 고쳐도 되는 개보수 수준의 공사로 충분할 수도 있다. 사실 내부는 어차피 매장을 운영하는 임차인들이 인테리어를 할 것이므로 엘리베이터나 층간 화장실 같은 공유 공간이나 기반 시설만 문제가 없다면 내부는 지나치게 돈을 들이지 않아도 되는 경우가 많다.

또한 초보자는 가급적 보수나 리모델링을 하더라도 손이 적게 가는 빌딩을 선택하는 편이 좋다. 이른바 빌딩 투자 전문가라고 자처하는 사람들은 리모델링만 잘하면 건물의 가치가 확 올라간다는 이야기를 많이 하지만 리모델링은 결코 마법의 지팡이가 아니다. 건물 신축보다는 낫지만 리모델링도 시간과 돈, 노력과 스트레스가 들어간다. 투자 초보가 그리 쉽게 할 수 있는 일도 아니고, 남에게 맡긴다고 해서 반드시 좋은 결과물이 나오는 것도 아니다. 초보는 리모델링에 관해 조금 보수적으로 접근할 필요가 있다.

빌딩 그 자체가 가지고 있는 잠재 조건도 살펴봐야 한다. 예를 들어, 토지이용계획에 따라 빌딩이 있는 토지가 어떤 지역으로 분류되어 있는지를 보면 최대 건폐율과 용적률을 알 수 있다. 토지이용계획 상 건폐율과 용적률의 최대치에 비해서 실제 빌딩이 얼마나 차이가 나는지는 빌딩의 잠재 가치를 판단하는 데 중요한 요소가 된다. 예를 들어, 토지이용계획에 따라 산출했을 때 빌딩 부지에 올릴 수 있는 건축물의 최대 높이가 7층인데 실제 빌딩은 5층이라면 2층을 더 올릴 수 있다. 그러면 그 2층만큼이 빌딩의 잠재 가치가 된다. 건물의 구조나 기타 요건이 기존 건물에 2층을 더 증축하는 데 문제가 없다면 철거 후 신축해야만 가능한 빌딩보다 잠재 가치가 실제로 구현되기 더욱 쉽기 때문에 가치에 더더욱 플러스 요인이 된다.

따라서 투자 가치가 있어 보이는 빌딩이 있을 때 국토부 토지이용계획을 확인해보는 것은 기본이다. 용도지구는 물론이고 해당 부동산에 적용되는 각종 규제들이 명시되어 있기 때문이다. 단순히 용도지구에 따른 제한 말고도 강북은 문화재 지정지구로 지정되어 있어서 추가

적으로 고도 제한을 받는 곳들이 있고, 공항이나 군 주변을 비롯한 중요 시설 역시도 추가 제한을 받는다. 그린벨트와 같은 개발제한지구 규제도 있고, 그밖에 부동산에 관한 규제는 개인이 파악하기 어려울 정도로 많고 내용도 복잡하기 때문에 특히 초보자들은 토지이용계획만 봐서는 그 내용을 쉽게 이해하기 어려울 것이다. 의문 나는 점이나 잘 모르는 부분은 빌딩 소재지 관할 구청의 건축과나 도시계획과에 연락해서 문의해보아야 한다. 요즈음은 공무원들도 예전보다 민원인들에게 많이 친절해졌기 때문에 도움되는 설명을 많이 들을 수 있을 것이다. 그것으로 부족하면 더욱 전문적인 안내는 설계사에게 문의해보면 비용은 좀 들겠지만 더 많은 도움을 얻을 수 있다.

초보 투자자를 위해서 빌딩 옥석 가리기 지침을 요약해보겠다. 첫째, 입지 조건 및 상권이 중요하다. 옥석 가리기에서 가장 중요한 요소라고 해도 과언이 아니다. 둘째, 주변 시세도 중요하다. 단지 투자 대상으로 점찍은 빌딩에만 너무 목매지 말고 주변의 시세를 충분히 탐색해서 내가 투자하려는 빌딩이 저평가되었는지 여부를 확인하자. 셋째, 환금성에 신경 써야 한다. 매매차익을 노린다면 말할 것도 없고, 임대 수익을 주목적으로 하는 투자자들은 안 팔고 계속 가지고 있을 생각으로 환금성을 간과하기 쉽다. 하지만 살면서 예상치 못한 어떤 일이 일어날지 누가 아는가? 환금성이 나쁜 물건은 임대 수익 면에서도 결국 불리하다. 또 한 가지, 용적률을 다 채우지 않은 건물이라 증축 또는 신축을 했을 때 더 크게 지을 수 있거나, 대지에 여유가 있는 빌딩은 투자 가치가 높다는 것을 기억해두어라. 물론 번화가라면 거의 쓸 수 있을 만큼 지은 빌딩일 가능성이 높지만 앞으로의 발전 가능성이 더 큰 지역이라면 용적률이나 대지 면적의 여유가 있는 빌딩도 적지 않다.

3

빌딩 투자는
무조건
'기-승-전-가치'다

1. 빌딩의 가치, 그것이 알고 싶다

필자는 이 책을 통해 계속해서 '가치' 중심의 투자를 강조하려 한다. 대부분의 내용은 어떻게 가치를 파악하고, 어떻게 그 가치를 최대한 끌어내서 수익을 창출할 것인가에 관련되어 있다. 난이도가 높은 투자 방법이지만 가장 확실하게 수익을 창출할 수 있는 방법이며, 특히 소액으로 투자하는 분들에게는 반드시 필요한 방법이다. 어떤 투자에서나 가진 돈이 적은 사람들은 위험성이 높은 곳에 투자해서 단기간에 돈을 많이 불리려고 한다. 하지만 가치 중심의 투자로 꾸준한 수익을 추구하는 편이 시간이 지날수록 오히려 더 많은 수익을 가져다준다.

가치 중심의 투자를 하겠다고 마음먹었다면 먼저 할 일은 '빌딩이 가진 가치란 대체 무엇인가?' 하는 질문을 던지는 것이다.

시세와 실제 가치는 다르다

흔히 사람들이 빌딩의 가치를 판단할 때 가장 착각하기 쉬운 것은 시세를 곧 가치로 생각하는 것이다. 즉 어떤 빌딩이 현재 10억 원의 시세를 보이고 있다면 그 10억 원이 가치라는 생각이다. 가치판단을 할 때 가장 쉬운 방법은 숫자화시키는 것이다. 두 가지를 비교할 때 가장 쉽기 때문이다.

A빌딩의 시세가 12억 원이고 B빌딩의 시세가 10억 원이라면 누가 봐도 당연히 A빌딩의 가치가 20퍼센트 더 높을 것이라고 생각할 것이다. 아주 간편하다. 시세가 실제 가치와 대략 비슷한 경우도 많다. 문제는 그렇지 않을 때도 적지 않다는 것이다. 그리고 이러한 시세와 가치의 불일치가 종종 좋은 투자 기회를 낳는다.

예를 들어, 위의 예에서 A빌딩은 가치만큼의 시세를 보이고 있지만 B빌딩은 진짜 가치를 제대로 파악해보니 12억 원이라면, 당신은 12억 원을 주고 A빌딩을 사겠는가, 10억 원을 주고 B빌딩을 사겠는가? 이 질문의 정답률은 100퍼센트일 것이다. 가치 중심의 투자는 바로 이런 상황에서 빛을 낸다. 당장 시세로 드러나 있는 가치만이 아니라 아직 몸을 숨기고 있는 가치까지 발견해서 저평가된 빌딩에 투자함으로써 수익을 창출하는 것이 가치 중심 투자의 최고 강점이다.

그런가 하면 반대의 경우도 있다. 실제 가치에 비해서 거품이 끼어 있는 빌딩도 있다. 임대 수익을 생각해보면 그 돈을 투자할 이유가 없는데도 부동산 과열 분위기에 휩쓸려 투자를 하거나 시세가 곧 가치인 줄 알고 투자했다가 바가지를 쓰기도 한다. 특히 속된 말로 과열의 끝물에서 상투 끝을 잡았을 때에는 꼼짝 없이 큰 손실을 본다. 가치 중심의 투자는 저평가된 빌딩을 찾아내는 눈을 키워주는 한편 지나치게 고평가된 빌딩을 가려내는 위험 보호의 기능도 겸비한다.

현재 가치와 잠재 가치

그렇다면 빌딩의 가치는 어떻게 판단할 것인가? 이 책 여러 곳에서 구체적인 설명과 테크닉을 이야기하겠지만 여기서는 현재 가치와 잠재 가치라는 두 가지 큰 덩어리로 나눠서 살펴보자.

현재 가치는 현재 드러나 있고 반영되어 있는 가치를 뜻한다. 빌딩의 가치로 가장 대표적인 것은 투자수익률, 즉 임대 수익일 것이다. 빌딩의 시세는 임대 수익에 많은 영향을 받는다. 한 달 임대 수익이 300만 원인 A빌딩보다 500만 원인 B빌딩이 당연히 가치가 높을 것이다. 입지 조건도 중요한 현재 가치다. 대로변이냐 이면도로냐 사거리 코너냐 아니냐, 지하철역에서 가까운가, 주변 상권의 현황은 어떤가와 같은 요소들이 있을 것이다. 법적으로 본다면 지역별 토지와 건물의 용도가 중요하다. 흔히 말하는 상업지역, 준주거지역, 주거지역, 근린생활시설(근생) 같은 구분은 들어설 수 있는 건물의 종류와 규모에 결정적인 영향을 미친다.

반면 잠재 가치는 현재는 드러나지 않고 있지만 앞으로 겉으로 드러날 가능성이 높은 가치를 뜻한다. 예를 들어, 용적률이 최대 250퍼센트인 제3종 일반주거지역에 있는 어떤 빌딩이 100평 대지에 70평 건물을 2층 올려서 용적률이 140퍼센트라고 가정하자(용적률의 정확한 내용을 잘 몰라도 여기서 일단 신경 쓰지 말자). 그렇다면 한 층을 증축해도 용적률이 210퍼센트이므로 250퍼센트 이내다. 건물의 구조도 튼튼하기 때문에 증축에 관련된 허가를 받는 데에도 문제가 없다면 앞으로 이 빌딩 주위의 임대 수요가 늘어났을 때, 증축을 통해 추가 공간을 확보할 여지가 있다. 이 빌딩은 그만큼의 잠재 가치를 지니고 있는 것이다. 2년 후에 지하철역이 들어선다든가, 대규모 사무실 건물이 올라갈 예정이라든가, 하는 이른바 개발 호재도 잠재 가치라고 할 수 있다.

　이러한 잠재 가치는 이미 현재 시세에 반영되어 있는 경우도 많다. 2년 후에 지하철역이 들어선다면 거의 확정적일 것이므로 기대 심리가 반영되어 시세가 뛰는 게 보통이다. 이런 가치는 누구나 알고 있으므로 잠재 가치라기보다는 현재 가치에 가깝다. 이렇게 누구나 알고 있거나 시세에 반영된 가치, 특히 개발 호재 관련 가치는 주의할 필요가 있다. 다른 곳에서 더 자세히 설명하겠지만 기대 심리 때문에 시세가 오르다 보면 실제 가치보다 너무 많이 오를 수 있기 때문이다. 기대 심리가 실현되었을 때, 즉 실제 지하철역이 개통되었을 때, 특히 개통 이후에 기대했던 만큼의 유동 인구가 늘지 않거나 상권이 확대되지 않으면 오히려 시세가 빠질 수도 있다.

　내가 어떻게 하는가에 따라서 드러날 수도, 그렇지 않을 수도 있는 잠재 가치도 있다. 예를 들어, 지은 지 오래돼서 낡고 지저분해 보이는 빌딩은 리모델링을 거쳐서 깔끔한 건물로 변신할 수 있는데, 이를 통해 좀 더 좋은 업종의 매장을 유치하거나 임대료를 올릴 수 있다. 이러한 잠재 가치는 정말로 리모델링을 해야만 실제 가치로 드러나기 때문에 시세에 잘 반영되어 있지 않다.

　또 다른 형태의 잠재 가치는, 알고 보면 이미 드러나 있지만 사람들이 잘 모르거나 잘못 판단하는 가치다. 인간의 심리는 의외로 '편향'에 많이 영향을 받는다. 객관적으로 가치판단을 못하고 가치를 실제보다 평가절하하는 가장 큰 이유 중에 하나가 편향이다. 사회적인 통념, 미신, 잘못된 정보와 같은 것들이 편향의 중요한 원인이다. 예를 들어, 빌딩의 입지 조건으로 볼 때 대로변이 이면도로보다 낫다는 것은 상식에 속하지만 이면도로도 번화하고 상권이 잘 형성되어 있는 곳이 있다. 오히려 웬만한 대로변보다 나은 곳도 있다. 그런데 많은 사람들이

'대로변 〉 이면도로'라는 통념에 사로잡혀 있다 보니 임대 수익이나 공실률 같은 가치에 비해 시세가 낮은 빌딩이 이면도로에 가끔 나타난다.

가치 중심의 투자로 수익을 창출하기 위해서는 누구나 다 알고 있는 현재 가치보다는 잠재 가치를 보는 눈을 길러야 한다는 사실쯤은 이 정도면 충분히 이해가 갈 것이다. 현재 가치는 이미 시세에 반영되어 있기 때문에 여기에 투자해서는 수익이 높지 않다. 투자 수익의 상당 부분은 잠재 가치에 숨어 있다. 이를 끌어내서 수익으로 변신시키는 것이 가치 중심 투자의 가장 중요한 전략이다.

2. 저평가된 빌딩이 존재하는 이유

누구든 자기가 가진 것의 가치를 조금이라도 더 높게 만들고 싶어 한다. 만약 가진 것을 팔아야 한다면 한 푼이라도 더 받기 위해서 애쓰는 게 사람의 본능이다. 최소 몇 억 원에서부터 수백, 수천 억 원까지 가는 빌딩이라면 1퍼센트를 더 받고 덜 받고에 따라 차이나는 액수가 어마어마해진다. 10억 원 가치의 빌딩이 1퍼센트만 올라도 웬만한 사람들의 몇 달치 월급만큼을 버는 결과가 된다.

그런데도 정말 실제 가치보다 20퍼센트, 30퍼센트 저평가된 빌딩이 존재할까? 만약 10억 빌딩이라면 2억, 3억 원을 손해 보는 결과다. 앉아서 몇억 원을 손해 보는 것도 까맣게 모르는, 심각한 바보 같은 건물주가 정말 세상에 있을까? 정답은 '있다. 그것도 당신의 생각보다 많이'다. 심각한 바보들이 많아서가 아니라, 인간이라는 존재가 원래 여러 가지로 단점이나 약점이 많기 때문이다. 강남역과 교대역 사이, 경부고속도로가 지나가는 고가도로 근처의 빌딩에 투자했던 실제 사례를 통해서 빌딩이 저평가되는 이유를 설명하고자 한다.

가치를 떨어뜨리는 세 가지 원인 :
건물의 약점, 소유주의 안목, 관리 상태

이곳에 있는 한 빌딩은(S빌딩이라고 하자) 가나다로 구분된 세 동의 건물 중 하나였다. 각 동은 지번과 필지가 분리되어 토지 면적이 107평씩이었고, 건물은 붙어 있지만 계단으로 분리되어 있었다. 게다가 상업지역이었기 때문에 평당 1억 원 아래인 부동산이 없는 곳이었다. 그런데 매물로 나온 가격은 65억 원이었다(공시지가는 64억 원이었다). 땅값만 가지고 따져도 심하다 싶을 정도로 저평가된 건물이었다.

당시 건물주는 S빌딩을 수년전 77억 8000만 원에 사들였지만 매물로 내놓을 때에는 손실을 감수하고서라도 빨리 처분하기 위해 75억원에 내놓았다. 사겠다는 사람이 나타나긴 했는데 75억 원은 너무 비싸고 70억 원이면 사겠다는 것이었다. 건물주는 어떻게든 빨리 팔고 손을 털고 싶은 마음에 요구를 들어주었다. 그런데 이번에는 65억 원이면 사겠다고 말을 바꾸었다. 건물주는 65억 원에라도 팔겠다고 했지만 상대는 내친 김에 더 깎아도 되겠다고 욕심을 부린 것인지 60억 원에 팔면 사겠다고 또 말을 바꾸었다. 결국 화가 치밀어 오른 건물주는 퇴짜를 놓았다. 마침 내가 그 빌딩을 발견했고, 이튿날 바로 65억 원에 계약했다.

자, S빌딩은 왜 땅값도 제대로 못 받을 정도로 저평가되었을까? 첫째로 건물이 세 동으로 구성되어 있고, 계단으로 분리는 되어 있지만 건물 자체는 하나로 되어 있다. 땅은 좋지만 건물이 오래되었다면 새로 빌딩을 올릴 목적으로 개발업자들이 매입할 수 있는데 S빌딩은 붙어 있는 다른 두 동까지 한꺼번에 개발한다면 모를까, 한 동만 철거하고 새로 건물을 올리지는 못한다. 땅에 경사가 있어서 가장 아래층은 대로변에서 보면 1층이지만 뒤쪽 이면도로에서 보면 반지하 정도로

140

보이는 것도 약점이라면 약점이었다.

두 번째 이유는 소유주가 부동산의 가치판단을 할 수 있는 눈이 없었다. 소유주는 꽤 이름이 알려진 IT업계의 회사 대표였다. 경영자로서는 성공한 사람이었고, 요즘 시대에 각광받는 사업을 자수성가로 성공시켰기 때문에 스마트하고 머리도 좋았지만 S빌딩의 가치는 제대로 못 보고 빨리 팔 생각만 하고 있었다. 그러니 처음에 75억 원에 내놓았다가 상대방의 요구에 10억 원이나 물러선 것이다. 오히려 회사의 직원들은 팔지 말라고 말렸지만 대표는 그래도 무조건 팔겠다는 식으로 고집을 부렸다고 한다(물론 필자에게는 참으로 감사하고 다행스러운 고집이었지만).

세 번째 이유는 관리 부실이다. S빌딩은 임대료가 주변 다른 빌딩에 비해 60퍼센트 선으로 크게 낮았다. 일단 건물이 너무 낡았고 엘리베이터도 격층으로 운행되었다. 관리소장도 문제가 많았다. 관리소장이 거의 건물주 행세를 한다고 해도 과언이 아니었다. 심지어는 내가 빌딩을 사들였다는 소식을 듣고 자기한테 인사를 오라고 할 정도였다. 임차인이 간판 좀 달게 해달라고 하면 무조건 안 된다는 말부터 나왔고, 사정사정해야 겨우 허락해줬다고 한다. 반면 막상 간판을 달 때에는 건물 전체의 외관과 통일성은 생각도 안 하고 자신이 예뻐라 하는(?) 세입자에게는 허락해주어 중구난방으로 마구 달게 방치했다. 임대료를 올릴 때에도 기준이 없이 관리소장 내키는 대로였다. 관리소장이 건물의 가치를 떨어뜨리는 데 일조하고 있었는데도, 건물주는 자기 사업에 바쁘기도 했지만 관리소장이 알아서 잘할 것이라고 너무 쉽게 생각했는지 이 문제에 무심했다.

S빌딩의 사례는 상당수 저평가된 빌딩들이 안고 있는 가치 하락의 원인을 잘 보여준다. 빌딩이 저평가되는 이유는 크게 세 가지로 나

눌 수 있다. 첫째, 건물의 입지나 구조에 약점이 있기 때문에 둘째, 건물이 낡고 지저분하며 관리가 부실하기 때문에 셋째, 소유주는 물론 빌딩을 찾는 사람들이나 중개업자들도 부동산의 실제 가치나 잠재 가치를 보는 안목이 부족하기 때문이다.

극복할 수 있는 약점은 숨은 가치로 변신한다

S빌딩의 경우 세 동으로 된 건물 중 하나이고 단독 개발이 안 된다는 근본적인 약점이 저평가의 주요한 원인이었지만 필자는 투자 가치가 충분하다고 보았다. 첫째, 이미 이 지역에서 여러 차례 수익을 보았기 때문이다. 첫 책에서 소개한 투자 사례 가운데 하나도 이 근처 지역의 빌딩이었다. 이쪽 도로 라인에는 평당 1억 원 미만이 없었다. 앞서 언급한 단점이 있다고 치자. 그 건물이 차지하고 있는 땅의 공시지가만 해도 64억 원이었다. 땅값만 생각해도 이 빌딩은 확실하게 저평가되어 있었다. 60억에 산다던 사람은 너무 어이없이 욕심만 부린 것이다.

건물이 세 동으로 붙어 있는 구조고 그중 하나니까 단독 개발이 안 되는 게 약점이다. 하지만 생각을 바꾸어보자. 세 동을 같이 개발하거나, 최소한 리모델링은 할 수 있지 않겠는가? 같이 리모델링을 하자고 다른 두 동의 건물주들을 설득할 수 있다. 각자 따로 할 때보다 세 동이 같이 하면 개별 건물주의 비용이 절감되는 효과도 있다. 그런데 고정관념에만 사로잡혀 있다 보니 사람들은 '건물이 붙어 있어서 단독 개발이 안 된다'는 생각에 머물러 있었다.

그 후 필자는 필자의 빌딩만 리모델링하여 가치를 극대화시켰다. 리모델링 시 그동안 불편했던 여러 단점들을 보완, 개선하고 깨끗하고 편리한 환경을 만들었다. 그제야 주위 임대료 시세의 90퍼센트가량 월세를 받게 되었는데, 그만큼 임대 수익이 늘었으므로 빌딩의 가치 또한 올라간 것이다. 빌딩, 즉 부동산에도 창의적 사고가 필요하다. 많은 생각과 센스로 잃어버린 가치를 살리고 현재의 가치를 최대화할 수 있도록 끊임없이 생각해야 한다. 마냥 부동산은 사서 두기만 하면 된다는 고정관념을 버려야 한다.

이제 문제의 관리소장 이야기를 해보자. 필자가 빌딩을 사들이고 나니까 와서 인사를 하라고 전화를 했던 소장은 나를 만나서는 "어떻게 할 거요?" 하고 물었다. 리모델링을 할 거라고 대답하니 자기보다 한참 젊어 보이는 내가 만만해 보였는지 자기가 인테리어 쪽 일을 10년 이상 했다면서 아는 척을 해댔다. 건축 재료 얘기가 나오자 "인조대리석은 시공 후 2년만 지나면 재료는 잘 깨지고 안 좋다."를 시작으로 어설픈 일장연설을 늘어놓기도 했다.

아는 척을 하거나 말거나, 다른 두 동의 건물주에게 리모델링을 같이 하자고 설득했다. 계단실, 화장실, 외관, 조명을 비롯해서 세 동이 같이 하면 단가가 내려가니까 서로 이득이다. 그런데 여기서 관리소장이라는 사람은 내가 자기 얘기를 안 들었다고 기분이 나빴는지 다른 두 건물주들에게 "강 사장이랑 같이 하면 당신들만 바가지 쓰고 강 사장은 공짜로 할 거다."고 말도 안 되는 험담을 하고 다녔다.

어림도 없는 소리다. 각 건물별로 면적이 있고 면적 대비 자재 및 노임의 수량과 단가가 있다. 명세서만 보면 바가지를 썼는지 안 썼는지 대번에 알 수 있다. 나중에 리모델링을 마친 뒤에 소장에게 참았던 얘기를 줄줄이 쏟아 냈다. "소장님. 근처에 있는 저 건물 7년 전에 내가 리모델링한 겁니다. 인조대리석 말입니까? 저 건물 보시죠. 그게 쉽게 깨지고 그러던가요?"

엘리베이터는? 그냥 프로그램만 바꾸면 격층으로 서던 것을 모든 층에 설 수 있게 만들 수 있었다. 돈이 드는 일도 아닌데, 임차인들에게 불편을 주면서까지 격층을 고집했나 싶을 정도로 참 답답했다. 다른 유지 관리가 어땠을지는 상상에 맡긴다. 리모델링을 할 때에도 엘리베이터 자체의 상태는 좋았기 때문에 문이나 버튼 같은 외관만 새로 바꾸었다. 리모델링을 통해 건물 세 동의 가치가 함께 올라갔다.

리모델링을 끝마치고 나서는 임대료 조정에 나섰다. 1층에 있던 매장의 경우 월 임대료를 1000만 원에서 1500만 원으로 올렸다. 갑자기 50퍼센트나 임대료를 올리니 임차인이 순순히 요구를 들어줄 리는 없고 한동안 씨름을 해야 했다. 리모델링이 6월에 끝나고 임차 계약 종료일이 6월이니 6개월을 더해서 12월까지는 기다려주고, 그 이후에는 임대료를 올릴 것이라고 통보했다. 임대료를 대폭 올리는 이유도 한참 설명을 해야 했다. '50퍼센트 인상이라니, 이건 너무 폭리 아닌가!' 하고 생각할 수 있다. 하지만 그렇게 임대료를 올려도 주변 빌딩들의 시세와 비교하면 90퍼센트 수준에 불과하다. 즉 그동안 임차인이 주위 시세에 비해 너무나 싼 가격에 있었던 것을 주위 시세 90퍼센트에 맞춘 것이다. 건물의 가치가 너무 떨어지고 임대료 산정도 관리소장 제멋대로이다 보니 그동안 임대료가 형편없이 쌌던 것뿐이었다.

리모델링을 통해서 건물의 내부와 외부를 주변의 빌딩들에 손색없을 정도로 대폭 개선했다. 주위 지역은 비슷한 면적의 1층 임대료 시세가 월 1500만 원보다 더 비쌌다. 50퍼센트를 올렸다고 하지만 주변 시세의 90퍼센트 수준 정도로 여전히 저렴했다. 50퍼센트는 기존의 월세에 비해 비싸다고 생각이 드는 것일 뿐 주변 시세에 비해서는 오히려 싼 임대료였다. 그러한 여러 관점에서 임대료 인상이 타당한지를 검토해야 임대인과 임차인이 다툼이 없다. 하지만 대부분의 임대인들은 타당성과 논리성보다 오로지 한 가지의 상황만 보고 일을 그르치는 경우가 많다. 결국 1층을 비롯한 대부분 임차인들은 몇 달 동안 밀고 당기기를 한 끝에 필자의 요구 조건을 받아들였다. 이유는 임대료 인상이 50퍼센트든 100퍼센트든 결과적으로 따져보면 주변 시세에 비해 여전히 저렴했기 때문이다.

이런 빌딩이 무척 특수한 경우라고 생각하는 사람도 있을 것이다. 물론 다수는 아니다. 앞서 언급한 빌딩이 저평가되는 세 가지 중요한 이유에 전부 해당되는 빌딩은 전체 중에 소수이긴 하지만 생각보다는 곳곳에 숨어 있다. 무엇보다도 건물의 실제 가치를 제대로 보지 못한 채 한두 가지 약점만 너무 크게 보고 가치를 평가절하 하는 사람들이 많고, 스스로 빌딩 관리를 챙기려 하지 않고 남에게 맡긴 다음 자기는 편하게 임대료만 받겠다는 건물주도 알고 보면 많다. 그러한 마음가짐을 더 자세히 들여다보면 부동산은 돈만 있으면 사두기만 하면 된다는 생각 때문인 경우가 대부분이다. 그러니 흙 속의 진주를 찾는 일이 힘들고 시간이 걸릴지라도 열심히 최선을 다해 찾으면 분명히 찾을 수 있다. 그리고 그런 노력과 분투는 당신에게 좋은 수익으로 돌아온다.

3. 100점짜리는 없다. 80점짜리면 OK!

남자든 여자든, 사람들은 누구나 마음속에 이상형을 가지고 있다. 그러나 이상형과 실제로 사귀고 결혼하는 사람들은 드물다. 말로는 자기 애인이나 배우자를 이상형이라고 하는 사람도 있지만 알고보면 100퍼센트 일치하는 것은 아니다. 90퍼센트나 80퍼센트 정도 일치하면 '이 정도가 어디야.' 하고 이상형이라고 자랑하는 사람들도 있다.

애인만 그런 것은 아니다. 모두들 어릴 때 마음속에 장래희망을 가지고 있지만 그 뜻을 이루는 사람들은 많지 않다. 대부분은 목표에 미치지 못한다. 그 사람들은 실패한 인생일까? 아니다. 목표의 90퍼센트, 80퍼센트 정도만 달성했어도 꽤 성공한 인생이라고 인정받는다. 이는 빌딩 투자에서도 마찬가지다.

눈에 보이는 단점에 휘둘리지 말고
장점과 비교해보라

빌딩 투자에 마음은 있어도 실행에 옮기지 못하는 사람들 가운데에는 100퍼센트 마음에 안 들면 주저하다가 결국 사지 못하는 사람들이 많다. 이런 사람들은 평생 가봐야 마음에 드는 물건을 못 만난다. 이 지구상에 100퍼센트 마음에 드는 빌딩은 없다. 지구 바깥으로 나가도 마찬가지다. 90퍼센트 마음에 드는 빌딩을 찾는 것도 하늘에 별따기다.

100퍼센트 만족할 수 있는 부동산이 없다면 대략 어느 정도 선에서 판단을 내려야 할지 기준이 필요하다. 내가 기준으로 삼는 커트라인은 80퍼센트다. 10년 이상의 시간 동안 빌딩에 투자한 결과들을 종합해보면 80퍼센트 안팎으로 마음에 들었던 부동산은 투자 가치나 수익이 충분히 나왔다. 20퍼센트 정도 마음에 들지 않는 점이 있다고 해도 80퍼센트에 이르는 다른 장점들이 아쉬움을 커버한다면 투자 가치는 충분하다. 사소한 단점 때문에 실제 가치보다 저평가되어 있는 부동산도 있으며, 이런 경우에는 단점이 오히려 투자 가치를 만들어주기도 한다.

세상에 100퍼센트 마음에 드는 것은 없다는 사실은 대부분 사람들이 다 안다. 그럼에도 불구하고 20퍼센트도 안 되는 단점에 집착하기 시작하면 단점이 점점 커 보이고 장점을 압도하게 된다. 사실 100퍼센트 눈에 차지 않으면 투자를 주저하는 사람들은 자신의 결정 장애를 자신이 아닌 빌딩 탓으로 돌리는 것에 가깝다. '큰돈을 투자했다가 혹시 잘못되면 어쩌나.' 하는 불안감에 사로잡힌 사람들은 무의식적으로 투자를 안 할 핑계를 찾게 되고, 그런 사람들의 눈에는 단점이 크게 보일 수밖에 없다.

몇 년 전의 일이다. 용인시에 개발되는 신도시 지구에 있는 땅에 투자할지 고민하던 지인 한 분이 연락을 해 왔다. 여러 조건을 확인해 보니 투자 가치가 좋은 편이었다. 하지만 지인은 결국 투자를 포기

100점짜리는 없다. 80점짜리면 OK!

했다. 이유는 한 가지, 북향으로 경사가 져 있다는 것이다. 나라고 해서 그 단점을 몰랐던 것은 아니다. 같은 조건이라면 주택 용지는 남향이 북향보다는 낫다. 하지만 그 단점은 전체적인 입지 조건이나 주변 교통 환경, 개발 전망을 비롯한 여러 가지 장점들과 비교해본다면 사소한 수준이었다. 그런데도 '북향' 하나에 집착해서 결국 투자를 포기한 것이다. 그 땅은 어떻게 되었을까? 당시 평당 100만 원이었던 땅은 5년 후에 300만 원까지 올랐다. 뒤늦게 땅을 치고 후회해봐야 소용없는 일이다 (일반적으로 위 사례와 같은 나대지 땅들은 섣부른 투자를 하면 투자금만 묶이고 고생하는 경우가 허다하다. 필자는 땅 투자를 권하려는 것이 아니라 단지 잘못된 판단에 대한 이해를 돕기 위해 설명해본다).

부동산 투자를 알아보는 사람 중에는, 특히나 나대지 땅을 볼 때 풍수지리 지관이나 점쟁이에게 물어보거나 직접 현장에 데려가는 사람들도 있다. 지관이라면 땅이나 건물의 입지 조건, 형태와 같은 요소를 잘 이해할 수도 있고, 아직까지 우리나라의 문화에서 풍수지리가 부동산에 영향을 미치기도 하므로 도움되는 조언을 얻을 수도 있다. 하지만 지관이나 점쟁이가 부동산이 있는 지역의 특성이나 시세, 수요자의 요구나 상권을 제대로 알 리가 없다. 그런데도 지관이나 점쟁이의 말 한마디에 투자를 포기하는 사람들도 적지 않다. 알고 보면 울고 싶은 데 뺨 때려준 격이다. 투자 결정 앞에서 주저하고 뒷걸음질 치고 싶은데 지관이나 점쟁이가 구실을 만들어준 것에 불과하다.

투자는 빌딩과의 싸움이기도 하고, 거래 상대와의 싸움이기도 하지만 자신과의 싸움이기도 하다. 사람은 누구나 큰 결정을 앞두고 주저하고 회피하고 싶어진다. 자신의 문제점을 정면으로 보고 인정할 용기가 있다면 이겨낼 수 있다. 문제를 부정하고 자꾸만 도망갈 핑계를 외부에서 찾으려 하는 사람들은 80점짜리는커녕 100점짜리 물건에도 투자를 못하다가, 50점도 안 되는 정말 어이없는 곳에 덜컥 투자를 해서 망하기도 한다.

모든 장점을 날려버리는 결정적 단점도 있다

앞서 얘기한 S빌딩 사례처럼 건물이 붙어 있고, 낡은 데다가 앞뒤 층이 다르고 편의 시설이 불편하며 관리인 또한 엉터리인 건물도 20퍼센트 단점이 충분하다. 그럼에도 불구하고 가치 있는 빌딩이다. 하지만 반대로 결정적인 단점 하나가 모든 장점을 상쇄하고 남을 때도 있다. 이 정도로 치명적인 단점은 대체로 손익계산을 해봤을 때 어떤 경우의 수를 가정해봐도 남는 수익이 없을 때이다. 그렇다면 다른 장점들에 마음이 이끌린다고 해도 포기해야 한다.

강남역 사거리에 삼성타운이 건축 중이던 때의 일이다. 강남역 사거리에서 경부고속도로 굴다리 쪽으로 가는 방향에 모 건설회사의 모델하우스 부지 300평이 200억 원 안팎에 매물로 나온 적이 있었다.

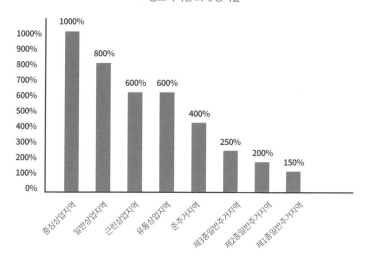

◆ 용도지역별 최대 용적률

_서울시 조례를 기준으로 한 것으로 각 용도지역별용적률은 지방자치단체 조례에 따라 달라질 수 있다.

100점짜리는 없다. 80점짜리면 OK!

굴다리가 바로 옆에 있고 상업지역이 아니라는 단점은 있었지만 일반 주거지역으로는 용적률이 가장 높은 제3종에 속하기 때문에 조건이 나쁘지 않았다. 강남역까지 도보로 10분도 안 되는 거리인 데다가 대로변 코너에 자리 잡은 땅인 것도 장점이었다. 무엇보다도 주변 시세의 3분의 1밖에 안 되었다. 길 건너편에는 노른자위 땅이면서도 롯데칠성이라는 대기업 소유란 이유로 개발이 제한된 땅이 있었는데, 이곳과 그 인근의 땅이 조만간 상업지역으로 풀린다는 소문도 파다했다. 게다가 삼성타운도 건축되고 있으니 200억 원이나 되는 규모였지만 여러 조건을 볼 때 투자 가치가 높았다.

그런데 한 가지 마음에 걸리는 점이 있었다. 그 땅이 아파트 부지로 묶여 있었기 때문이다. 소문처럼 이 땅이 5년 뒤에 용도가 상업지역으로 바뀐다고 가정한다면 5년 동안 200억 원을 땅에 묶어놓아야 한다. 당시 은행 금리로 5년 동안 받을 수 있는 이자를 계산해보면 50억 원 안팎이었다.

예상대로 상업지역으로 풀렸다고 해도 건물을 지어야 한다. 그냥 땅을 팔아버리면 비사업용 토지, 즉 사업 활동에 활용하지 않은 맨땅으로 간주되어 당시에는 사업용 토지보다 훨씬 높은 70퍼센트의 양도세 세율을 적용받았다. 이를 피하기 위해서 건물을 올려도 준공 후 3년이 지나야 사업용 토지 수준으로 양도세가 내려간다. 상업지구에 걸맞은 만큼 건물을 올리려면 비용은 물론 공사 기간도 적어도 2년 이상을 잡아야 하는데 5년을 기다리고 2년 정도 건물을 올린 다음 또 3년을 기다려야 하니 10년이나 돈이 묶이는 것이다. 그에 비하면 거둘 수 있는 이득은 별로 없었다.

이 땅이 5년 뒤에 400억 원으로 뛰었다고 가정하고, 건물을 올리지 않고 그냥 땅을 팔면 200억 원가량의 소득에 대해 약 140억 원을 세금으로 물어야 한다는 계산이 나온다. 남는 돈은 60억 원이다. 그밖에 5년 동안 나갈 각종 세금 및 대출이자 비용을 계산해보니, 200억 원을 투자해서 남는 돈이 10억 원에 불과했다. 은행 이자수익만도 못한 것이었다.

아파트 부지이므로 상업지역으로 풀릴 때까지 기다리지 않고 아파트를 짓는 방법도 있다. 그러나 공사비와 각종 인건비, 여기에 지역의 아파트 분양 상황이나 주위 시세와 같은 요소들을 감안해보면 빌딩을 짓는 것보다 사실상 나을 게 없었다. 최소 5년 동안은 막대한 돈이 잠기고, 5년이 지나서 땅값이 뛰든, 빌딩을 짓든 거둘 수 있는 수익이 그 기간의 기회비용을 전혀 보상해줄 수 없었다. 결국 아파트 부지로 묶여 있다는 결정적인 단점 하나 때문에 다른 모든 장점이 아쉬웠음에도 이 땅은 포기할 수밖에 없었다.

이 사례는 200억 원이나 되는 큰 규모의 투자였지만 2억 원이나 2000만 원을 투자한다고 해도 원칙이 달라지지는 않는다. 장점과 단점을 따져보고 가치와 수익에 어떻게 영향을 미칠지 냉정한 계산을 해보라는 것이다. 부동산을 사서 거둘 수 있는 수익이 얼마인가, 언제 팔 수 있으며 팔면 얼마나 남을 것인가를 계산해야 한다. 부동산, 특히 땅에 투자하면 상당 기간 돈이 묶인다. 따라서 은행 예금과 같은 안전한 곳에 돈을 두었을 때, 또는 내가 주력으로 하고 있으며 안정된 수익을 거두어온 투자처와 비교해서 의미 있는 수익이 날 것인가 판단해야 한다. 수익만 보지 말고 세금이나 관리 비용을 비롯한 각종 지출까지 따져서 득실을 계산할 줄 알아야 한다. 그래야 장점과 단점을 냉정하게 비교해서 수익을 내는 투자를 할 수 있고, 대박을 속삭이는 사기꾼들의 유혹에도 넘어가지 않는다.

4. 임차인의 눈으로 가치를 평가하라

2000년대 중반, 강남을 중심으로 한 아파트 거품이 한창 들끓어 오르던 시기에는 수익형 부동산도 그 덕을 보았다. 특히 아파트 단지 내 상가는 아파트가 오르는 추세에 따라 덩달아 가격이 뛰었다. 거품이 절정에 이르렀던 2007년에는 송파구의 한 아파트 단지 내 상가가 평당 1억 원에 거래될 정도였다. 필자와 가까운 중개업자도 이 상가를 소개했다. 앞으로도 계속 오를 것이므로 지금이라도 사야 한다면서 계속 투자를 권했다.

그 당시 아파트와 단지 내 상가의 기세가 꺾일 것이라고 생각하는 사람들은 드물었다. 정부에서 갖가지 정책으로 아파트 값을 잡으려고 했지만 이를 비웃듯 가격은 계속 뛰었고, '강남 불패', '아파트 불패'라는 말이 당연시될 정도였다. 그러니 일단 살 수만 있으면 가격이 더 올라서 이익을 볼 것이라는 게 당시 많은 사람들의 심리였다. 아니 오히려 지금 잡지 못하면 계속 오르는 아파트를 영원히 살 수 없다는 불안 심리에서 더 오르기 전에 너도 나도 사는 상황이 되어버렸다.

누가 들어와도 남는 장사를 못하는 임대료라면 거품이다

필자 역시 분위기가 분위기인지라 심각하게 고민했다. 하지만 과감하게 아니라고 판단했다. 그 이유는 투자 대비 수익률이었다. 10평 면적의 상가를 평당 1억 원, 즉 10억 원을 주고 투자했다면 그에 따른 수익을 기대하기 때문이다. 당시에는 '앞으로 오를 거니까'라는 막연한 생각으로 투자하는 사람들이 많았지만 그것도 한계는 있는 법이다. 문제는 그 한계가 어디까지인가를 가늠하기가 쉽지 않다는 것인데, 수익형 부동산은 투자 대비 수익률을 따져보면 주택보다 오히려 명확하게 한계를 알 수 있다.

투자 대비 수익률을 생각할 때 중요한 것은 임차인의 눈으로 보는 것이다. 아파트 단지 내 상가에 어떤 매장이 들어올 수 있을까? 유명 프랜차이즈의 커피숍이나 유명 브랜드 패션 매장이 그런 곳에 들어올 거라고 생각하는 사람들은 없을 것이다. 게다가 면적이 10평이기 때문에 선택의 폭은 더더욱 좁아진다. 분식집이나 세탁소와 같은 종류가 확률이 높았다. 분식집이 들어온다고 가정하면 주방 4평 정도를 제하면 6평 정도가 남는다. 그런데 이건 분양 평수이고 실 평수는 전체 10평에서 고작 6~7평 정도다.

그런데 10억 원을 투자했을 때, 당시의 예금 금리나(5~6퍼센트였다.) 다른 투자 수단들과 비교해보면 임대료가 금융 소득과 달리 각종 세금이나 의료보험 인상분을 감안한다면 월 800만 원 이상은 나와야 투자 가치가 있다. 그게 가능할까? 도대체 월 800만 원의 임대료를 대려면 얼마나 매출을 올려야 하는 것일까? 분식집을 한다고 가정하고, 재료비 및 각종 원가를 제외하고 후하게 잡아서 50퍼센트가 남는다고 가정해보자. 월 1600만 원의 매출이 나와야 임대료 800만 원을 낼 수 있다. 하루도 안 쉬고 일해서 매일 53만 원 이상의 매출을 내야 한다.

과연 6~7평으로 임대료 800만 원과 관리비를 낼 수 있는 소득이 될까? 잘해야 테이블 네 개 정도가 들어가고, 그것도 유동 인구가 많은 대로변도 아닌 아파트 단지 내 작은 분식집이라면 거의 불가능에 가까운 목표다. 그리고 장사를 하면서 돈을 벌어서 고스란히 임대료로만 갖다 바치는 것은 무의미한 일이다. 사업주도 가져가는 게 있어야 한다. 더 답이 없다. 종업원이라도 한 명 써야 한다면 더욱 심각하게 답이 없다.

평당 5~6000만 원 정도라면 어느 정도 투자 대비 수익을 맞출 수 있었겠지만 평당 1억 원은 거품이 너무 심하다는 결론을 냈다. 결국 그 상가는 얼마 못 가 가격이 빠지기 시작했다. 아파트 경기가 침체에 접어든 영향도 있지만 상가 자체에 낀 거품이 너무 심했다. 만약 오르는 분위기라고 해서 덮어놓고 샀다면 가격은 떨어지고 팔리지도 않아서 꼼짝 없이 큰 손해를 보았을 것이다.

분위기의 밀물에 이끌리면 썰물에 쓸려간다

빌딩이나 상가에 투자하는 사람들이 흔히 저지르기 쉬운 잘못 중 하나는 분위기에 휩쓸리는 것이다. 오르는 분위기에 휩쓸려서 너도 나도 집을 사면서 아파트 값이 뛰었던 것처럼, 어디가 뜨는 상권이라더라, 어디가 요즘 가격이 뛰고 대기업 프랜차이즈들이 뛰어든다더라, 하는 식으로 분위기를 타면 앞으로도 계속 오를 것이라고 생각해서 뒤늦게 투자에 뛰어드는 것이다.

하지만 상업용 부동산은 주택보다도 오히려 더 냉정할 수 있다는 점을 잊어서는 안 된다. 주택은 삶을 영위하기 위한 필수품이다. 아예 노숙을 할 게 아니라면 내 집이든 세 들어 살든 집은 있어야 한다. 또한 투자 대비 수익을 계산하는 것도 어렵다. 반면 매장이나 사무실은 사업을 하기 위해서는 꼭 필요하지만 생활의 필수품까지는 아니다. 그리고 사업을 해서 이익을 남기는 게 목적이므로, 사업을 아무리 해봐야 원가를 다 빼고 임대료를 주고 나면 남는 게 없거나 손해라면 결국 그만둘 수밖에 없다. 부동산 자체의 가격이 뛰면 임대료도 따라서 오르는데, 그 수준이 뭘 해도 감당이 안 될 정도라면 결국 공실이 발생하고, 장기화된다.

최근 들어 신문이나 뉴스에 자주 등장하면서 사회적 문제로 떠오르는 젠트리피케이션도 이런 맥락에서 이해할 수 있다. 젠트리피케이션이란 쉽게 말해서 번화하지 않은 지역에 소규모 상인들이나 예술가들이 특색 있는 상권을 형성하고, 사람들이 늘기 시작하면 부동산과 임대료가 오르고 자본력을 갖춘 대기업 프랜차이즈들이 밀고 들어오면서 기존에 상권을 만들었던 상인들이 밀려나는 것을 말한다. 건물주 입장에서야 유동 인구가 늘고 상권이 활성화되면 그만큼 이곳에 들어오고 싶어 하는 사람들도 늘어나고, 수요와 공급의 법칙에 따라서 가격이 오르는 것은 자연스럽다.

문제는 오르는 분위기를 타고 거품이 끓어오를 때다. 앞서 이야기했던 송파구 아파트 단지 내 상가의 사례처럼, 오름세가 과열되다 보면 투자 대비 수익으로 볼 때 임차인이 감당할 수 없는 임대료 수준까지 뛰어버릴 수 있다. 얼마 동안은 오르는 흐름을 타고 시세를 밀어 올리겠지만 언제 떨어질지 알 수 없는 상태가 되고, 임차인들은 임대료 감당을 못하고 손을 들고 나간다. 반면 대기업 프랜차이즈를 위시한 천편일률적인 모습으로 상권이 변하면서 매력이 반감된다. 원래 상권을 형성했던 사람들은 다른 지역으로 옮겨가고, 유동 인구의 일부도 그쪽으로 이동한다. 이런 상황이 되면 공실이 발생하기 시작하고, 발생한 공실이 새 주인을 찾을 때까지의 기간도 늘어난다.

기존에 빌딩이나 상가를 가지고 있던 사람들이 부동산 가격이 뛰고 임대료가 오르는데 혼자만 배려한다고 임대료를 안 올리고 기존 임차인들을 유지하기는 어려울 것이다. 하지만 적어도, 상권이 뜨고 가격이 오르는 분위기의 지역에 투자를 생각하고 있다면 오름세에만 취하지 말고 투자 대비 수익을 볼 때 지금 뛰어들어도 좋을지 냉정하게 판단해보는 것이 좋다. 또한 기존의 소유주도 지나치게 오르다가 거품이 빠지기 전에 부동산을 처분하는 방법도 생각해볼 수 있다. 아직 오르고 있을 때에는 환금성이 좋지만 일단 정점을 넘어서면 환금성이 금방 악화되어 속수무책이 될 수 있다.

새롭게 투자를 생각하고 있든 가지고 있던 부동산을 처분할 생각을 하고 있든, 투자 대비 수익률로 볼 때 현재의 시세가 임차인이 감당할 수 있는 수준인지 판단해보라. 실제 빌딩이나 상가와 그 주위를 여러 차례 가보고, 어떤 매장들이 들어올 수 있을지, 임대료를 감당하려면 어느 정도의 매출을 내야 하는지, 그러한 매출을 실제로 낼 수 있는지 임차인의 입장에서 생각해보면 판단의 기준이 설 것이다. 한계점을 넘었거나 근접하고 있다면 경고 신호로 생각할 수 있다.

상권이 뜨고 프랜차이즈 체인점이 뛰어들 때에는 가끔 손해를 감수하고서라도 높은 임대료를 베팅하는 경우도 있다. 일종의 플래그십 스토어 개념으로, 이익보다는 번화가의 목 좋은 곳에 지점을 냄으로써 주목을 끌고 다른 체인점을 모집할 때에 마케팅 도구로 사용하기 위해서다. 이러다 보면 분위기에 도취되고 플래그십 스토어가 베팅하는 임대료가 임차인이 감당할 수 있는 수준으로 착각할 수 있다. 플래그십 스토어는 극소수에 불과하다는 것을 잊지 말라. 임차인의 눈으로 냉정하게 보라. 내가 임차인이라면 저기에 들어가서 남는 게 없다고 결론이 났다면 분위기가 아무리 뜨거워도 위험하다. 분위기란 한번 꺾이면 금방 식어버린다. 자칫 분위기의 급류에 휘말릴 수 있는 당신을 붙잡아줄 수 있는 것은 냉정한 가치 평가와, 가치에 단단하게 뿌리를 박는 투자 자세다.

빌딩 투자는 무조건 '기-승-전-가치'다

5. 친구는 속였다기 보다는, (친구가) 속았을 뿐이다

부동산 투자에 실패한 사람들, 특히 실패가 뻔해 보이는 어이없는 곳에 투자했다가 실패하는 사람들 중에는 그곳에 투자한 이유가 '지인' 때문인 이들이 많다. 잘 알고 지내던 친척이 '정말로 좋은 개발 호재가 있다'면서 투자를 권유한다든가, 오래전부터 자주 만나던 친구가 '정말 좋은 투자처가 있는데 혼자만 알기 뭐해서 이야기 한다'면서 같이 투자하자고 하든가, 그래서 친구나 친척 소개로 투자를 한다. 심지어는 투자를 하기 전에 아무래도 불안해서 필자에게 '한번 봐달라'고 부탁하는 지인들이 종종 있는데, 필자 분석으로는 도무지 가치가 안 나오는 물건이라서 이야기를 해줘도 대부분은 필자 이야기보다는 친척이나 친구의 이야기에 더 귀가 쏠린다. 물론 그 결과는 대부분 실패다. 손해만 보면 다행이지만 부동산은 떨어지거나 가치가 형편없으면 손해를 보고 파는 것조차도 쉽지 않다. 투자했던 돈 전체가 팔리지 않는 부동산에 묶여서 금전적으로 낭패를 보는 것은 물론, 그 친척이나 친구와의 인간관계도 절단 나는 모습들을 수도 없이 보아왔다.

중개업자의 말은 친척이나 친구도 믿지 마라

특히나 친척이나 지인이 중개업자라면 사람들은 더더욱 믿는다. '설마 하니 모르는 사람도 아닌데 날 속이겠어?' 하고 그들의 말을 덥석 믿어 버리는 경우도 많다. 하지만 여기에는 함정이 도사리고 있다.

'중개업자의 말은 친척이나 친구도 믿지 말라'는 말은 친척도 당신을 속일 테니 믿지 말라는 뜻이 절대 아니다. 그런 식으로 살다가는 세상에 믿을 사람이 아무도 없다. 의도적으로 당신을 속일 요량으로 법적으로 문제가 있는 물건을 아무런 문제가 없는 것처럼 속이거나, 누가 봐도 결정적인 하자가 있는 물건을 아주 좋은 물건인 것처럼 속이거나, 그런 식으로 범죄에 가까운 속임수를 쓰는 일은 드물 것이다. 문제는 그가 당신을 속일 마음이 전혀 없다고 해도 중개업자로서 본질은 변할 수는 없다는 사실이다.

내가 과일을 파는 상인이라고 가정해보자. 사실 옆 가게와 똑같은 과일을 팔고 있는데도 내 가게의 과일은 왠지 옆 가게보다 윤기도 더 좋고, 더 달고 맛있을 것같이 보인다. 그게 사람의 심리이자 장사꾼의 심리다. 벌레가 잔뜩 먹고 설익은 과일을 당신에게 속여 팔지는 않겠지만 이 과일을 세 개에 1,000원을 받아야 할지, 네 개에 1,000원을 받아야 할지와 같은 가치판단은 정확하지 않을 수 있다. 또한 내가 팔고 있는 과일이 1등급보다 하나 못 미치는 2등급이라고 해서 "이 과일은 2등급입니다."라고 말하면서 팔 사람은 없을 것이다. 그냥 "이 과일 맛있어요." 하고 팔면 그만이다. 속이기 위한 거짓말이 아니다. 과일 장수가 가지는 팔기 위한 직업 본능이다.

부동산 중개업자의 경우에도 물건의 정확한 가치를 판단하는 안목이 썩 좋지 못한 경우가 대부분이다. 물론 부동산 초보자보다야 낫겠지만 안목 좋은 투자자들과 비교하면 오히려 떨어지는 경우가 많다.

또한 '사소한' 단점들은 굳이 얘기하지 않고 그냥 넘어갈 수도 있다. 속이려고 한 게 아니라 몰라서 그런 것이다. 자기 생각으로는 별 거 아닌 소소한 단점 같아 보여서 얘기를 안 했지만 실제로는 그 단점이 투자 가치를 확 떨어뜨릴 수 있는 치명적인 문제가 될 수도 있다.

몇 년 전에 청주시의 버스 터미널 근처에 매물이 나온 적이 있었다. 지방 도시에서 버스 터미널 인근이면 중심가다. 그런데 직접 가서 살펴보니 청주의 중심 지역이긴 했지만 뜻밖에 한산했다. 지방도시들 가운데는 중심 지역조차도 인구밀도나 낮거나 그 도시의 문화 특색과 같은 이유 때문에 생각보다 유동 인구가 적은 곳들도 많다. 게다가 땅이 주변 시세보다도 비싸게 나왔다. 내 판단으로는 그 땅은 그만한 가치는 절대로 없었고 설령 주변 시세대로 산다고 해도 그 땅을 쉽게 되팔기도 어려워 보였기 때문에 깨끗이 잊어버렸다.

그런데 나중에 들으니 그 땅을 어떤 연예인이 처음 호가대로 주고 사들였다고 한다. '행복도시에서 가까운 청주시 중심가에 땅이 싸게 나왔다'는 중개업자 친척의 말만 믿고 제대로 알아보지도 않은 채 계약을 해버린 것이었다. 땅값도 안 오르고 처분도 안 돼서 돈만 꽁꽁 묶인 상태가 되어 버렸음은 두말할 필요도 없다. 처분을 하자니 샀던 금액보다 대폭 싼 가격으로 내놓아야 해서 손실이 크고, 그렇다고 손실을 안 보고 팔려고 하면 살 사람이 없으니 사면초가 상황이 되어버린 것이다. 과연 그 친척은 연예인을 속인 것일까? 아니다. 말 그대로 세종시에서 멀지 않고 오송역 인근 개발 등으로 호재가 있으니 당연히 오를 거라고 생각하고 추천한 것이다. 이런 식으로 실제 물건의 가치를 제대로 판단하지 못하고 그냥 몇 가지 호재만 가지고 당연히 대박 날거라면서 추천하는 중개업자들이 많다.

또 한 가지 가능성은 친구나 친척도 속은 경우다. 그도 속아서 진

친구는 속였다기보다는, (친구가) 속았을 뿐이다

짜인 줄 알고, 그래서 정말 투자하면 대박 나는 줄 알고 선의로 당신에게 얘기한 건데 결국 사이좋게 손잡고 늪으로 빠지는 격이다. 조금만 생각하면 얼마든지 예상할 수 있는 일인데도 잘 생각하지 못 하고 '에이 그 친구가 날 속이겠어?' 하는 생각만 하는 것이다. 지인이 부동산 업계에 있는 사람이라면 더더욱 그도 속았을 것이라는 생각을 못하고 믿고 질렀다가 손실을 본다. 분명히 지인은 당신을 속이지 않았다. 그도 속았을 뿐이다. 다시 당부드리지만, 부동산 업계에 있다고 그가 부동산 투자의 전문가라고 믿는 것은 너무 순진한 생각이다.

따라서 중개업자라고 해서, 부동산 업계에 있다고 해서 친척이나 친구의 말을 그대로 믿고 가치판단을 제대로 안 하고 투자하면 자칫 지인과 함께 함정으로 빠지게 되는 결과를 낳을 수다.

잊지 마라, 모든 투자의 책임은 나에게 있다

친척, 혹은 잘 아는 중개업자가 추천해서 부동산에 투자했는데 지인의 호언장담과는 달리 수익이 나지 않고 오히려 세금만 나가서 손해만 보았다. 돈만 손해 본 게 아니라 인간관계도 손해 본다. 물건을 산 당신은 '너 때문에 이렇게 됐다'면서 지인에게 책임을 돌릴 게 뻔하다. 친척이나 친구는 자기도 나름대로 최선을 다했는데, 혹은 자기도 자기 친한 지인의 말을 듣고 좋은 정보라고 생각해서 당신한테 알려준 것뿐인데, 자신을 마치 사기꾼 취급하는 당신이 야속할 것이다. 이러다 보면 수십 년 관계가 한순간에 원수지간이 되거나 멱살 잡고 싸우는 볼썽사나운 사건도 적지 않다.

자, 이런 상황에서 정말로 책임은 당신의 지인에게 있는 것일까? 아니다. 투자 결정에 대한 모든 책임은 전부 당신에게 있다. 물론 친척이나 친구는 "내 말 믿어! 이건 진짜라니까!" 하고 호언장담을 했을 수도 있다. 그렇다고 해서 당신 목에 칼이라도 들이대면서 강요하지는 않았을 것 아닌가? 그 말을 믿느냐 안 믿느냐는 순전히 당신의 판단이고 의지다. 남의 이야기를 듣고 철석같이 믿어서 투자를 했다고 해도, 최면이라도 걸어서 당신을 조종하지 않은 한은 그 이야기를 믿은 것은 당신의 선택이다. 남 탓을 하면 안 된다.

그렇기 때문에 아무리 가까운 친척 친구, 잘 아는 중개업자가 추천하는 물건이라고 해도 반드시 자신의 눈으로, 자신의 안목으로 가치판단을 해야 하는 것이다. 그가 나를 속이는 게 아닐까 하는 의심이 아니다. 투자에 대한 모든 판단과 결정은 내가 하고 그 결과도 내게 돌아온다는, 투자의 기본 중에 기본이라 할 수 있는 원칙을 따르는 것이다. 다른 사람의 얘기는 결국에는 참고 사항일 뿐이다. 그렇게 자신의 눈과 귀, 머리로 판단을 하고 투자를 하면 당신의 투자는 더 안전해질 것이다.

만약 자신의 판단 과정을 거쳐서 추천해준 물건이 과대포장 되었다는 결론이 났을 때에는 '뭐야? 날 속이려고 했단 말이야? 이런 사기꾼!' 하고 섣불리 생각하지는 말아야 한다. '그도 잘 몰랐겠지, 이제 보니 그 사람 물건 보는 눈이 부족하군.' 하고 아량을 발휘하면서 너그럽게 생각하는 게 낫다. 돈은 잃을지 모르지만 그나마 사람은 잃지 않으니까 말이다. 모든 판단의 책임은 나에게 있다는 사실을 일깨워주는 쓴 약으로 생각하라. 다른 사람 말만 믿고 덥석 투자했다가 돈 잃고 사람 잃는 것보다는 남의 이야기들은 참고 정보로만 생각하고 자신의 판단과 안목을 중심으로 신중하게, 그리고 냉정하게 판단한다면 당신의 자산도 지키고, 너그러운 아량을 발휘할 여지도 생기는 것이다.

친구는 속였다기보다는, (친구가) 속았을 뿐이다

6. 연예인 빌딩 투자 성공의 허와·실

연예인은 많은 사람들에게 선망의 대상이다. 어린이들의 장래희망 1, 2위를 다투는 직업이 된 지가 오래되었으니까. 스타가 되는 건 말 그대로 하늘의 '스타' 따기지만, 스타가 되면 인기와 돈을 한몸에 끌어안을 수 있다. 운동선수 역시도 프로 팀에 입단해서 좋은 성적을 내서 자유계약선수로 풀리거나, 미국 메이저리그 혹은 영국 프리미어리그와 같은 무대에 진출하면 인기 연예인 뺨치는 대박을 누린다. 연예계나 스포츠계 활동으로 벌어들이는 수익만 해도 어지간한 사람들은 꿈도 못 꿀 정도인데 더구나 이 돈을 이용해서 투자를 해서 대박이 난다면 대중들에게는 아득히 꿈만 같은 이야기일 것이다. 그래서인지 언론에서는 종종 스타들의 투자 성적을 비교 분석하는 기사를 내곤 한다. 빌딩에 투자하는 스타들도 적지 않기 때문에 이들의 빌딩 투자 성적표도 뉴스 연예면에 단골로 오르내린다. 빌딩 투자로 대박을 친 스타들이 있는가 하면, 변변치 않은 수익을 거두었거나 오히려 손실을 본 스타들도 있다. 그런데, 이런 기사들 중에서도 걸러서 보아야 할 것들이 적지 않다.

빌딩으로 대박 난 인기 연예인, 하지만 잘 산 것일까?

빌딩 투자로 대박 난 연예인으로 자주 거론되는 인기 스타가 있다. 강남구 신사역 인근의 4층 빌딩을 2006년에 114억 원에 사들여서 5년 만에 시세가 250억 대로 치솟았다고 알려졌다. 두 배 이상의 대박을 친 셈이다. 그렇다면 백이면 백, 이 배우는 굉장히 투자를 잘한 것이라고 생각할 것이다. 하지만 자세히 들여다보면 매입가의 두 배 이상으로 시세가 뛰었다는 얘기에 가려진 한 가지 맹점이 있다.

매입가를 빌딩의 부지 면적으로 나눠서 계산해보자. 이 빌딩의 평당 매입가는 약 7000만 원 정도다. 그런데 2006년 당시 이 지역의 빌딩 시세는 대략 평당 3500~4000만 원 정도에 형성되어 있었다. 화제의 빌딩 역시 예외는 아니었다. 같은 지역이라고 해도 입지 조건이나 빌딩의 시설, 관리 상태, 적용되는 규제의 차이에 따라 건물별로 시세는 달라질 수 있다. 기사에 따르면 이 빌딩을 매입한 다음 약 4억 원 정도를 들여서 리모델링 공사까지 했으니까 빌딩이 새로 지은 최신 시설이었기 때문에 비싸다고 볼 수도 없다. 입지 조건이 좋다고 해도 주변 시세보다 잘 해야 10~30퍼센트 정도 더 나가는 정도지, 주변 시세의 거의 두 배나 될 정도로 시세가 형성되는 경우는 0퍼센트에 가깝다.

즉 이 배우는 시세에 비해서 지나치게 높은 가격으로 빌딩을 산 것이다. 물론 비싸게 샀더라도 산 다음에 시세가 두 배나 올랐으니까 대박은 대박 아니냐고 주장할 수는 있다. 하지만 만약 시세와 비슷한 가격으로 샀다면? 평당 4000만 원 정도로 잡아도 65억 원에 매입했을 것이므로 250억 원으로 올랐다면 거의 네 배 가까운 이득을 보았을 것이다. 사족을 붙이자면 그 250억 원이라는 것도 실체는 좀 모호하다. 파는 사람이 부르는 호가야 마음대로 부를 수 있는 것이지만 실제로 그 가격에 거래가 되는지 여부는 다른 문제이기 때문이다.

연예인 빌딩 투자 성공의 허와 실

투자를 할 때 가장 빠지기 쉬운 착각 중 하나는 '어쨌든 올랐으면 좋은 것'이라는 안일한 심리다. 물론 이미 엎질러진 물을 두고서는 그렇게 편하게 생각하는 게 정신 건강에 좋다. '더 싸게 살걸.' 하고 돈을 벌고도 속을 썩이는 것보다는 낫다. 하지만 투자에 나설 때에는 그런 안일한 심리는 금물이다. 살 때부터 적정한 가격으로 잘 사야 한다. 결과적으로 오르면 다행이지만, 지금 자신이 사들이는 빌딩이 반드시 오른다고 누가 보증해주는가? 그 지역에 개발 호재 무산과 같은 돌발적인 악재가 발생할 수도 있고, 경기 침체와 같은 외부 요인으로 부동산 경기까지 침체될 수도 있다.

앞에서 살펴본 예에서 언급한 배우는 2006년에 빌딩을 사들였으니까 2008년 글로벌 경제 위기가 일어나기 전이다. 세계 경기가 그럭저럭 호황이었고 한국 경제도 5퍼센트 안팎으로 성장을 하면서 경기가 좋을 때였다. 대박의 상당 부분은 운 좋게 경기가 좋을 때 산 덕이다. 만약 구매 시점이 2008년 이후였다면 지금과 같은 대박을 누릴 수 있었을까? 2008년 이후에도 서울 지역의 상업용 빌딩은 아파트만큼 크게 빠지지는 않았고 보합세 또는 약보합세였다. 하지만 2008년 이후에 그와 같이 시세보다 한참 비싸게 빌딩을 샀다면 오히려 크게 손해를 볼 수도 있었다.

덧붙여, 이 배우의 빌딩 투자 성공기를 다룬 기사들 중에는 빌딩 부지의 용도가 상업지역과 3종 주거지역이 혼재되어 있는데 3종 주거지역이 상업지역으로 바뀌어 고층건물 신축이 가능해지면 빌딩의 가치가 더 높아진다는 이야기를 '업계의 관측'이라는 이름으로 주장한다. 이 관측은, 결론부터 말하면 실현 가능성이 별로 없다. 토지의 용도지역이 바뀌는 일은 굉장히 드물다. 화제의 빌딩이 두 가지 용도지역에 걸쳐 있다 보니 결국은 더 좋은 쪽으로 통합되지 않을까 하는 희망을 서술하고 있지만 그야말로 희망일 뿐이다. 중개업자나 컨설팅 회사가 이 사례처럼 부지에 용도가 섞여 있는 빌딩을 권유할 때 "여기가 나중에 용도가 바뀌면 크게 대박 날 거예요." 하고 투자자를 현혹시키는 일이 있는데 이런 말에 속으면 바가지 쓰기에 딱 좋다.

쉽지 않을 때 기회를 발견하는 사람이 진정한 고수다

연예인 빌딩 투자 성적표를 다룬 여러 기사들을 보면 한 가지 재미있는 점을 발견할 수 있다. 한 언론 기사에서 투자 성공 사례로 언급된 연예인, 그리고 투자 실패 사례로 언급된 연예인의 빌딩 매입 시기를 비교해보면 이렇다.

성공 사례	실패 사례
스포츠 스타 A씨(2003년)	배우 R씨(2008년)
배우 B씨(2006년)	배우 S씨(2011년)
연예기획자 C씨(2002년)	스포츠 스타 T씨(2009년)
스포츠 스타 D씨(2000년)	배우 U씨(2009년)

자세히 보면 흥미로운 사실을 발견할 수 있다. 성공 사례로 거론된 연예인들의 빌딩 매입 시기는 2000~2006년이고, 실패 사례로 거론된 연예인들의 빌딩 매입 시기는 2008~2011년이다. 앞의 시기는 IMF 사태 이후에 이른바 닷컴 열풍이 불면서 경기 회복이 빠르게 일고 경제의 거품이 끓어오르던 시기다. IMF 사태로 인해 부동산 가격이 크게 떨어졌을 때 빌딩을 매입한 사람들 중 상당수는 돈을 벌었고 이들 연예인도 그 대박 대열에 들어 있었던 셈이다. 그 이후에도 2008년 글로벌 경제 위기 전까지는 부동산 경기가 과열을 걱정할 정도로 좋았다. 이때는 빌딩의 가격도 대세 상승 추세였다.

반면 실패 사례로 거론된 연예인들의 빌딩 매입 시기는 글로벌 경제 위기가 몰아닥친 2008년 이후다. 물론 한국 경제는 한 차례 위기를 맞이한 후에 어느 정도 회복세를 보였지만 2000년 초반의 IMF 이후

회복세에 비하면 힘이 많이 약했고, 이후에 저성장 국면이 장기화되면서 부동산 경기도 침체되었다. 이런 배경을 감안해보면 빌딩 투자로 성공한 연예인들이 과연 자신의 안목이 좋아서 가치 있는 빌딩을 적절한 금액에 산 결과인 건지, 단지 대세가 오르는 추세일 때 빌딩을 산 덕분인지 판단하기가 쉽지 않다.

그렇다면 빌딩 투자를 하려면 시장이 침체될 때에는 투자에 뛰어들지 말고 기다렸다고 오름세가 대세일 때에만 투자에 나서야 하는 것일까? 단순하게 생각하면 그럴 것 같지만 쉬운 문제는 아니다. 예를 들어, 침체에 있다던 부동산 시세가 요즘 들어서 꿈틀대는 모습이 보인다고 했을 때, 그게 정말 추세적인 상승 곡선의 시작인지 아니면 단기적으로 출렁대는 것에 불과한지 쉽게 결론 낼 수 있을까? 그리고 추세적인 상승의 불이 붙기 시작되면 부동산은 빠르게 과열 국면으로 갈 수 있다. 즉 상승 추세라는 것을 알고 투자에 뛰어들었을 때에는 이미 가격이 많이 오른 상태일 수도 있고 자칫하면 상투를 잡는 꼴이 될 수도 있다. 단지 시장 흐름만을 보고 판단할 문제가 아니라는 얘기다.

부동산 경기가 전반적으로 침체 국면이던 2013년경에 어느 지인이 부동산 시행업자에게서 들었다면서 "요즘 부동산은 뭘 해도 안 된다네요."라는 이야기를 했다. 그때 필자는 거래했던 등기부등본이라도 그에게 보여주고 싶었다. 부동산 경기가 안 좋다는 2012년, 2013년에 필자가 어떤 빌딩을 얼마에 사고팔았는지가 다 나와 있기 때문이다(138쪽 S 빌딩 매매 사례이다). 부동산 경기가 호황이든 불황이든, 저평가된 빌딩을 발굴하고 잠재된 가치를 끌어내어 수익을 실현할 기회는 분명히 존재한다. 호황도 불황도 일단 접어들면 몇 년씩, 심지어는 10년 이상씩 갈 수도 있다. 그 시간을 그저 기다리면서 좋은 시절이 오기를 바랄 것인가, 아니면 스스로 기회를 찾아서 발로 뛸 것인가? 선택은 각자의 몫이다.

166

빌딩 투자는 무조건 '기-승-전-가치'다

7. 부동산에 속는 연예인들, 왜?

2016년, 스포츠계의 모 유명 인사 A씨가 스스로 유명을 달리 함으로써 세간에 큰 충격을 주었다. 이 비극적인 사건의 배경에는 빌딩 관련 사기가 있었다. 좋지 못한 일들이 줄을 이으면서 결국 당사자의 극단적인 선택에까지 이르렀다. 안타까운 결말을 맺은 사건을 다시 들추는 것이 좋은 일은 아니지만 빌딩 투자에 관해 상당한 교훈을 주는 사건이기 때문에 어떤 문제점이 있었는지 되짚어 보려고 한다.

빌딩 사기의 발단은 이렇다. A씨는 스포츠계와 방송계에서의 오랜 활동으로 모든 돈으로 강남에 시가 100억 원 상당의 빌딩을 매입했다. 이때만 해도 A씨는 명성과 부를 모두 가진 사람으로서 부러움을 샀다. 그런데 오랜 지인이자 친구였던 부동산 업자가 "빌딩 인근에 쇼핑센터가 들어설 예정이라는 정보가 있다. 그냥 있으면 빌딩 시세가 떨어져서 손해를 볼 것이다. 쇼핑센터 계획이 공개되기 전에 빨리 처분하는 게 좋겠다."라며 접근한 것이다. A씨는 그동안의 오랜 친분만 믿고 이 업자에게 부동산 매각에 필요한 서류와 인감도장까지 모두 넘겨주었다. 그런데 이는 업자의 사기였다. 빌딩 매각 대금은 업자의 통장으로 들어갔고 업자는 그 돈을 들고 잠적해버렸다. A씨는 업자에게 속아 100억 원 빌딩을 고스란히 날린 것은 물론이고, 약 12억 원 정도의 양도세 납부 의무까지 떠안게 되었다.

유명인일수록 바쁠수록 친할수록 높아지는 사기 확률

한 순간의 방심과 실수로 빌딩 부자에서 빈털터리가 된 것은 물론 거액의 세금을 떠안은 빚쟁이가 된 A씨는 당시에도 월 1000만 원 정도의 수입이 있었지만 10억 원이 넘는 세금을 갚기에는 역부족이었다. 지인들에게 돈을 융통해서 갚으려고 했지만 이 조차도 여의치 않았다. 결국 수억 원의 사채 빚까지 져야 했던 A씨는 사기 혐의로 피소되었다. 지인에게 5000만 원을 대가로 "아들을 프로야구단에 입단시켜달라."라는 부탁을 받았는데, 아들이 프로구단에 입단하지 못했다는 이유로 지인이었던 사람이 고소인으로 변해버렸다. 그밖에 빌린 돈을 갚지 못했다는 이유로도 고소를 당하면서 각종 논란에 시달려서 벼랑 끝에 몰린 A씨는 결국 극단적인 선택에 이른 것이다.

친분 관계를 이용해서 A씨를 상대로 사기를 친 부동산 업자가 가장 나쁘다는 것은 말할 필요도 없다. 아쉬운 것은 A씨가 친분만 믿고 매각 서류와 인감도장까지 모두 넘겨줬던 대목이다. 인감도장만 주지 않았더라도 그 부동산 계약은 달라졌을지도 모른다. 물론 A씨는 여러 가지 활동으로 무척 바빴을 것이다. 그렇지만 자신의 전 재산이나 다름없는 100원 시가의 빌딩을 거래하는 계약이다. 정말로 그것보다 바쁜 일이 어디에 있었을까? 무척이나 아쉬운 대목이다. 만약 정말로 계약 장소에 직접 갈 수 없는 상황이었다면 서류를 작성하고 인감도장을 날인하되, 도장만은 넘겨주지 않고 타인이 계약 장소에서 장난칠 여지를 주지 말았어야 했다.

다만 실제 계약을 진행하는 과정에서는 오탈자를 수정하거나 하는 이유로 인감도장을 써야 할 가능성이 가끔 생긴다. 이럴 때에는 친분이 있다는 이유로 부동산 업자에게만 맡기기보다는 변호사 또는 법무사처럼 계약을 제대로 검토할 수 있는 사람을 보내야 한다. 가족을 함께 보낸다면 더더욱 안전할 것이다. 그리고 계약서에 수정 사항이 있거나 하면 반드시 전화로 보고 하도록 당부해야 한다. 이때의 전화 내용을 녹취로 남겨놓으면 나중에 문제가 생겼을 때 법적으로 강력한 방어 수단이 된다.

또한 A씨가 빌딩 사기를 당할 수 있었던 또 하나의 요인은 빌딩 매각 대금을 A씨의 통장이 아닌 부동산 업자의 통장에 입금하도록 허락했기 때문이다. 만약 백 번 양보해서 신분증과 인감도장까지 다 넘겨줬다고 해도, 아예 A씨가 자기 명의로 통장을 새로 만들어서 이쪽으로 입금하게 했어야 했다. 계약서의 특약 사항으로 "이 계약은 당 빌딩 매매 대금을 예금주 ○○○(빌딩 소유자 본인) 명의의 ○○은행 계좌번호 ×××××××에 입금되었을 때에만 유효하다."라고 명시해놓았다면 이러한 문제를 예방할 수 있었다.

사실은 계약 과정의 문제 말고도, 애초에 부동산 업자가 '인근에 쇼핑센터가 들어올 예정이라 빌딩의 가치가 떨어질 것'이라고 말한 것부터가 진짜 사기성이 짙은 제안이었다. A씨의 빌딩은 서울 강남에 있었다. 만약 쇼핑몰이 인근에 들어오면 정말로 그 빌딩의 가치가 떨어질까? 그렇지 않다. 상권이 아예 옮겨 다니는 서울 바깥의 신도시라면 그 말이 맞을 수도 있지만 서울 시내, 그것도 상권이 안정된 강남이라면 오히려 인근에 쇼핑몰이 들어올 경우 빌딩의 가치가 오르는 효과를 누릴 수 있다. 실제로 강남권에 새롭게 백화점이나 대형 쇼핑센터, 마트가 들어설 경우 상권이 커지는 효과로 인근의 빌딩들까지 시세가 오르는 경우가 대부분이다. 빌딩 안에 있는 개별 매장에 따라서는 타격을 받는 곳도 생길 수 있지만 건물 단위로 보면 오히려 상권이 확대되는 호재다.

인근에 백화점이나 쇼핑몰이 들어오면 예전에는 오지 않던 사람들이 유입되는 효과가 생긴다. 요즘의 백화점이나 쇼핑몰은 일반 매장은 물론 음식점, 카페, 영화관을 비롯한 위락 시설까지 복합적으로 들어오기 때문에 사람들이 그 안에서만 소비를 하므로 주변 빌딩의 시세에 악

영향을 미칠 것이라고 생각하기 쉽다. 하지만 서울에서는, 특히 강남에서는 유동 인구가 늘고 상권이 전체적으로 살아나는 효과가 더 크다. 아무리 백화점이나 쇼핑몰이 원스톱 복합 시설이라고 해도 사람들의 온갖 욕구를 충족시켜주는 데에는 한계가 있고, 결국은 인근으로도 상권이 활성화된다. 간단한 예를 들어보자. 어떤 지역에 대형 마트가 들어서면 그 인근 중대형 슈퍼마켓이나 편의점이 쑥대밭이 될 것처럼 생각하기 쉽다. 하지만 실제 마트 인근의 상권을 보면 중대형 슈퍼마켓이나 편의점들이 잘 영업하고 있고, 오히려 장사가 더 잘 된다. 이 점은 필자 역시 실제 사례들을 여럿 접해보기 전까지는 미처 몰랐던 사실이었다.

아무리 대형 마트가 안 파는 물건이 없다고 해도 기본적으로는 물건을 다량 구매하는 사람들을 위한 시설이다. 필요한 물건을 조금 구매하는 사람들에게는 중대형 슈퍼마켓이나 편의점이 훨씬 간편하다. 또한 대형 마트는 이른바 '미끼 상품'만 가격이 저렴하고 그밖에 상품은 별로 싸지 않은 경우도 많다. 그래서 경험 있고 똑똑한 소비자라면 대형 마트에서만 물건을 사지는 않는다. 대형 마트로 인해 새로 유입되는 유동 인구 덕분에 보는 혜택이, 마트에게 고객을 빼앗기는 손실보다 더 큰 경우가 많을 수 있다는 것이다. A씨는 결국, 부동산 업자인 지인으로부터 말도 안 되는 이유로 빌딩 매각을 권유받았고 서류와 도장을 넘기는 실수까지 저지른 바람에 부와 명성 등 모든 것을 잃고 비극적으로 생을 마감하게 되었던 것이다.

설마 '유명인을 속이겠어?' '유명인이 속이겠어?'라는 함정

A씨와 같은 극단적인 사례가 아니더라도 연예인이나 유명 인사들이 거액의 피해를 보는 부동산 관련 사기 사건은 신문이나 뉴스로 종종 보도되곤

한다. 심지어는 연예인들끼리 부동산 사기 건으로 고소 고발을 하고 법정 공방까지 간 끝에 유죄 판결을 받아서 죗값을 치르는 일도 있었다. 그런 사건의 전말이 언론에 대문짝만하게 보도되면 당사자들은 만천하에 망신을 당하는 것은 물론 생업 활동까지 위축되게 마련이다. 사기를 친 경우라면 그 사람이 1차적으로 나쁜 것이다. 사기를 당한 경우라면 상식적으로 보면 충분히 예방할 수 있었던 일을 자신이 유명인이라는 이유와 오랜 기간의 인간관계만을 믿고 허술하게 일 처리를 하면서 생기는 일이 많다.

예를 들어 모 인기 가수의 부인이 토지를 개발해서 분양한다고 속여서 지인에게 투자금을 받아 가로챈 혐의로 부부가 함께 기소되었다. 알고 보니 해당 토지에 이미 거액의 근저당이 설정되어 있었다. 정상적인 개발도 거의 불가능한 상태였다. 가수 본인은 항소심에서 무죄 판결을 받아 형이 확정되었지만 부인은 유죄로 결말이 났다. 애초에 정상적인 개발이 불가능할 것을 알면서 투자금을 받아낸 가수의 부인이 문제였지만, 사기를 당한 사람 쪽에서도 토지의 등기부등본을 한 번만 떼어봐도 정상적인 개발이 불가능하다는 것을 알았을 것을, '유명인'의 말만 믿고 수억 원을 투자했다가 지루한 법정 공방에 휘말린 것이다.

부동산은 아니지만 역시 연예계 인물들끼리 대형 사기 사건이 벌어진 사례는 또 있다. 2015년에는 여러 편의 인기 드라마를 집필한 경력이 있는 방송작가가 그동안 드라마 작업을 통해서 관계를 맺게 된 유명 배우와 그 지인들을 상대로 무려 120억 원이 넘는 사기 행각을 벌인 사건이 있었다. 이 작가는 부업으로 사업을 하다가 무리한 확장으로 빚이 불어나자 사기 행각을 벌이다가 덜미가 잡혔다. 한 유명 배우와 그 지인에게는 "사모펀드에 소속돼 재벌가 등 유명한 사람들과 함께 고급 정보를 이용해 주식투자를 한다."라고 속여 70억 원 가까운 돈을 뜯어낸 것이다.

연예인끼리 또는 연예계 인사들끼리 사기 사건이 나는 경우도 있지만 연예인들 주위에는 별의별 사람이 많다. 진짜 친구나 좋은 인맥도 있겠지만 그들이 가진 유명세나 돈을 노리고 접근하는 사람들도 있다. 처음에는 인간적으로 접근해서 관계를 쌓아가다가 어느 정도 서로 인간적으로 친해졌다고 생각하면 어디에 좋은 부동산이 있다거나 어느 회사에 투자하면 좋다는 식으로 꼬드기기 시작한다.

한편으로, 연예인 스스로도 뭔가 다른 일을 해보고 싶은 생각이 많다. 꼭 연예인이 아니더라도 한 분야에서 성공을 거둔 사람은 다른 일에도 관심을 가지고 발을 넓혀보고 싶어 한다. 특히 연예인들은, 지금은 잘 나가는 것 같지만 미래를 생각하면 늘 불안해한다. 인기라는 게 언제 거품처럼 확 빠질지도 모르기 때문이다. 그 때문에 방송이나 공연 같은 연예인 활동 이외의 수입 구조를 만들고 싶어서 음식점을 개업하거나 부업을 하는 연예인들도 많다.

이런 생각 자체는 잘못된 것이 아니다. 문제는 욕심을 부리지 말아야 한다는 것이다. 자신이 몸담고 있는 전문적인 분야가 아니라면, 잘 모르는 다른 분야의 일을 할 때에는 설령 일이 잘 안 되는 경우에도 큰 피해를 받지 않을 정도의 규모로 일을 벌여야 한다. 일을 너무 크게 벌이고 자신의 재산 대부분을 쏟아부어버리면 욕심도 커지고 정신적으로 불안감이 크기 때문에 다른 사람들의 꼬드김에 넘어가기도 쉬워진다.

한편으로, 유명인들은 '설마 내가 누군데, 나한테 어설프게 사기를 치겠어?' 하고 별 근거도 없는 자신감에 빠져 있는 이들도 많다. 흔히 사기 당하는 사람들은 멍청해서, 순진해서 사기를 당한다고 생각한다. 실상은 그렇지 않다. 특히 부동산 쪽에서 사기를 당하는 사람들을 보면 의사, 변호사, 교수, 사업가를 비롯한 이른바 고소득 전문직들이 많다. 이 사람들이 멍청해서 사기를 당하겠는가? 사실 몇 억, 몇십 억 원 스케일의 사기를 치려면 고소득으로 잘 나가는 사람들에게 사기를

172

처야 한다. 멍청하고 순진한 사람들은 해당사항이 적다. 그래서 '똑똑한 사람들이 오히려 사기를 잘 당한다'는 말도 있지 않은가?

이들이 사기를 잘 당하는 가장 큰 이유는 자만하기 때문이다. 자기 분야에서는 가장 뛰어날지 모르지만 다른 분야에서 그러라는 보장은 없는데도 자기가 그 분야에서 성공했고 똑똑하니까 모든 것을 다 잘 안다고 착각하는 것이다. 사기꾼은 그런 허점을 정확하게 노린다.

유명인이나 전문직 이외에 또 함정에 빠지기 쉬운 사람들은 갑자기 돈이 많아진 사람들이다. 예를 들어 2~3억 원쯤 있던 사람이 도박에 가까운 투자로(예를 들어, 샀던 땅이 대박이 터져서) 20~30억 원이 되있다고 가정해보자. 다행히 돈을 벌었지만 이런 사람은 그 다음이 더 위험할 수도 있다. 큰돈을 관리해본 적도 없으니, 어떻게 다루고 투자해야 하는지 감이 오지 않기 때문이다. 게다가 갑자기 큰돈을 벌었으니 자신감이 하늘을 찌르는 상태다. 정상적인 눈으로 보면 저건 사기다 싶은 것도 '남들이 뭘 몰라서 그러는 거야, 이런 게 대박 난다니까? 내가 해봐서 알아!' 하고 더 큰 대박을 볼 욕심에 무리수를 두다가 결국 크게 실패하는 경우도 많다. 무리수와 조급증, 이 두 가지는 부자로 가는 길에 가장 큰 걸림돌이다.

인간관계와 비즈니스는 엄격하게 구분하라

연예인이나 유명인이 아니더라도 어떤 분야에서 성공을 거두었거나, 이 책을 잘 보고 잘 실천하여 빌딩 투자에 성공해서 부자가 되었다면, 당신 주위에도 당신의 돈을 노리고 접근하는 사람들이 늘어날 것이다. 아니면 예전부터 잘 알고 지내던 사람들로부터 돈 좀 빌려달라거나, 투자 좀 해보라거나 하는 얘기를 많이 듣게 된다. 이때 인간적으로 부탁이나 권유를 하는 사람들을 뿌리치는 게 쉽지는 않다.

유명인은 아니지만, 필자 역시 빌딩 투자가 지속적으로 성과를 거두면서 인맥들도 늘어나게 되었고 그중에는 사업을 운영하고 있는 사람들도 많다. 그 가운데 모 재벌가 가문의 자제로, 재벌 계열사는 아니지만 독자적으로 사업을 운영하는 지인이 있었다. 그런데 몇 년 전, 그분 사업이 어려움을 겪으면서 금융권에서 자금 조달이 여의치 않아 주변에 급하게 자금을 구하게 되었고, 필자에게도 요청이 왔다. 돈독하게 관계를 유지해왔고 자금 여유도 있었기 때문에 요청에 응하기는 했지만, 그렇다고 인간관계만 믿고 적지 않은 금액을 그냥 빌려줄 수는 없었다. 어떤 인간관계이든지 거래에는 원칙이 있는 법이고 친하다고 해서 그 원칙을 깨서는 안 된다는 게 필자의 비즈니스 신조였기 때문이다.

돈을 빌려주는 조건으로 부인이 보증을 섰고, 건물을 담보로 설정했다. 그분은 불쾌하다는 반응이었다. 그동안 쌓아놓은 인간관계가 있는데 자기를 못 믿고 이렇게까지 하냐는 것이었다. 필자로서는 "형님, 정말 죄송합니다. 하지만 저로서는 원칙이 있기 때문에 그건 어쩔 수가 없습니다." 하고 양해를 구했다. 다만 서류를 작성할 때에는 친한 법무사를 대신 보냈다. 상대가 불쾌해하는 마당에 만나서 서로 얼굴 붉히는 건 오히려 좋지 않다는 생각에서였다. 그분은 서류를 작성하는 자리에서도 법무사에게 불쾌하다는 반응이었다고 한다.

결국 그분의 사업은 회복되지 못하고 부도를 내고 말았다. 인간관계만 믿고 돈을 빌려줬던 사람들 중 상당수가 돈을 돌려받지 못했지만 나는 보증과 담보가 있었기 때문에 빌려준 돈을 회수할 수 있었다. 인간관계는? 비록 돈을 빌려주기 전과 같을 수는 없지만 관계 자체가 깨지지는 않았다. 반면에 인간관계만 믿고 돈을 빌려줬던 사람들과 그분과의 관계는 거의 대부분 절연이었다. 돈을 빌렸던 분은 너무나 미안해서 연락하는 게 엄두도 나지 않아서 속으로 끙끙 앓을 수밖에 없을 것이고, 돈을 빌려줬던 사람들이야 말할 것도 없다.

오랫동안 알고 지내온 선후배든, 절친한 친구든, 돈 얘기는 참으로 껄끄러운 일이다. 그래서 그동안의 인간관계만 믿고 스스로를 방어할 장치 하나 제대로 없이 많은 돈을 빌려줬다가 떼이기도 하고, 그래서 돈도 잃고 사람도 잃는 일들이 비일비재하다. 아무리 친한 사이라고 하더라도 돈 거래나 계약과 같은 비즈니스를 할 때에는 원칙을 깨지 않아야 한다. 그런 일이 한두 번 되풀이되고 나면 주변 사람들에게는 당신에 대한 이미지가 '저 사람은 아무리 친해도 거래 원칙은 고수하는 사람'이라는 식으로 굳어지게 된다. 그러면 이상한 마음을 먹고 접근하는 사람들도 줄어들고, 혹시 돈을 빌려달라고 하더라도 인간관계만 믿고 쉽게 빌려줄 거라는 기대는 처음부터 안 하게 될 것이다. 단순화시켜서 주위로부터 깐깐하다는 소리를 듣고 안전한 게 사람 좋다는 소리를 들으면서 호구 취급 받는 것보다는 낫지 않겠는가?

친한 사이일수록 비즈니스의 원칙을 지킨다는 게 껄끄럽기도 하고, 상대는 속으로 욕을 할 수도 있다. 만약 누군가 친한 사람이 돈을 빌려달라고 하는데 그 액수가 내 생활이나 일에 데미지를 받을 정도로 많은 돈이 아니라면, 그리고 설령 그 돈을 못 받는다고 해도 상대와의 관계에 흠집을 내고 싶지 않을 정도로 친한 관계라면 아예 아량을 베푸는 편이 낫다. 애초에 돌려받을 생각을 하지 말고 그냥 주라는 것이다. 정말 인간관계가 중요하다면 돈을 포기하든가, 그렇지 않다면 서로 껄끄럽더라도 할 말은 하고 원칙을 지켜라. 그 순간은 기분 나쁠 수 있지만 감수할 수밖에 없다. 최대한 정중하게 예의를 갖춰가면서 설명할 수밖에 없다. 서로 얼굴 맞대고 이것저것 따지고 확인하기가 껄끄러울 때에는 법무사와 같은 전문가 또는 회사를 운영하고 있다면 회사 담당자를 대신 내세우는 것도 방법이다.

부동산 거래도 마찬가지다. 친한 사람이라고 해서 '에이, 설마 저 녀석이 나를 속이겠어?' 하고 그 사람이 투자를 권유하는 물건의 부동산 등기부 등본 한 번 제대로 안 보거나, 실물이 어떤지 직접 가서 확인도 안 해보고 그냥 돈을 줬다가 문제가 생겨서 그때 가서 서로 얼굴 붉히거나 고소 고발로 법정에 가는 일들이 비일비재하다. 처음에 껄끄럽더라도 부동산 거래의 원칙을 확실히 지켰더라면 막을 수 있었던 일이다. 연예인이나 사업가들을 비롯한 부자들에게는 애초부터 나쁜 마음을 먹고 접근해서 신뢰를 쌓은 다음 속된 말로 '한탕'을 하는 사기꾼들도 있지만 실제 사기꾼이 아니더라도 자기 자신도 남에게 속았거나 제대로 몰라서 남을 끌어들이는 경우도 있다. 이럴 때 만약 당신이 비즈니스에서만큼은 깐깐하게 따질 거 따지고 원칙을 지키는 사람이라면 상대도 '아, 이 사람은 깐깐하니까 대충 해서는 안 되고 나도 좀 더 따져보고 확인해봐야 한다.' 하는 마음을 먹을 수밖에 없다. 당신의 원칙을 지킨 처신이 당신은 물론 지인의 돈과 관계도 지키는 것이다.

176

A씨의 비극에서 우리가 타산지석으로 삼아야 할 교훈을 이 정도면 이해할 수 있을 것이다. 첫째로, 절대로 지인의 친분 관계만 믿고 그 지인이 멋대로 계약을 할 수 있도록 서류와 인감을 전부 넘겨줘서는 안 된다. 그 지인은 친분 관계를 내세우면서 나만 믿으라고 하거나, 인감을 안 주려고 하면 '나를 못 믿겠다는 것이냐'면서 기분 나빠할 수 있다. 다시 한 번 말하지만 인간관계와 비즈니스를 구분하지 못하면 둘 다 잃는다.

둘째로, 번화하고 안정된 상권에 있는 빌딩과 불안정하고 쉽게 옮겨 다닐 수 있는 상권에 있는 빌딩은 똑같은 현상에 대해 결과가 정반대가 될 수 있으며, 서울, 특히 강남의 경우에는 상권 인근에 대형 쇼핑센터나 백화점이 들어서면 그쪽으로 유동 인구를 빼앗겨서 생기는 손해보다는 유동 인구 증가로 전체적인 상권이 확대됨으로써 보는 이득이 더 크다는 것이다.

8. 부동산 업자를 투자 전문가라고 착각하지 말라

'부동산 업계'라는 이름 아래에는 정말 다양한 사람들이 모여 있다. 일단 쉽게 생각할 수 있는 사람이 중개업자다. 한 단계 더 나아가면 부동산 컨설턴트라는 직함을 가진 사람도 있고, 자산관리사, 금융기관의 부동산 관련 직원들, 감정평가사, 부동산 관련 학자나 교수도 있다. 이런 사람들이 종종 '부동산 전문가'라는 이름을 갖게 된다.

중개의 전문가와 투자의 전문가는 다르다

부동산 업계에 종사하는 사람들, 특히 중개업자나 부동산 컨설턴트, 부동산학과 교수와 같은 부동산 전문가에 대한 이미지는 아마 다음과 같을 듯하다. 부동산에 관한 전문지식과 업계에서 쌓은 경험이 풍부할 것이므로 부동산에 관해서는 일반인들보다 몇 수 위의 안목을 가졌을 것이다. 특히 부동산에 대한 안목과 경험이 부족한 초보 투자자들이라면 섣불리 덤비기보다는 이러한 전문가들의 도움을 받아서 투자에 나서는 것이 안전할 것이다.

빌딩 투자에 관해 다룬 책들도 '전문가의 도움을 받으라'고 권하는 경우가 많다. 주택은 그래도 보통 사람들이 살아본 경험이 많기도 하고 비교적 거래의 접근성이 좋다. 반면 빌딩은 임차인으로 가게나 사무실을 해본 경험은 있을지 몰라도 가져본 적은 거의 없을 것이고, 주택에 비해서 경험이나 지식도 적다. 초보급 투자자들에게는 두려움이나 불안감이 많은 게 당연하고, 컨설팅 회사의 컨설턴트와 같은 전문가의 도움을 받는 것이 안전하다는 권고에 고개를 끄덕이게 된다.

단언컨대 아니다. 그렇지 않다고 자신 있게 말할 수 있다. 그들은 중개의 전문가일 수는 있어도 투자의 전문가는 아니다. 부동산을 보고 가치를 판단하는 눈은 당신과 큰 차이가 없는 사람이 의외로 많다. 그동안 빌딩에 투자해오면서 '중개의 전문가라고 해서 투자의 전문가는 아니다.'라는 사실을 현장에서 수도 없이 확인해왔다.

'설마! 아무리 그래도 그렇지. 부동산 업계에서 일해온 사람이 빌딩에 대해서 아는 게 별로 없는 나와 안목이 큰 차이가 없다니!' 하고 생각할 수도 있을 것이다. 아니다. 중개에 관한 능력은 100이라면 빌딩의 가치를 파악하는 능력은 60도 안 되는 사람들이 의외로 많다. 물론 부동산을 잘 모르거나 부동산에 시간과 노력을 전력투구할 여유가 없는 사람보다 조금이라도 안목이 나을 수는 있겠지만 내가 30점짜리라고 해서 40점, 50점짜리를 전문가라고 모시는 건 말이 안 된다.

그동안 빌딩 투자를 해오면서, 중개업자나 컨설턴트로부터 "에이, 그걸 왜 사요." 하는 식의 이야기를 많이 들어왔다. 자기는 별 볼일 없다고 안 보여주려는 빌딩을 떼쓰다시피 해서 확인하고 나니 '이게 웬 떡인가.' 싶을 때도 여러 번이었다. 실적이 소문이 나고부터는 중개업자들 사이에서 저 사람에게는 뭐든 일단 보여주자는 식으로 태도가 바뀔 정도였다.

필자는 저평가된 빌딩을 살 때에는 무리해서 가격을 깎는 데 집착하지 않을 때가 종종 있다. 다른 곳에서 좀 더 자세히 설명하겠지만, 조금이라도 더 싸게 살 수 있으면 좋을지 몰라도 현재의 저평가된 가격으로 사서 제 가치를 받고 파는 것만으로도 충분한 수익을 낼 수 있기 때문이다. 무리해서 깎으려다가는 상대방의 마음이 틀어질 수도 있다. 확신이 있다면 적절하게 협상을 하다가 시원하게 상대가 제시하는 조건을 받을 수도 있다.

그런데 필자가 빌딩을 매입한 것을 안 중개업자나 컨설턴트들이 "왜 그렇게 비싸게 샀대? 나한테 얘기했으면 더 깎을 수 있었을 텐데, 그 가격에 사서 뭐가 남는다고?" 하고 뒷말을 하기도 한다. 나중에 필자 예상대로 빌딩의 가격이 올라서 제 가치를 받고 팔 때가 되면 그들은 꿀 먹은 벙어리가 된다. 또한 가치가 좋다고 하여 무조건 깎지 않고 사는 것이 아니다. 현재 매물로 나온 가격이 합리적임에도 불구하고 무조건 깎으려 들지는 않는다는 뜻이다.

중개업자나 컨설턴트들은 중개의 전문가이지 투자의 전문가가 아니라는 사실을 명심하라. 이들의 목적은 파는 사람과 사는 사람을 연결해서 중개를 성사시키는 것이다. 이들에게 돌아오는 대가는 중개수수료다. 중개수수료는 매매가격에 따라 결정되므로 조금이라도 높은 가격에 거래가 성사되는 것이 가장 중요하다. 따라서 파는 사람과 사는 사람 사이에서 최대한 협상을 중재하고, 계약을 위해 필요한 서류를 준비하고 확인하는 데에는 전문가일지 몰라도 잠재된 가치가 있는 부동산, 실제 가치에 비해 저평가된 부동산을 열심히 찾아다니고 정확하게 가치를 평가해서 실제 가치와 현재 가치의 차이를 파악하는 전문가라는 보장은 없다.

가치를 파악하고 투자하는 것은 나 자신의 몫이다. 중개업자에 비해서 컨설턴트는 좀 더 전문가일 것 같은 생각을 하기 쉽지만 막상 실체를 보면 큰 차이가 없는 사람들이 대부분이다. 만약 이런 사람들의 권고만 믿고 투자를 해서 성공하면 다행이지만 실패하면? 책임 회피에 급급하다. 투자의 최종 결정은 내가 하는 것이고 그 책임은 결국 나 자신에게 있다. 투자에 실패하고 나서 아무리 남 탓을 해본들 이미 엎질러진 물이다.

180

객관적인, 너무나 객관적인 감정평가

그렇다면 감정평가사는 어떨까? 예를 들어 부동산담보대출을 받을 때에는 감정을 받아서 그 결과에 따라서 대출 한도가 결정된다. 부동산의 가치를 평가하는 것이 직업인데 가치를 보는 감정평가사의 안목은 그래도 전문적일 것처럼 생각하기 쉽다. 이 또한 잘못된 생각이다. 빌딩을 매입할 때에는 담보대출이 필요하면 감정평가를 받아야 한다. 그렇다면 어떤 기준으로 평가가 이루어질까? 가장 비중이 큰 것은 매매가격이다. 나만이 아니라 대다수의 빌딩 투자자들도 같은 의견이다. 그런데 감정 결과를 보면 말로는 여러 가지를 조사하고 참고한다지만 8, 90퍼센트는 매매가를 바탕으로 감정가를 책정한다. 평가사들 말은 매매가는 참고용이라고는 하지만 그건 말뿐이고 실제로는 앞서 말했 듯 매매가를 기준으로 거기에 약간의 플러스와 마이너스에 대비하여 책정한다.

필자와 같이 저평가된 빌딩을 찾아서 투자하는 사람이라면 어이 가 없을 노릇이다. 예를 들어 20억 원의 가치가 있지만 15억에 매물로 나와서 매입한 건물이 있다고 치자. 대부분은 감정평가가 그냥 15억 선에서 결정된다. 이런 식의 결과라면 감정평가사가 아니라 누가 해도 비슷비슷할 것이다.

감정 결과가 어이없어서 항의를 한 적도 있었다. "왜 매매가를 그 대로 감정평가라고 내놓습니까? 바꿔서 생각해보세요. 만약에 시세가 100억 원인데 내가 바가지를 써서 150억 원에 사면, 150억에 감정평 가 해줄 겁니까?" 이럴 때는 또 시세대로 감정평가를 한다. 20억짜리 가치가 있는 빌딩을 15억 원에 샀다면 그건 내 실력이고 내 운의 결과 다. 그런데 감정평가에는 거의 반영이 안 된다.

다른 예를 들어 보자. 똑같은 가격으로 매매된 비슷한 규모의 빌 딩 A, B가 있다. 그런데 빌딩 A는 두 개 층을 증축할 수 있는 반면 B는 더 이상 증축이 불가능하다. 또한 주차장 확보 면에서도 A가 좀 더 가 능한 부지가 있다. 다만 A는 건물의 외관이 좀 낡아 보인다. 제대로 된 투자자라면 당연히 A의 가치가 더 높다는 것을 안다. 외관이 낡았다면 리모델링을 거쳐서 깨끗한 새 건물처럼 만드는 것이 가능하기 때문에 증축이나 주차장 문제를 생각하면 누가 보아도 A의 가치가 더 높아야 한다. 그런데 감정평가 결과는 기계적으로 두 빌딩의 가액이 엇비슷하 게 나오는 것이 보통이다.

한편으로 이해는 간다. 감정평가사는 감정이라는 업무의 전문가 지 투자의 전문가가 아니기 때문이다. 투자를 하는 사람은 잠재적인 가치, 미래에 인정받을 것으로 생각하는 가치를 끊임없이 생각하고 찾아내는 데에 주력해야 한다. 당장 그 가치를 제대로 인정받지 못하고 있다면 투자자에게는 이보다 더 좋은 일이 없다. 그만큼 낮은 가격으로 투자해서 제 가치만 인정받아도 좋은 수익을 낼 수 있기 때문이다.

그런데 감정평가사에게는 별 상관없는 일이다. 미래 가치를 제대로 파악하고 반영한다고 해서 더 많은 돈을 버는 것은 아니다. 감정평가사에게 중요한 것은 감정가액을 결정하기 위해서 필요한 일종의 '객관적인' 근거다. 위 두 빌딩의 예를 들어보자. 만약 어떤 감정기관에 근무하는 감정평가사가 빌딩의 가치를 제대로 판단해서 A에게 20퍼센트 정도 더 비싼 감정평가 결과를 내렸다고 가정하자. 만약 그의 직장 상사가 "이봐, 이 두 빌딩은 매매가도 같고 지역이나 규모도 비슷한데, 왜 A 빌딩만 20퍼센트나 더 매겨준 건가?" 하고 추궁한다면? 물론 증축이나 주차장 문제를 들어서 설명할 수도 있을 것이다. 그러나 굳이 그럴 필요가 무엇이 있겠는가? 그 설명을 상사가 받아들인다는 보장도 없다.

반대로, 만약 두 건물을 같은 가격으로 감정했을 때, "왜 A 빌딩이 잠재적 가치가 더 높은데 같은 가격으로 감정한 건가?" 하고 추궁할 사람도 회사 안에서는 별로 없을 것이다. 책상머리에만 앉아 있는 상사가 뭘 알겠나. 건물의 가치를 감정할 때 가장 '객관적'으로 반영할 수 있는 자료는 이미 수치로 나와 있는 매매가격과 시세다. 아직 실현되지 않은 무형의 잠재적 가치를 굳이 수치로 환산하는 수고를 할 필요도 없고, 그에 따른 책임을 떠안아야 할 이유도 그들에게는 별로 없는 것이다. 그러나 미래 잠재적 가치를 갖고 있는 빌딩 또한 그렇지 않은 빌딩에 비해 감정가격이 높게 나오는 건 당연한 예측일 것이다. 그런 관점에서 바라본다면 감정평가의 방식이 잘못되고 자칫 엉터리라는 생각이 들지 않을 수 없다.

필자는 그나마 저평가된 빌딩을 찾아내고 잠재된 가치를 발견하는 투자를 꾸준히 해왔기 때문에 감정평가의 실체를 알고는 있다. 모르는 사람들은 어떻겠는가? 감정평가 결과를 보면 '전문가가 했으니까 제대로 가치판단을 했겠지.' 하고 생각할 것이다. 앞서 말한 것처럼, 100억 원짜리 빌딩을 150억 원에 주고 샀으면 150억 원에 감정해줄 건가? 시세보다 낮은 가격으로 매매하면 매매가를 위주로, 높은 가격에 매매하면 그때는 매매가격대로 하지 않고 거의 대부분 시세를 위주로 하는 게 대다수 감정평가의 결과다.

부동산 업계에서 일하는 사람들의 이야기를 무조건 무시하고, 귀막고 있으라는 뜻은 아니다. 들을 이야기는 충분히 들어라. 잘 걸러서 듣는다면 정보의 가치는 있을 수도 있다. 그러나 절대적으로 믿어서는 안 된다. 그들은 자신의 좁은 관점에 갇혀 있다. 전문가는 자기의 일에 대해서만 전문가일 뿐이고 자기 직업의 목적에 충실할 뿐이라는 사실을 절대 잊지 말라.

9. 유동 인구의 양에 속지 말고 질을 따져라

상가 또는 건물을 알아볼 때, 유동 인구를 살펴보는 것은 기본이라 할 수 있다. 하지만 유동 인구에도 함정이 존재한다. 가장 큰 함정은 흘러가는 유동 인구다. 단지 주변을 한 번 가보고 사람이 많으니까 유동 인구가 많다고 생각해서는 안 된다. 머무는 유동 인구인지 흘러가는 유동 인구인지, 이 점을 파악해야 한다.

한 번의 답사만으로 유동 인구를 판단하지 말라

예를 들어 지하철역 주변은 흔히 역세권이라서 유동 인구도 많고 상권도 좋다고 생각한다. 하지만 지하철역도 지하철역 나름이다. 예를 들어 서울 지하철 9호선 역 중에 급행열차가 서지 않고 주변에 확실한 상권이 형성되어 있지 않은 곳은 출근 시간에만 사람들이 붐비는 곳들이 있다. 아침에 보면 유동 인구가 많은 것처럼 보이지만 바쁜 아침 출근 시간에 여유 있게 상점을 둘러보면서 쇼핑을 하는 사람들은 거의 없다. 이런 사람들을 대상으로 할 수 있는 것이라 봐야 편의점 아니면 간단한 아침거리를 팔거나 하는 분식집이나 패스트푸드 같은 작은 가게들일 것이다. 2층 이상은 더더욱 어떤 용도로 써야 할지가 애매하다.

지하철역 구내 상가도 이런 함정을 안고 있을 수 있는데, 이용객이 많은 지하철역은 사람은 많아 보이지만 그냥 흘러가는 유동 인구일 뿐 소비는 별로 이루어지지 않는 경우가 많다. 너무 사람이 많으면 오히려 인파에 치이다 보니 머무르기보다는 빨리빨리 가는 게 중요해서 유동 인구에 비해 매장은 정말로 별 볼일 없는 곳도 적지 않다.

만약 매물의 주위가 밤에는 어둑어둑하고 좀 으슥해 보인다면 아마도 밤 시간대에는 유동 인구가 적을 것이다. 경사가 많이 진 곳은 겨울철에는 특히나 위험해서 사람들이 피할 것이고, 보도의 폭이 좁거나 경사져서 통행에 불편한 곳 역시 사람은 많아도 흐르는 유동 인구일 위험이 상당하다.

염두에 두고 있는 지역이 특정 시간, 특정 요일에만 인구가 몰리는 경우도 종종 있기 때문에 한두 번 가서 보고 나서 유동 인구에 대해서 섣불리 파악하다가는 크게 낭패를 볼 수가 있다. 투자를 전업으로 하지 않는 사람들은 보통 주말에 가서 매물이나 주변을 보는 일이 많은데, 그러면 주말의 유동 인구만 보고 지역을 판단하게 된다. 주말과

유동 인구의 양에 속지 말고 질을 따져라

주중의 유동 인구 격차가 큰 곳도 많은 만큼 주말의 모습만 보고 판단하는 것은 위험하다. 사무실 밀집 지구는 주중에는 사람이 많지만 주말에는 썰렁한 곳이 많고, 놀이시설과 같이 주말 가족 단위 유동 인구가 많은 곳들은 반대로 주중에는 한산할 수도 있다. 심지어는 매물의 규모가 큰 거래는 건설사나 중개업자들이 유동 인구를 과장하기 위해서 바람잡이를 동원하는 일까지도 종종 있다.

유동 인구의 함정에 빠지지 않기 위해서는 한두 번 답사만으로는 부족하다. 시간대를 달리 해서, 밤낮을 달리 해서, 요일을 달리 해서, 심지어는 날씨별로 상황을 달리 해가면서 여러 번 유동 인구의 성향을 살펴보아야 한다. 단순히 사람이 많은지 적은지만으로 판단해서도 안 된다. 단순히 다른 목적지로 가기 위해서 지나가는 유동 인구인지, 머물러서 소비를 하는 유동 인구인지를 확인해볼 필요가 있다. 단순히 둘러보는 것으로 그치지 않고 직접 사람들과 섞여서 다니면서 어떤 흐름을 보이는지도 살펴보고, 가게에 들어가서 시간을 두고 사람들이 얼마나 오는지, 어떤 사람들이 주로 오는지도 잘 볼 필요가 있다. 나이대나 성별에 따라서 소비 특성이나 액수에 차이가 있기 때문이다. 유동 인구를 양만 보고 판단하지 말고 반드시 질을 따져야 한다.

역세권의 함정

상가 분양 광고에서 가장 자주 내세우는 문구 중 하나가 '지하철역 몇 분 거리'란 내용이다. 지하철역에서 가깝다는 것은 그만큼 교통이 편리하고 접근성이 좋다는 이야기고, 유동 인구가 많은 지하철역이라면 더더욱 그럴 것이다. 하지만 이 말만 믿어서는 곤란하다.

대표적인 예가 홍대입구역이다. 홍대입구 일대가 서울 강북 지역에서 최대 번화가 중에 하나라는 것에는 이견이 없을 것이다. 홍대입구역은 저녁 시간대나 주말에는 정말로 미어터진다는 말이 실감날 정도로 사람이 많다. 역 주변에도 이른바 '걷고 싶은 거리'를 중심으로 상당한 상권이 형성되어 있다. 그 때문에 홍대입구역 주변에는 여러 쇼핑몰들이 건설되었다. 역 출구에서 나오면 1분 정도면 다다를 수 있는 쇼핑몰도 있었고 아예 지하에서 통로 연결이 되어 있는 곳도 있다. 멀티플렉스 영화관과 패밀리 레스토랑까지 갖추고 분양 인기를 끌었던 패션 쇼핑몰 상가도 있었다. 하지만 이들 중 상당수는 장사가 안 돼서 입점했던 매장들이 줄줄이 폐장을 하고 아예 건물 자체가 문을 닫다시피 했다가 다시 문을 연 곳도 있는가 하면, 분양이 지지부진해서 공사가 지연되고 분쟁이 생기는 일도 있었다. 문제는 유동 인구의 흐름에 있었다.

홍대입구역에서 역세권은 주로 홍대에서 가장 가까운 9번 출구를 주위로 홍대 방향으로 형성되어 있다. 따라서 유동 인구 역시 주로 9번 출구를 중심으로 몰려 있다. 대로 건너편이나, 9번 출구의 반대 방향에 있는 8번 출구 쪽의 경우에는 상권이 확 떨어진다. 멀티플렉스와 패밀리 레스토랑과 같은 시설들이 사람들을 유혹하지만 이것만 보고 오는 유동 인구는 사실 그렇게 많지 않다. 그러니 멀쩡하게 번화한 상권에서 100~200미터밖에 떨어지지 않은 상가가 파리를 날리고 폐점을 하는 일도 벌어진다.

물론 시간이 지나면 상권은 확대될 수 있다. 홍대입구의 경우에도 시간이 지나면서 8번 출구 쪽으로도 상권이 조금씩 확대되었고 길 건너편 연남동도 골목에 소소하지만 개성 있는 가게들이 늘어나면서 상권이 형성되었다. 파리를 날렸던 쇼핑몰들도 상당히 사정이 개선된 모습을 보이고 있다. 그래도 아직은 가장 번화한 쪽보다는 유동 인구나 가게의 매출이 많이 떨어진다. 게다가 단순히 홍대입구 역세권이라는

유동 인구의 양에 속지 말고 질을 따져라

이유만으로 시세가 너무 부풀려진 곳들은 여전히 투자 가치가 떨어진다. 만약 변화한 상권에서 약간 떨어진 곳의 빌딩이나 상가가 시세보다 싸게 나왔고 건물의 입지나 상권의 동향으로 볼 때 앞으로 상권 확대의 가능성이 있다면 미래 가치를 보고 투자할 수 있다. 그러나 홍대입구역이고 역 출구에서 1~2분 거리라는 이유만으로도 제대로 상권이나 유동 인구의 실체도 확인 안 해보고 비싼 돈을 투자해서 상가 분양을 받은 사람들 중에는 정말로 크게 쓴 맛을 본 사람들이 적지 않다.

역세권이라던가, 지하철역 또는 주요 시설에서 1~2분 거리라는 문구로 투자자를 유혹하는 경우에도 말만 보고 속아서는 안 된다. 반드시 직접 입지 조건을 보면서 유동 인구의 흐름이 어떻게 이어지는지, 또한 머무르는 유동 인구인지 흘러가는 유동 인구인지 반드시 판단해야 한다. 최근에 뜨는 상권이라든가, 서울이 아닌 수도권 외곽이나 지방의 경우에도 새로 전철역이 생기거나 하면 역세권이라는 이유로 부동산 값이 확 뜨는 경우가 종종 있지만 이 역시 주의가 필요하다. 막상 가보면 역의 위치가 좋지 않아서 이용객이 적은 경우도 있고, 이미 역에서 멀지 않은 곳에 입지를 다진 상권이 있으면 역 주변에 상권이 생기지는 게 아니라 역 이용객들이 그냥 기존 상권에 있는 가게들을 이용하는 경우도 많다. 즉 역 주변의 인구는 기존 상권으로 가는 흐르는 유동 인구에 불과한 것이다.

성경에는 '보지 않고 믿는 자 행복하다'라는 문구가 있지만 부동산은 반드시 직접, 그것도 충분한 시간과 횟수를 두고 이모저모를 꼼꼼하게 살펴본 다음에 마음을 정해야 한다.

10. '정부'만큼 못 믿을 곳도 없다

노파심에서 미리 이야기해두지만 이 내용은 절대로 정부에 대한 불신을 조장하기 위해서가 아니다. 다만 정부의 정책, 특히 개발 관련 호재를 지나치게 맹신해서 실제 가치가 떨어지는 부동산에 투자하면 위험이 크다는 점을 설명하기 위해서다.

정부 차원에서 진행하는 투자 개발은 대체로 규모가 크고 많은 자본이 투입된다. 이는 커다란 호재이고 관련 지역의 부동산 가치를 큰 폭으로 올리는 원동력이다. 일단 개발이 확정되고 착수되면 대형 호재가 된다. 문제는 계획이 실행으로 옮겨지는 데에는 걸림돌이 많다는 것이다.

거창한 정부 개발 계획, 알고 보면 지뢰밭

가장 대표적인 예는 영남권 신공항일 것이다. 김해공항이 포화 상태에 이르면서 신공항 건설의 필요성이 계속 제기되어 왔다. 가덕도와 밀양이 후보지로 떠오르면서 일대의 땅값이 크게 뛰었다. 그러나 2003년부터 논의되기 시작한 신공항은 13년이 지난 2016년 초까지도 확정되지 못하고 있다. 초기에 땅을 산 사람들 중에는 수익은커녕 땅도 안 팔려서 멀쩡한 돈만 잠겨 있는 이들이 많을 것이다. 공항 건설이 확정되더라도 후보지에서 탈락한 지역의 땅에 투자한 사람들은 큰 실패를 겪을 게 뻔하다. 그에 땅 구입자금으로 대출을 받은 이들은 대출 이자를 매년 꼬박꼬박 '쌩돈'으로 내야 하니 얼마나 속상하겠는가!

정부 주도 개발이 하염없이 지연되고 교착상태에 빠지는 것은 정부가 무능해서만은 아니다. 사기업이 진행하는 사업은 속된 말로 '내 돈 내 맘대로 한다는데….'란 논리로 밀어붙일 수가 있다. 하지만 정부의 사업은 국민의 세금이 들어간다. 여러 이익 집단과 시민단체, 언론의 눈치를 봐야 한다. 여야 정치권 사이에 갑론을박이 벌어지기도 한다. 영남권 신공항과 같이 후보지 사이에 대립이 극에 치닫거나 격렬한 반대투쟁이 벌어져서 사업이 연기되거나 무산될 수도 있다. 목표 지점까지 가려면 그야말로 사방이 지뢰밭이다. 개발 규모가 크면 클수록 지뢰밭도 커진다.

참여정부 시절에 추진되었던 행정수도 이전이나 이명박정부 시절에 추진되었던 한반도 대운하와 같은 사업들이 대표적인 사례일 것이다. 특히 행정수도 이전은 헌법재판소까지 간 끝에 결국 '관습헌법'이라는 생소한 용어까지 등장하면서 위헌 판결이 났다. 행정복합도시로 세종시가 생기기는 했지만 당시 행정수도 이전 호재에 폭등했던 땅값은 위헌 판결 이후 곤두박질쳤다. 대출까지 받아서 땅 사재기를 했던 사람들 중에는 땅값도 떨어지고 팔리지도 않아서 투자금이 꽁꽁 묶이고, 대출 이자도 못 갚는 '억대 거지' 신세로 전락한 이들이 많았다.

그렇다면 정부의 정책은 실현되기까지 걸림돌이 많으니 무조건 무시하는 게 맞는 걸까? 그렇지는 않다. 지하철 건설 같은 개발은 계획이 발표되면 비교적 빠른 시간 안에 사업에 착수하고, 반대 여론도 별로 없기 때문에 실현될 확률이 높다. 이런 경우는 투자할 만한 호재라고 할 수 있다.

매스컴을 통해서 개발 계획이 발표되거나 개발에 대한 정보를 얻게 된다면 단기간에 시행으로 옮겨질 수 있는지 여부를 확인하는 것이 좋다. 만약 1~2년 안에 시행될 수 있고 보상 및 환경 문제와 같은 걸림돌이 크지 않다면 관련된 부동산에 적극적으로 투자를 고려해볼 수 있다. 다만 이미 발표가 되고 실행 단계 가까이에 갔다면 빠른 속도로 가격이 뛰기 때문에 이미 투자 가치를 상실했을 수도 있다. 자칫 이익이 극대화되는 정점, 즉 꼭짓점 가까이에서 샀다가 상투를 잡는 결과가 될 수도 있다.

지역의 반대가 있지만 필요성이 절실한 경우에도 시행에 옮겨질 확률이 높다. 예를 들어 제주도 신공항은 지역 주민들의 반대 목소리가 있지만 현재의 제주공항이 김해공항보다 더 심각한 포화 상태인 데다가 관광 수요도 늘어나는 추세고, 자체 인구도 꾸준히 늘고 있다. KTX 해저터널과 같은 방안도 나왔지만 공사 기간이나 경제성 문제로 거의 물 건너간 상태다. 신공항 건설 말고는 딱히 다른 대안이 없기 때문에 반대 여론을 무릅쓰고라도 추진될 가능성이 높다.

반면 사업 시기가 명확하지 않고 상당한 기간을 필요로 하거나 개발 규모가 너무 커서 복잡한 이해관계가 얽히는 경우, 정치권 및 지역 주민들 간에 반대 여론이 높거나 찬반 대립이 격렬한 경우, 또한 토지

보상과 같이 분쟁을 일으킬 문제가 얽혀 있는 사업이라면 신중하게 접근해야 한다.

중앙정부만이 아니라 지방정부마다 앞다퉈서 추진했던 개발 사업들, 재벌 대기업들이 참여해서 추진되던 대규모 개발 사업들도 경기 불황이나 사업성 하락, 투자자의 사업 포기와 같은 문제로 중도에 좌절되는 일들이 속출하고 있다. '단군 이래 최대 개발사업', 용산 국제업무지구 개발이 대표적인 예일 것이다. 사업이 한창 추진되던 때만 해도 의심하는 사람들은 거의 없었다. 삼성, 롯데 같은 굴지의 재벌 대기업과 공기업 코레일이 힘을 합친 사업인데 그게 무산될 거라고 누가 생각했겠는가.

달콤하지만 위험한 '정부'의 유혹

한편으로는 '정부'를 내세우는 부동산 사기꾼들도 활개를 치고 다닌다. 뭔가 정부와 연관된 검은 돈, 검은 부동산을 내세우는 사기꾼들에게 속는 사람들이 의외로 많다. 필자 역시 정부를 사칭한 사기꾼들이 여러 번 접근한 적이 있다.

한 번은 "정부에서 보유한 빌딩을 구조 조정 차원에서 시세의 70퍼센트 정도로 싸게 처분한다."라고 하면서 접근하는 브로커가 있었다. 아는 중개업자를 통해 한 번만 보자고 장시간 졸라대기에 어디 얘기나 들어볼까 하고 중개업자와 브로커를 만났다. 나보다 자금력이 좋은 투자 회사나 투자자도 많은데 어째서 나한테까지 이런 제안을 하는지 물으니, 너무 밖으로 드러난 회사나 투자자에게 팔면 특혜 의혹에 시달린다는 대답이었다.

'말은 참 잘 만드네.' 하고 속으로 생각하면서 도대체 정부 어디에서 이런 일을 하냐고 물으니 무려 다섯 개 부처가 관련되어 있단다. 그 부처가 어디냐고 물으니 시기에 따라서 담당 부처가 바뀐다고 한다. 빌딩 소유주가 있을 텐데 그 사람하고 거래하면 되는 거 아니냐, 소유주를 만나게 해달라고 물으니 소유주는 이름만 빌려주었을 뿐, 정부가 물건을 내놓은 사실도 모르고 있다는 것이다. 그러면서 브로커는 이렇게 말했다.

"못 믿겠으면 담당 공무원을 만나게 해줄 테니 만나보시죠. 설마 공무원이 사기를 치겠습니까? 대신 그분도 아무나 만날 수는 없으니 건물 살 능력이 있다는 증명은 가져오셔야 합니다."

"뭐가 필요한데요?"

"통장 잔고증명서와 인감증명서를 가지고 오세요. 얘기해보고 아니다 싶으면 안 하면 됩니다."

그럴싸해 보이는 말이지만 함정이 있다. 잔고증명과 인감증명을 아무한테나 넘겨주게 되면 다른 사기에 이용될 수 있다. 예를 들어, 공사 입찰을 할 때에는 응찰한 회사가 공사를 진행할 만한 자금력이 있는지를 증명하기 위해서 잔고증명을 요구한다. 이때 내 잔고증명과 인감증명, 그리고 위조한 위임장을 비롯한 몇 가지 서류로 마치 자금력이 있는 회사인 것처럼 위장할 수 있다. 이 책에서 주로 다뤄야 할 내용은 아니기에 더 많은 설명을 할 수 없지만, 이 외에도 잔고증명으로 나쁜 범죄에 이용될 수 있는 경우는 수없이 많다.

뭘 믿고 서류를 넘겨주느냐고 되물으니 그냥 가서 보여주기만 하면 된단다. 하지만 막상 그 장소에 가서 공무원이란 사람이 서류를 달라고 하거나 복사를 하겠다면 안 된다고 하기도 그렇다. 만나게 해주겠다는 사람이 진짜 공무원인지도 의심스럽고, 공무원이 사기극에 가담하지 말란 법도 없다. 또한 불확실한 상황에 잔고증명과 인감증명서까지 준비한 매수자라면 이미 50퍼센트는 마음이 기운 것이고 그런 과정 중에 잔고증명이나 인감증명이 아니더라도 다른 수법도 무궁무진하다. 예를 들어, 일이 잘 되는 것처럼 가다가 브로커가 "이 빌딩이 워낙 좋다 보니 다른 매수자가 치고 들어와서 좀 골치 아프게 됐어요." 하고 나올 수도 있다. "시세의 70퍼센트니까 사면 무조건 돈 버는 거잖습니까? 일이 성사되려면 공무원들한테 커미션은 좀 쥐야겠습니다." 하고 커미션만 챙기고 도망갈 수도 있다.

어쨌든 문제는 애초에 브로커의 얘기가 허황되다는 것이다. 필자는 속으로 저 브로커는 사기꾼이라는 결론을 냈다. 브로커도 내가 집요하게 질문을 던지니 짜증이 난 모양이다.

"자꾸 따지면 돈 못 벌어요. 돈 벌기 싫어요?"

"하지만 의심스러운데 어떻게 합니까? 물어볼 건 물어봐야죠."

"허… 이 사람, 얘기가 안 통하네. 더 이상 얘기 못하겠구먼!"

"더 이상할 얘기가 없으시면 없던 일로 하시고 그만 일어나시죠."

"알았네! 가면 될 것 아닌가!"

하지만 간다는 사람은 일어나기는커녕 어떻게든 날 꼬드겨보려고 안간힘을 썼다. 결국 먼저 자리를 뜬 사람은 나였다. 그 무렵 전직 대통령 건물이다, 비자금 건물이다 하는 소문이 돌았던 빌딩이 수십 채는 있었다. 강남역 주변의 몇몇 빌딩은 소문을 믿고 전화로 문의를 하거나 건물을 보러 오는 사람들에게 시달린 나머지 "이 건물은 팔지 않습니다."라는 현수막까지 내걸기도 했다. '정부'라는 이름이 가지는 매력이 워낙 크다 보니 이를 내세워 속이려는 사기꾼도 많고, 요행심에 속는 사람들도 많다. '어디가 곧 그린벨트에서 풀린다더라.', '어느 지역에 곧 정부가 개발 사업을 한다더라.'를 비롯한 루머도 심심찮다. 친구로부터 안산시의 중심가에 있는 그린벨트 땅에 투자하라는 권유를 받은 적도 있었다. 친구의 매형이 작업(?)을 해놓아서 안산시장이 그린벨트를 곧 풀어주기로 얘기가 됐다는 것이다. 하지만 자기는 그만한 투자금이 없으니 나한테 이야기하는 것이라고 한다.

하지만 '다 얘기가 됐다'는 말만 듣고 확신할 수는 없었다. 그래서 "안산시장을 만나게 해달라. 시장에게 직접 확답을 받으면 투자하겠다."고 말했다. 친구는 "문제없다. 조만간 만나게 해주마."고 했지만 그 이후로 그 땅에 대한 얘기는 한 번도 들은 적이 없다. 그 친구가 나를 속이려 했다고는 의심하지 않는다. 친구는 부동산에 문외한이고 잘 몰랐기 때문에 좋은 일인 줄 알고 딴에는 내게 도움이 될 거라고 생각해서 그런 얘기를 했을 것이다. 하지만 확실한 증거도 없이 말만 믿고 투자를 하는 것은 위험한 도박으로 끝날 확률이 높다.

'정부'만큼 못 믿을 곳도 없다

11. 편법, 대박과 쪽박 사이

많은 사람들의 마음속에는 정상적인 방법으로는 큰 수익을 내기 어렵고, 뭔가 술수가 동원되어야 대박을 낼 수 있다는 심리가 있다. 이런 심리를 노리고 기발한 편법으로 대박을 내게 해준다면서 접근하는 이들이 있다. 하지만 대다수는 대박은커녕 쪽박을 차기 십상이다. 특히 초보 투자자일수록 투자금도 적고 마음은 급해지기 마련이어서 편법 대박 유혹에 쉽게 넘어간다. '많이 버는 것도 좋지만 안전하게 버는 게 좋다'는 초보 투자의 원칙을 꼭 명심해야 한다.

알박기? 낙동강 오리알!

필자에게 한 중개업자로부터 5,000평 규모의 땅에 관한 제안이 들어왔다. 이 땅의 일부에 알박기가 되어 있는데 그걸 사라는 제안이었다. 알박기라는 말은 많이 들어봤겠지만 잘 모르는 독자 분들을 위해서 말씀드린다. 어떤 부지의 아주 일부분만 다른 사람의 소유로 되어 있다면 그 부지에 건물을 짓기 위해서는 그 일부분이 반드시 필요할 수 있다. 이렇게 전체 부지의 일부분만을 소유해서 그 전체 부지의 효용성을 크게 떨어뜨리는 것을 알박기라고 부른다. 알박기를 한 땅을 아주 비싼 값으로 거래하려고 하는 일종의 편법이다. 중개업자는 5,000평 규모의 땅에 코너 알박기가 되어 있다면서, 나머지 부지의 소유주가 빌딩을 지으려고 하는데 알박기한 땅을 지금 사면 나중에 아주 비싼 값에 팔 수 있을 것이라고 말했다.

알박기에는 별 관심이 없었지만 중개업자가 하도 성화를 해대서 지도라도 보여달라고 해봤다. 그런데 지도를 보니 사면이 도로가 되어 있고 사각형으로 되어 있는 5,000평 땅의, 말 그대로 코너에 알박기가 되어 있었다. 그걸 사면 대박이 난다고 하는 중개업자에게 말했다. "이게 무슨 알박기예요? 여기만 빼고 건물을 지으면 되죠." 같은 코너라고 해도 위치상 대로나 번화한 사거리가 나 있어서 건물 입구를 그쪽에 만들어야 한다든가 하는 이유가 있어야 가치가 있다. 단지 큰 부지에 코너 한 곳을 차지하고 있다고 알박기가 된다고 생각하면 착각이다. 이미 비슷한 사례에서 그냥 알박기된 코너만 빼고 건물을 지은 사례는 여러 차례 있었다.

설령 알박기가 그야말로 절묘하게 되어서 그 땅 없이 건물을 짓기에 매우 난감한 경우가 있을 수 있다. 그렇더라도 알박기가 대박이 난다고 과신하는 것은 금물이다. 아예 소유주가 건물 짓기를 포기하고 헐값에 넘겨버리거나 부지가 개발이 안 되고 몇 년씩 노는 일도 적지 않다. 가끔 서울 시내에도 '아니, 왜 저런 땅이 저렇게 건물도 안 올라가고 놀고 있지?' 싶은 곳이 있는데 알고 보면 알박기 때문인 경우도 있다. 과욕을 부리다가 서로 손해를 보고, 부지도 활용이 안 되고, 결국 모두가 지는 게임을 해버린 결과가 된다.

이런 사례만이 아니라 부동산 투자를 하다 보면 중개업자나 컨설팅 업체, 기획부동산을 비롯한 갖가지 곳들에서 별의별 물건을 들고 와서 대박이라고 꼬드긴다. 말만 들어봐도 말도 안 되는 소리라 아예 쳐다도 안 볼 때가 많지만 한 번만 보기나 하라고 엄청나게 졸라대서 살펴보면 정말로 한심한 물건들투성이다. 더 문제는 이런 것에 속는 사람들이 꽤 많다는 점이다. 그러니 업자들도 이런 물건을 들고 와서 꼬드기는 것이겠지만.

'기획부동산'은 아예 보지도 말라

부동산 투자에서 걸려들기 쉬운 덫 가운데 하나가 이른바 '기획부동산'이다. 부동산 투자에 관한 몇몇 책에서는 이런 기획부동산이 다 나쁘거나 다 사기꾼은 아니라는 식으로 이들을 옹호하는 모습도 찾아볼 수 있다. 하지만 좀 투자를 해봤다는 사람들조차도 기획부동산에 속아서 낭패를 보는 일이 비일비재한데 초보자들에게 '기획부동산이 다 나쁜 건 아니'라는 식으로 얘기하는 건 정말로 무책임하다. 물론 세상에는 100퍼센트 나쁜 것도, 100퍼센트 좋은 것도 없으니 기획부동산이라고 해서 100퍼센트 나쁘진 않을 수도 있다. 하지만 '나쁘지 않은' 기획부동산을 찾느니 제대로 된 방법으로 안목을 단련해 빌딩에 투자를 하는 편이 훨씬 낫다.

기획부동산이 주로 쓰는 수법은 필지분할이다. 다시 말해서 한 덩어리로 되어 있는 땅을 잘게 쪼개서 투자금이 적은 사람들에게 나눠서 파는 것이다. 대체로 개발이 안 된 지방의 임야나 전답 같은 땅들을 대상으로 하는데 개발 호재나 몇몇 '대박 예감' 정보를 묶은 다음에 시세보다 비싼 값으로 판다. 그렇게 사도 대박이 나면 몇 배 또는 수십 배오르니까 이익이라고 하는 감언이설이 당연히 뒤따르게 마련이다. 아무래도 가지고 있는 여유 자금이 적어서 땅에도 쉽게 투자하기 어려운 사람들에게는 이렇게 필지분할로 부동산 대박을 노릴 수 있다는 말에쉽게 현혹된다.

기획부동산으로 사람들을 끌어모으기 위해서는 신문 광고나 인터넷 사이트를 통하기도 하고, 무작정 불특정 다수에게 전화를 돌리기도한다. 독자들 중에서도 가끔 난데없이 모르는 사람에게서 전화가 와서땅 투자를 권유 받는, 스팸성 전화를 받아본 경험이 한두 번은 있을 것이다. 그런 전화가 주로 기획부동산이다. 피라미드 다단계처럼 친척이나 친구, 지인들을 끌어들이는 일도 있다. 이렇게 사람들이 모이면 온갖 호재를 부풀려서 투자자들을 구워삶는다.

기획부동산의 감언이설이 뜻밖에 잘 먹히는 이유는, 투자자들이보통은 그런 정보가 진실인지 정확하게 확인을 하지 않기 때문이기도하다. 예를 들어, 기획부동산을 제안하는 측에서 "이 자리에 정부가 곧대형 개발 계획을 발표할 것이다. 그렇게 되면 이 땅이 수용 예정 지역이 될 것이므로 크게 대박이 날 것이다."라고 설명했다고 가정해보자.일단 그 대형 개발 계획이 정말로 있을 것인지 아닌지 이리저리 수소문해서 알아보는 것조차도 하지 않는 사람들도 적지 않다. 그리고 만약 이미 윤곽이 잡혀 있거나 정말로 개발 계획이 사실이라고 해도 기획부동산 업자들의 말처럼 정말로 그 땅이 수용 예정 지역인지 위치를정확하게 확인해보는 사람들은 드물다. 나중에 알고 보니 바로 옆까지만 수용 예정이고 기획부동산 업자가 판 땅은 빠져 있거나, 아니면 아예 설명한 곳과는 위치가 다른 가치 없는 땅을 파는 경우도 있다. 대체로 적은 돈을 가지고 잘게 쪼개놓은 기획부동산을 산 사람들은 다들 본업이 바쁘니까, 아니면 투자 금액이 크지 않으니까, 이런저런 이유로 지방까지 발품 팔아 내려가서 꼼꼼하게 확인해보는 노력은 하지 않는다. 이런 사람들은 기획부동산의 손쉬운 먹잇감이 된다.

물론 얘기한 것과 다르다는 사실이 들통나면 기획부동산 업자들은 결국 투자는 투자자가 결정하고 투자자가 책임지는 것이라고 하며 발뺌을 하거나 아예 문을 닫아버리기도 한다. 그러고는 간판만 바꿔서 어디선가 또 순진한 사람들을 대박 꿈으로 꼬드긴다.

물론, 어쩌다 편법으로 대박을 치는 사람이 나올 수도 있다. 800만 분의 1 확률인 로또도 매주 당첨자가 여럿 나온다. 그렇기 때문에 많은 사람들이 대박 꿈을 꾸면서 로또를 산다. 그러니 편법 알박기 같은 곳에 투자한다고 해서 대박 확률이 어디 0퍼센트이겠는가? 제로가 아니니 1퍼센트든 0.1퍼센트든 대박난 사람이 있을 수 있다. 그런데 사람들은 당첨(?)될 확률이 얼마나 되는지는 따져보지 않고 극소수의 대박 사례만 보면서 '나도 할 수 있다'는 착각에 빠지기 쉽다. 업자들도 이런 심리를 노리고 극소수 대박 사례만 들먹이면서 더더욱 부추긴다(사실 그 대박 사례도 진짜인지 아닌지 의문이지만). '나도 할 수 있다'는 긍정적인 생각이 나쁠 건 없다. 하지만 긍정적인 생각과 요행수를 바라는 것은 엄연히 다르다. 차라리 로또를 사는 게 금액으로는 훨씬 저렴하지 않을까.

실패하지 않는 부동산 투자의 중요한 정석 중에 하나는 '길이 아니면 가지를 말라'는 말이다. 오래된 속담이기도 하다. 많은 사람들이 '나는 똑똑하니까, 보는 눈이 있으니까, 다른 사람은 다 속아도 나는 안

속을 거야.' 하면서 편법의 유혹에 넘어가곤 한다. 사실 업자들도 그런 자만심을 노리고 파고든다. '오히려 많이 배운 사람들이 기획부동산에 잘 넘어간다'는 속설이 있을 정도다.

기획부동산을 전파하는 이들은 구워삶는 솜씨 하나는 정말 인정해줄 만하다. 처음에는 말도 안 되는 소리라고 생각하다가도 그들의 언변에 휘말리다 보면 정말 자기도 대박을 잡을 수 있을 것 같은 착각에 빠지게 마련이다. 그래서 가장 좋은 방법은 애초부터 외면하는 것이다. 앞에서도 말했지만 '내가 누군데, 나는 이래봬도 저 녀석들 하는 말이 거짓말인지 아닌지 훤히 다 안다.'라는 자만심으로 걸어 들어가면, 상대방은 오히려 '반은 성공했다'고 쾌재를 부르게 마련이다. 스스로 똑똑하다고 자만해온 사람들을 상대로 지속적으로 장사를 해온 사람들인데 당신이라고 예외이겠는가.

실패는 성공의 어머니라는 말도 있으니 그렇게 걸려들어서 쓴맛을 보는 것도 어쩌면 부동산 투자에 대한 공부일 수도 있다. 하지만 그 수업료가 너무 비싸다. 정말 적으면 몇백 수준, 많아야 1000만~2000만 원 규모로 기획부동산의 감언이설에 넘어가는 서민들 입장에서는 그게 얼마나 피 같은 돈인가? '일단 조금 가 보고, 길이 아니면 다시 돌아오지.'라고 생각하지 말고, 초장부터 '길이 아니면 아예 가지를 말자.'라고 생각해야 한다. 더 안전하고 더 알찬 투자의 길은 반드시 있다.

12. 길이
아니면
가지를 말라

증권 투자든, 부동산 투자든, 투자가 있는 곳에는 사기꾼들이 득실댄다. 투자 자체가 사기라는 뜻이 절대 아니다. 어떤 종류든 투자를 빙자한 사기꾼들은 정말로 많다. 필자 역시 빌딩 투자를 하는 동안 별의별 사기꾼들을 다 만나보았다. 찬찬히 생각해보면 정말 말도 안 되는 소리인데도 사기꾼들의 언변과 갖가지 알리바이에 넘어가는 사람들이 많다. 나는 다행히도 그와 같은 사기꾼에 당하지는 않았지만 사기꾼들을 만나 보면서 경험은 많이 얻게 되었다. 여기서는 필자가 겪어본 몇몇 사기꾼들의 사례를 소개하고자 한다. 아마 읽어본다면 어이가 없어서 '아니, 이런 사기꾼한테 속아? 바보 같으니라고!' 하고 비웃을지도 모른다. 하지만 방심은 금물이다. 이런 사기꾼들한테 속아서 피해를 본 사람들도 당하기 전까지는 남이 사기 당한 얘기를 들었을 때 당신처럼 비웃었을 테니까. 이 사례들도 빙산의 일각에 불과하다. 지금까지 만나 보았던 사기꾼들의 행태만 가지고도 책 한 권은 나올 것이다.

내가 산 빌딩을 나보고 사라고?

지금으로부터 10년 전쯤 일이다. 빌딩을 아주 저렴하게 매입했다. 사실 다른 사람과 가계약이 되어 있는 상태였는데 필자가 계약금을 물어주고도 살 정도였다. 빌딩 자체도 저평가되어 있었고 앞으로 오를 가능성도 높았기 때문이었다. 가계약을 했던 사람은 그 빌딩의 가치를 제대로 못 보고 있었기 때문에 빌딩에 큰 애착이 없었고, 계약금을 보상해주는 것만으로도 만족해했다. 필자로서는 이보다 더 운이 좋을 수가 없었다. 가계약을 하고 나서 이 빌딩을 샀다는 것은 아무에게도 말하지 않고 비밀로 하고 있었다. 본 계약이 체결되고 소유권이 완전히 나에게 이전되기 전까지는 끝난 게 아니다. 뭐든지 일이 확실히 끝나기 전에 소문이 나면 좋을 게 없으므로 조심할 필요가 있다. 계약 내용에도 3자에게 누설하지 않는다는 조항도 있었으며, 가장 중요한 건 또 제2, 제3의 필자 같은 사람이 나올 수도 있기 때문이다.

가계약 후 2주 정도 지났을 때였다. 평소 알고 지내던 동네 부동산에서 연락이 왔다. 좋은 빌딩 매물이 나왔다고 권하는데 가만히 이야기를 들어 보니 필자가 산 바로 그 빌딩이었다. 도대체 누가 그 빌딩을 판다는 거냐고 물으니까 모 유명 외국계 대기업 유동화 전문회사인데 비밀리에 처분해야 해서 그런다고 한다. 하도 웃겨서 무시하려고 했지만 중개사도 하도 열심히 권하기에 필자가 계약했다는 말은 안 하고 "됐어요. 얼마 전에 팔린 거 다 알고 있어요."라고 말했다. 그러니 중개사는 누가 그런 소문을 내냐면서 상대방 담당자랑 한 번 만나나보자고 계속 졸라댔다. 아직 잔금을 안 치렀고 소유권 이전이 안 되어 있으니 등기부에는 안 나와 있는 상태였고, 그래서 당사자가 말을 하지 않는 한은 누가 계약을 했는지 알 수 없는 상태였다.

싫다고 거절했지만 계속 졸라대는 통에, 오래 알고 지낸 안면도 있고 하니 한 번 만나줬다. 중개사가 업체 담당자라는 사람을 데리고 왔다. 그의 설명을 그냥 다 들어줬다. 필자가 계약한 금액보다 조금 비싼 값을 불렀다. 웃음을 참으면서 정말로 그 금액에 계약할 수 있냐고 물으니, 중개사와 담당자라는 사람이 합세해서 빌딩 소유회사 담당자인 본부장과 친하고, 이사하고도 친하다면서 중개수수료는 잘만 성사되면 얼마까지 할인해주겠다고 신나서 열심히 설득하려고 들었다. 참다못해서 가방에서 계약서 사본을 꺼내서 테이블에 펼쳐 놓았다.

"아니 이 빌딩을 계약한 게 난데, 지금 무슨 소릴 하는 겁니까?"

사기꾼들은 참 뻔뻔하다. 보통 사람 같았으면 그렇게 증거물까지 보여주면 얼굴이 벌개져서 말문이 막혔을 텐데, 그 담당자라는 사람은 얼굴색 하나 안 바뀌면서 "그럴 리가 없는데? 에이, 아녜요. 사장님이 속으신 것 같으네!" 하면서 어디론가 전화를 걸더니, 상대방 목소리가 일부러 다 들리게 통화를 했다.

"저기요, 본부장님, 여기 사장님이 그 빌딩을 사기로 두 주 전에 계약을 했다는데 어떻게 된 거에요?" 하니까 상대방 목소리가 들린다.

"무슨 소리야? 계약 안 했어. 어제도 사겠다는 사람이 있어서 만났는데!"

"여기 보니까 계약서까지 있는데요."

"어허, 안 되겠구만. 그 사장이란 사람 좀 이상한 양반이구먼. 빨리 거기서 나오라고!"

통화는 끝났고 담당자란 사람은 뭔가 알아봐야겠다고 고개를 갸우뚱거리면서 나갔다. 그걸로 끝이었다. 중개사도 속은 것이다. 사기꾼들이 감언이설과 가짜 증거를 가지고 성사되면 수수료는 좋게 쳐주겠다면서 중개사를 구워삶은 다음, 그를 앞세워 사기를 치려고 든 것이다. 중개사를 앞세우면 상대방이 덜 의심할 거라고 생각했을 것이다.

변호사를 앞세워서 사기를 칠 수도 있다

법에 관해서 가장 잘 아는 사람은 누구일까? 아마 열이면 열, 판검사와 변호사를 꼽을 것이다. 의심이 많은 사람이라고 해도 변호사라면 적어도 사기꾼은 아니겠지, 하고 경계를 풀 수도 있다. 그런데 사기꾼이 그런 점을 노릴 수도 있다.

평소 잘 아는 부동산 업자로부터 연락이 왔다. 필자의 가까운 친척이 소유하고 있던 논현동의 300억 원대 빌딩을 현찰에 사겠다는 사람이 나타났다는 것이다. 그것도 한 번에 일시불로 지급하겠다면서 대리인 위임장 인감증명이 필요하다고 말하는 것이었다. 조금 뒤에는 매수자의 자문 변호사라는 사람에게서 연락이 와서 비슷한 내용을 이야기했다. 가격도 좋게 쳐주는 데다가 일시불로 지불하겠다고 하니 정말로 고마울 일인데, 오히려 그 때문에 의심이 갔다.

일시불로 대금을 지불하는 일이 아주 없는 것은 아니지만 보통은 파는 사람이 급할 때 그런 거래가 이루어진다. 회사가 부도 위기에 몰렸거나 해서 급전이 필요할 때, 시가보다 싸게 처분하는 대신 일시불로 대금을 요구하는 일은 있어도 매수자가 먼저, 그것도 후한 가격에 일시불로 지불하겠다고 제안한다? 사기꾼이라는 확신이 들었다. 그래도 중개업자가 하도 한 번 만나달라고 졸라대서 만나기로 했다. 중개업자가 만나달라고 한다고 건물주가 만나주는 건 중개업자한테는 아주 고마운(?) 일이다. 작은 건물 한 채 가진 사람이라면 모를까, 대부분은 대리인을 내세우지 직접 나오지 않기 때문이다.

약속 장소에 가보니 중개인과 자문 변호사라는 사람이 같이 와 있었다. 중개업자에게 물었다. 혹시 매수자를 본 적 있는지. 못 봤다고 하며 단지 모르는 변호사가 연락을 해와서 해당 빌딩 매입 의사를 밝히기에 알게 됐다고 하여 변호사에게도 물어보았다. 매수자를 본 적이 있는지. 역시 전화 통화만 했다고 한다. 매수자라는 사람이 전화를 해서는 논현동 그 빌딩을 사고 싶은데 자문 변호사로 임명할 테니, 거래가 성사되면 자문료로 1퍼센트를 주겠다고 했단다. 그러면서 매수자라는 사람은 필자에게 연락해온 중개업자의 연락처를 가르쳐주며 이 중개업자에게 연락하여 일을 진행하라고 했다 한다. 그래서 나에게 연락이 닿았다. 이쯤 되면 100퍼센트 사기가 확실했다. 변호사도 중개사도 사기꾼에게 속은 것이다. 그동안 만난 사기꾼 브로커 얘기들을 펼쳐놓았다. "두 분 지금 사기꾼한테 속고 있는 겁니다."라고 이야기했지만 둘 다 쉽게 믿고 싶지 않아 하는 눈치였다. 그럴 수밖에 없다. 거래가 성사되면 나와 매수자에게 수수료를 받을 수 있어 몇 억이 손에 들어오는데 그게 사기라고 믿고 싶을까.

다시 한 번 기존 사기 사례를 설명하여 변호사와 중개업자의 미련을 버리게 하기 위해 작전(?)을 짰다. 내가 인감증명서와 위임장 및 매수자가 원했던 기타 서류를 변호사가 받은 것처럼 꾸미는 일이었다. 그렇게 꾸며 변호사가 연락을 하니 이번에는 대리인이라는 사람이 나타났다. 처음부터 목에 깁스라도 한 것처럼 꽤나 거만하게 나타났다. 이름은 잘 알려져 있지 않지만 모 신문사 부회장이라고 자신을 소개하며 등기부등본 필증을 사진 찍어서 전송해달라 요구했다. 어이없고 황당한 요구였다. 필자는 그 계통으로 아는 인맥이 있을 뿐더러 지분 투자를 한 지역 신문사도 있었다. 대리인에게 그런 이야기를 하니 "그래요? 그럼 잘 아시겠네요?" 하고 오히려 뻔뻔하게 나왔다. 사기꾼들은 잠시 후면 거짓이 들통나더라도 끝까지 뻔뻔하게 나온다. 그렇게 나오면 '저렇게까지 당당한데 거짓말은 아니겠지.' 하고 믿어버리는 사람이 있기 때문에 일단 뻔뻔하게 나오고 본다. 그런 태도에 속으면 안 된다.

언론 쪽에 있는 사람들에게 연락을 해보았다. 작은 신문사들끼리도 나름대로 단체가 있기 때문에 이름 알아보는 건 어렵지 않다. 예상했던 대로 그 부회장이라는 사람과 비슷한 이름조차 없었다. 부회장이라는 사람은 "허허, 그럴 리가 없는데. 뭘 잘못 알고 계시나보네요?" 하고 큰소리를 치면서 사라져버렸다. 중개사와 변호사에게 사기꾼 일당이 확실하다고 다시 한 번 이야기했다. 그제야 두 사람은 뭔가 자신들이 속고 있다고 생각하는 눈치였다.

변호사는 실제 매수자가 대리인 말로는 대기업 계열사 대표라고 이야기했다. 이름만 들으면 아는 기업이었다. 필자는 또 변호사와 작전을 짰다. "어? 그분? 잘 아는 고등학교 선배인데?" 사실은 거짓말이었지만 이미 사기가 확실한 상태였기 때문에 일종의 확인 사살 차원이었다. 전화를 거는 척하면서 변호사에게 매수자에게 전화를 해보라고 했다. "선배님. 지금 대리인이랑 변호사라는 사람이 와서요, 논현동 빌딩을 사겠다고 했다는데, 정말인가요? 네? 무슨 소리냐고요? 그런 적 없다는 거죠?" 그 통화 내용을 변호사가 그대로 전달하자 매수자는 "허허, 그럴 리가 없는데…." 하더니 전화를 끊고 나서 더 이상은 연락이 되지 않더란다.

이 사기꾼들이 노리는 건 무엇이었을까? 대상으로 삼은 건물이 있으면 마치 좋은 조건으로 매수할 것처럼 건물주에게 접근한다. 보통은 건물주가 직접 나오지 않고 대리인이 나오는 경우가 많으니 위임장과 인감증명을 달라고 한다. 인감증명에 인적사항이 나오기 때문에 신분증을 위조해서 대출을 받거나 다른 사람에게 팔 것처럼 속여서 돈을 챙겨 달아나는 수법이다. 이런 수법에 실제 뉴스에도 나온 적이 있었다. 그 이야기를 들려주니 변호사가 이렇게 이야기했다.

"제가 하마터면 그 뉴스에 나올 뻔했네요."

사기꾼들의 수법은 종종 상상을 뛰어넘는다. 변호사까지 이용해서 사기를 칠 거라고 생각하는 사람이 얼마나 있을까? 중개업자와 변호사도 감쪽같이 속여서 사기에 동원할 정도니, 투자자들 중에도 속아 넘어가는 사람들이 많을 것이다.

　이런 사기에 속지 않으려면 무엇보다도 '길이 아니면 가지 않는다'는 원칙을 가져야 한다. 눈먼 땅, 눈먼 돈이 있다고 유혹하는 사기꾼들이 정말로 많고 의외로 그런 유혹에 속는 사람들이 많다. 옛날처럼 부정부패가 만연하고 불투명했던 시대라면 모르지만 우리 사회도 옛날보다는 확실히 깨끗해지고 투명해졌다. 앞으로 더욱 좋은 방향으로 갈 것이다. 눈먼 땅이나 돈이 설 자리가 점점 좁아지고 있다는 뜻이다. 정말로 그렇게 눈먼 물건이 있다면 이미 나한테 오기 전에 수십, 수백 명을 거치고 돌고 돌아서 왔을 것이다. 권력자도 아니고 부동산계의 큰손도 아닌데 무슨 신의 축복을 받았기에 그런 엄청난 행운이 나한테까지 오겠는가? 그럴 확률은 완전히 0퍼센트는 아니겠지만 0.0001퍼센트도 안 될 것이다.

　필자 역시 부동산 투자를 하는 동안 별의별 사기꾼들에게 온갖 유혹을 받아왔다. 하지만 그런 달콤한 유혹에 대한 결론은 언제나 한 가지였다. 길이 아니면 가지 말라는 것, 그리고 사기꾼들이 말하는 그런 엄청난 대박이 나한테 올 가능성은 0에 가깝다는 것이다. 정당한 방법으로도 얼마든지 높은 수익을 올리고 부자가 될 수 있다. 요행수로 대박을 바라는 마음에 사기꾼이 파고든다. 사기를 당하지 않는 가장 좋은 방법은 정당하게 투자하는 것이다.

4

잘 사고 잘 벌고
잘 파는
빌딩 투자 노하우

1. 살 때부터 팔 때를 생각하라

빌딩과 같은 수익형 부동산은 보유하고 있는 동안에도 임대료와 같은 수익이 발생하지만 투자의 궁극적인 결과와 가치의 평가는 그 부동산을 팔았을 때 결론이 난다. 필자는 늘 실제 가치보다 저평가된 빌딩을 찾아서, 제대로 된 가치를 인정받아서 파는 것을 목표로 하고 있다. 바꿔 말하면 늘 빌딩을 살 때부터 '이 부동산을 어떻게 팔 것인가?'를 생각한다. 부동산을 보면서 스스로에게 다음과 같은 질문을 하곤 한다.

첫째, 이 부동산이 과연 실제 가치보다 저평가된 것인가? 아니면 그만한 가치밖에 없는 부동산인가?

둘째, 내가 이 부동산을 팔고자 한다면 과연 제때 팔 수 있을 것인가? 즉 환금성이 좋은 부동산인가?

평생 팔지 않을 거라고? 인생은 어찌 될지 모른다!

입지 조건이 좋은 도로변 건물이 주변 시세보다 10퍼센트 정도 싸게 나왔다. 비록 편도 2차선이지만 대로였기 때문에 싸게 나왔으니 부리나케 사들였다. 그런데 사고 나서 보니 대로의 폭이 좁은 게 생각했던 것보다 큰 단점이 되어서 물건을 내놓아도 잘 나가지 않는다. 그러면 가격을 계속 떨어뜨릴 수밖에 없다. 주변 시세가 1억 원인 곳에서 8000만 원짜리 빌라가 매물로 나왔다. 싸다는 생각만 하고 충분히 알아보지 않고 사들였는데 알고 보니까 바로 옆에 높은 건물이 있어서 일조량이 영 안 좋다. 역시 내놓아도 팔리지 않아서 살 때보다 오히려 싼 가격에 팔아야 할 수도 있다. 이렇게 살 때 싼 가격만 생각하고 팔때 잘 팔릴 수 있는 물건인가를 생각하지 않다가 손해를 보는 사람들이 많다.

물론 이렇게 생각하실 분도 있을 것이다. "글쎄요, 저는 빌딩을 팔 생각은 없어요. 제 목적은 안정적인 수입을 얻는 것이거든요. 노후에 대비해서 빌딩에 투자한 다음 임대 수익을 꾸준히 올리는 게 목적이지 나중에 팔 생각은 하고 있지 않습니다." 평생 열심히 모아서 내 집 마련을 하거나 퇴직 후 노후 연금 삼아서 빌딩을 사는 사람들은 대부분 평생 팔지 않고 가지고 있다가 자녀에게 물려줄 생각을 한다. 그럼에도 불구하고, 필자는 집이든 빌딩이든 부동산을 살 때에는 항상 팔 때를 생각하라고 권유한다.

몇 해 전, 오래 알고 지낸 지인이 빌라를 사겠다면서 조언을 구해왔다. 당시에는 상당히 가격이 올라 있는 상태였다. 필자는 그에게 빌라는 피하는 게 좋겠다고 대답했다. 일단 빌라는 아파트에 비하면 잘 팔리지 않고, 팔아도 잘해야 본전이다. 하지만 지인의 반응은 "에이, 팔 생각으로 사는 게 아니야. 그냥 여기서 평생 살 건데."였다. 하지만 세상의 일은 내 뜻대로만 되지 않을 때가 많다. 결국 그 지인은 운영하던 사업이 잘 안 되어 빌라를 팔았다. 예상했던 것처럼 잘 팔리지 않는데다가 가격이 오를 대로 올랐을 때 샀기 때문에 결국 상당한 손실을 보고 팔아야 했다.

꼭 사업 실패와 같은 일이 아니더라도 살다 보면 가족이 큰 병이 나거나 송사에 휘말렸을 경우와 같이 예상하지 못하게 큰돈이 필요한 일이 생길 수 있다. 애초에 팔 생각으로 마련한 부동산이 아니지만 불가피하게 팔아야 하는데, 부동산의 환금성이 떨어져서 잘 팔리지 않으면 큰 문제를 겪게 된다. 대출을 받는 방법도 있겠지만 대출도 한계가 있고, 가치가 떨어지면 대출 한도 역시도 생각만큼 안 나온다. 어떤 이유로든 의도치 않게 큰 빚을 지게 되어 부동산을 팔아야 하는데 제때 팔지 못해서 필요한 자금을 마련하지 못하면 거액의 연체 이자 또는 추가 비용이 지출될 수도 있다. 시기를 맞추려면 가격을 대폭 낮춰서 팔아야 할 수도 있기 때문에 손실이 크다.

214

예기치 못한 불행이 아니더라도 긴 인생을 살다 보면 여러 가지 변화를 겪게 된다. 예를 들어 자녀가 분가할 때 집을 줄이는 사람들이 많다. 아직까지 우리 사회에서는 자녀가 결혼할 때 결혼식 자금이나 집 한 채 정도는 해줘야 한다고 생각하는 이들이 많은데, 이를 위해서는 부동산 자산의 처분이 필요할 수도 있다. 또한 자녀들이 떠나고 나면 집이 너무 휑하다 보니 줄여야겠다고 생각하는 사람들도 있고 은퇴를 했을 때 집을 줄여야 할 수도 있다. 이런 일들을 생각하지 못 하거나, 설마 하는 생각으로 넘겨버리는 사람들이 많다. 다시 말하지만 인생은 절대 계획대로만 흘러가지 않는다. 팔지 않고 가지고 있을 생각이라고 하더라도, 무조건 팔 때를 생각하고 환금성이 좋은 부동산에 투자해야 한다.

개발 호재를 믿고 베팅하는 땅 투자가 위험한 이유

부동산 투자 중에 땅 투자야말로 가장 확실하게 대박을 노릴 수 있다고 생각하는 사람들이 있고, 이를 부추기는 이른바 땅 투자 전문가들도 적지 않다. 땅 투자를 역설하는 고수들은 땅 투자야말로 적은 돈으로 대박을 가져다준다고 주장한다. 그러면서 얘기하는 것이 개발 호재다. 신 행정수도, 한반도 대운하, 평창올림픽과 같은 개발 호재들이 종종 거론되었고 이 지역에 땅 투자, 사실상 투기 붐이 일었다. 이를 믿고 땅을 산 사람들 중 상당수가 피해를 봤다. 신 행정수도의 경우에는 헌법재판소에서 이른바 '관습헌법'이라는 용어까지 등장시키면서 신행정수도건설특별법 위헌 판결을 내렸고, 한반도 대운하는 좌절되어 4대강 살리기 사업으로 축소되었다. 평창올림픽도 유치전에서 두 번이나 실패를 한 끝에 3수 만에 유치에 성공했다. 개발 호재를 믿고 땅을 산 많은 사람들이 호재가 무산되자 큰 손해를 봤다. 그나마 주택이나 건물은 싸게 내놓으면 나갈 가능성이 있지만 땅은 호재가 없어지면 헐값에 내놓아도 안 나간다.

대통령 탄핵 사태로까지 이어진 국정농단 사건의 주범이라 할 수 있는 최순실도 이 땅 투자 대열에 있었다. 언론 보도를 보면 최 씨는 평창이 동계올림픽 유치전을 벌이던 2002년부터 2008년까지 강원도 평창군 인근 땅에 약 7만 5,000평 규모의 땅을 샀는데, 두 번이나 유치에 실패하자 당시 유치위원회 공동위원장이던 김진선 전 강원도지사에게 "땅값을 도로 돌려달라."며 우겼다는 것이다. 비록 평창은 3수째에 유치에 성공했고 땅값이 크게 뛰었지만 2011년에 정부가 투기를 막기 위해 관련 지역을 토지거래 허가구역으로 지정하면서 거래가 얼어붙고 땅값이 떨어졌다.

개발 호재가 갑작스럽게 무너져서 제대로 실패한 경우는 최악이지만 땅을 사서 시세가 오르는 상황이라고 해서 꼭 좋기만 한 건 아니다. 값이 오르면 겉으로 보기에는 시세가 올랐으니 돈을 번 것처럼 들뜨게 된다. 문제는 안 팔린다는 것이다. 땅은 당장의 실용성이 부족하기 때문에 개발 호재니 뭐니 하면서 시세가 오른다고 해도 그게 팔리는 것으로 직결되는 게 아니다. 한창 투기 붐이 일 때면 반짝 잘 팔릴지 모르지만 그만큼 붐이 안 일거나 꺾이면 거래가 잘 되지 않는다. 1000만 원 주고 산 땅이 1500만 원이나 2000만 원으로 올랐다고 치자. 그런데 막상 내놓으면 안 팔리면 그냥 1000만 원이 묶여 있는 것이다. 게다가 때마다 토지 보유에 따른 세금은 나간다. 집이나 건물처럼 임대료가 들어오는 것도 아니다. 이러다 보니 임야나 지방의 전답 같은 곳에 투자한 사람들이 땅값은 올라도 돈은 없는 '억대 거지'로 전락하는 일이 자주 벌어진다.

도박에 가까운 고위험을 감수한 땅 투자는 여유 자금이 충분해서 그 돈이 설령 묶인다고 해도 큰 문제가 없는 부유한 사람들한테는 오히려 어울린다. 그런데 우리나라는 이른바 전문가, 고수라는 사람들은 거꾸로 가진 돈이 적은 사람들에게 그 돈을 쏟아부어서 땅 투자에 베팅하라고 조언한다. 조심해야 한다. 그러다가 돈이 묶이면 정말 큰일 난다. 앞서 이야기한 것처럼 갑자기 사업에 어려움이 생기거나 집안에 일이 생겨서 긴급하게 돈이 필요한 상황이 생길 수도 있다. 이럴 때 안 팔리는 부동산에 돈이 묶여 있으면 눈 뜨고 당하는 신세가 된다. 필자의 경험으로 볼 때 땅 투자는 투자라는 관점으로 보기에는 단점이 너무 많다.

2. 매매협상의 목적은 깎는 게 아니라 사는 것이다

매매 협상은 쉽게 말해서 흥정이다. 파는 사람은 어떻게든 비싸게 팔고 싶어하고, 사는 사람은 조금이라도 싸게 사고 싶어 한다. 서로 반대의 목적을 가진 사람들이 만나서 벌이는 승부가 매매 협상이다. 물론 가격은 중요하다. 시장에서 채소 깎는 것이야 몇백 원에서 많아야 몇천 원이지만 부동산 매매, 특히 빌딩 매매는 물건의 규모에 따라 작게는 100만 원에서 크게는 몇천만 원이 차이가 날 수 있다. 번화가의 규모가 큰 빌딩은 협상 테이블에서 억대가 왔다 갔다 할 수도 있다. 그러나 가격이 협상에서 가장 중요하다고는 해도 협상의 전부는 결코 아니다.

쿨하게 판단하고 스마트하게 협상하는 법

방배동 카페 골목에 있는 빌딩에 투자할 때의 일이었다. 가치판단을 해 보고 나니 '이 빌딩은 꼭 잡아야겠다'는 확신이 들었다. 중개업자는 "매도자와 잘 아는 사이니 설득해서 29억까지 내려주겠다."라며 큰소리를 쳤다. 그런데 계약을 위해서 매도자와 중개업자가 있는 자리에 가보니 중개업자의 큰소리가 무색하게 매도자는 30억 원에서 버티는 것이었다.

매도자는 그 가격 아니면 안 팔겠네 그만두겠네, 하고 투덜거렸지만 계속 밀고 당기기를 하면 29억 원까지는 안 되어도 몇천만 원 정도는 깎을 수 있는 분위기였다. 중개업자도 자기가 큰소리 쳐놓은 것도 있다 보니 어떻게든 구슬려보려고 했고, 매도자의 고집도 협상하는 자리에서 자주 볼 수 있는 엄포성 발언에 가까웠다. 필자는 마음속으로 결론을 내리고 테이블에 휴대폰을 내려놓으면서 말했다.

"그냥 30억에 하시죠."

분위기가 확 바뀌었다. 내 얼굴을 봐서 몇천만 원이라도 깎아야 하기에 노심초사하던 중개업자는 이게 웬 떡이냐는 듯이 박수를 치면서 좋아했다. 적당히 고집 피우다가 양보할까 하는 눈치였던 매도자는 뜻하지 않은 내 반응에 눈이 휘둥그레졌다. 필자가 사람이 좋아서, 혹은 돈이 남아돌아서 쿨하게 에누리를 포기한 것일까? 그렇지 않다.

필자에게는 그 빌딩의 가치에 대한 분명한 확신이 있었다. 당시 강남대로 인근에 작은 호텔이나 모텔을 사들인 다음, 리모델링을 거쳐서 부티크 호텔로 꾸며볼 생각으로 매물을 찾고 있었다. 하지만 이미 너무 프리미엄이 붙어서 실제 판단되는 가치보다 50퍼센트 정도는 더 비싼 가격을 부르기 일쑤였다. 중심가에서 조금씩 범위를 넓혀가다 보니 방배동 카페 골목으로까지 눈이 가게 된 것이다. 이 지역은 한때는 압구정동 로데오거리에 별로 뒤떨어지지 않을 정도로 변화했지만 이제 상권이 많이 가라앉은 상태였다. 그러나 상권이 아주 죽어버린 상태도 아니었고, 아파트 단지를 비롯한 배후의 인구나 주위 환경을 보았을 때에도 강남권의 상승세 분위기가 시간이 지나면 이쪽까지 영향을 미칠 가능성은 충분했다. 문제는 가격이었다. 가능성은 있다고 해도 대로변이 아닌 이면도로인 데다가 2종 주거지역인데 평당 가격이 4000만 원이 넘어갔다. 그러나 계속해서 찾아본 끝에 평당 3000만 원 정도의 가격으로 나온 매물을 찾아낼 수 있었다.

이 빌딩이 주변보다 낮은 가격에 나온 데에는 몇 가지 이유가 있었는데, 관리 상태가 썩 좋지 못한 것이 대표적인 문제였다. 계단에 거미줄이 보이고, 전단이나 스티커가 여기저기 너저분하게 붙어 있을 정도로 관리가 안 되고 있었다. 관리가 안 되고 낡고 지저분한 빌딩이므로 임대료 시세 또한 주위에 비해 턱없이 낮았다. 빌딩을 오랜 기간 소유한, 나이 든 어르신들 중에는 관리에 소홀한 분들이 상당수 있다. 아무래도 나이가 들면 몸을 움직이고 하나하나 일일이 신경 쓰기도 힘들고 귀찮아지는 법이다. 어떻게든 가치를 높이려 하기보다는 다달이 임대료만 잘 나오면 현상 유지 정도로도 만족하는 분들도 많다.

당시 중개업자는 필자에게 매도자가 공실 걱정을 하더라고 이야기했었다. 내심으로는 공부도 안 하고, 어떤 과목을 잘 못하는지도 모르면서 시험 망칠까 봐 걱정하는 것 아닌가 싶었다. 아무튼 빌딩을 사들인 뒤에 리모델링으로 빌딩 상태를 개선시키고 관리에 좀 더 신경 쓰면 30퍼센트 이상 오를 잠재 가치가 있을 것으로 확신했다. 만약 빌딩을 매도자가 원하는 가격으로 샀을 때, 나중에 팔아서 기대할 수 있는 수익이 2~3억 원 정도에 불과하다면 그렇게 쿨하게 결론을 내지는 못했을 것이다. 그러나 10억 원 혹은 그 이상을 본다면 몇천만 원에 지나치게 집착할 문제가 아니다. 그때 필자 머릿속에서는 '이건 무조건 사라. 반드시 오른다.' 하는 확신이 있었다.

가격은 쿨하게 매도자가 부른 가격으로 합의하되, 여러 부대조건은 나에게 유리한 쪽으로 바꾸었다. 빌딩을 거래하는 과정에서 종종 문제가 되는 것이 세입자 문제다. 건물 안팎 전반에 걸쳐서 리모델링이 필요했는데, 그러자면 현재 세입자들이 계약 기간이 끝났을 때 내보내야 한다. 이 과정이 만만치 않을 때가 자주 있다. 세입자 말고도 청소 및 관리업체를 바꿀 수도 있으니 미리 협조해달라고 요구했다. "제가 말씀 안 드려도 알아서 해주시겠지만 잘 좀 얘기해주시라." 하면서 부대조건을 달았다. 또한 세금도 따져보면 도로사용료, 교통유발부담금이나 환경개선부담금 같은 것들이 몇백만 원은 된다. 보통은 매수자가 내지만 필자는 "어르신이 다 내주시죠." 하고 공을 넘겼다.

부대조건을 나에게 유리한 방향으로 만들었지만 굳이 계산해본다면 몇천만 원 더 깎는 편이 나에게는 더 이익이었을 것이다. 협상 테이블에서 끝까지 지루하게 밀고 당겼다면 어떻게든 깎았을 것이다. 하지만 괜찮다고 생각했다. 계획대로 한다면 잠재된 가치를 보았을 때 당연히 오를 것이고, 몇천만 원에 집착하다가 매도자가 막판에 마음이 틀어져서 거래가 무산되거나, 지나치게 힘을 빼는 것보다는 낫겠다는 계산이었다.

협상에서 가장 중요한 것은 무엇보다도 가격이다. 협상의 성향이나 분위기는 다양하겠지만 가격이 가장 중요하다는 사실만큼은 변하지 않는다. 하지만 이 부동산을 샀을 때 충분한 수익을 거둘 수 있다는 분명한 확신이 있다면 사소한 차이 정도는 쿨하게(그리고 스마트하게) 양보해도 나쁘지 않다.

220

깎을 욕심으로 낮추지 말고 적정 가격을 제시하라

모든 거래는 협상 과정에서 좀 양보를 하게 되므로, 파는 사람은 처음에는 가격을 좀 올려서 부르게 마련이다. 그렇다면 사들이는 쪽에서는 어떻게 하면 좋을까? '어차피 협상 과정에서 양보해야 할 거 아냐.'라는 생각으로 터무니없이 낮은 가격을 제시하는 사람들이 의외로 많다. 이 작전은 오히려 역효과를 낳을 위험이 높다.

앞서 필자가 투자했던 서초동 S빌딩의 사례가 그와 같다. 75억 원에 내놓은 건물을 건물주가 큰 마음 먹고 65억 원, 무려 10억 원이나 깎아줬는데도 더 깎겠다고 욕심을 부려 건물주가 퇴짜를 놓은 사례 말이다. 때마침 그 빌딩을 발견한 필자가 65억 원에 매입했다. 나로서는 그렇게까지 가격을 깎아준 분이 참 고마운 노릇이지만 과욕을 부린 그 사람은 속된 말로 죽 쒀서 남 준 꼴이다.

투자 가치가 높은 부동산을 사고팔 때에는 칼자루를 쥔 쪽은 파는 사람이다. 그런데 사려는 사람이 터무니없이 낮은 가격을 부른다면 어떻게 될까? 앞선 사례에서 건물주가 두 번이나 양보한 것은 정말로 드문 사례다. 상대의 감정을 자극해서 협상 한 번 제대로 못 해보고 파토가 나는 일은 셀 수도 없이 많다. 빌딩의 규모나 액수가 크고 상대방이 부유할수록 자존심은 그에 비례해서 높아진다. 말 한마디 실수로 자존심을 건드려서 다 된 밥에 코 빠뜨릴 수도 있다. 열심히 고민하고 분석한 투자 가치를 바탕으로 적정한 가격을 제시하고 설명하고 설득하는 게 현명하다.

상대방이 내가 생각하는 투자 가치에 비해서 지나치게 높은 가격을 부를 수도 있을 것이다. 하지만 투자 가치와 그에 맞는 적정한 가격을 판단했다면 상대방에게 내가 왜 이 가격을 제시했는지를 설명할 수 있다. 값을 깎자는 마음으로 터무니없는 가격을 불렀다면 설명하기가

매매협상의 목적은 깎는 게 아니라 사는 것이다

여의치 않다. 이러다 보면 말도 안 되는 트집을 잡게 되고 결국 감정싸움으로 번지게 되며, 상대방 기분만 상하게 하면 계약도 물 건너가 버린다. 혹시 누가 먼저 차지할까 겁난다면 그리 걱정할 건 아니다. 상대가 투자 가치에 비해서 지나치게 높은 가격을 불렀다면 어차피 그 물건은 안 팔릴 확률이 높다.

　　매매협상의 목적은 깎는 것이 아니라 투자 가치가 있는 부동산을 손에 넣는 것이라는 사실을 잊지 말라. 어떻게든 한 푼이라도 깎으려고 덤비기보다는 '이 정도 가격으로 사면 나는 확실히 좋은 수익을 얻는다'는 가격을 생각해두고, 그 가격 범위 안에 들어와 있다면 지나친 욕심은 부리지 않는 것이 좋다. 가장 좋은 협상은 내가 이기고 상대가 지는 것이 아니다. 나는 잠재 가치가 충분해서 좋은 수익을 올릴 수 있는 빌딩을 사서 좋아야 하고, 상대는 원하던 가격에 팔 수 있어서 좋아야 한다. 최선의 협상 결과는 서로 윈윈 하는 것임을 잊지 말라.

222

3. 사소한 것은 전문가에게 맡기고 중요한 일에 올인하라

얼마 전 빌딩 투자를 전문으로 하는 한 투자가와 만나서 이야기를 하다가 깜짝 놀란 적이 있었다. 재산이 얼마라든가, 수익을 얼마나 올렸다든가 해서가 아니라 부동산 소유권 이전 작업을 본인이 직접 한다는 얘기를 듣고서였다. 정말 깜짝 놀랐다. 필자는 해볼 생각도 못 하는 일을 직접 한다니! 한편으로는 그런 일을 직접 할 수 있다는 게 대단하고 존경스러웠다. 다른 한편으로는 이런 생각도 들었다.

'굳이 그렇게까지 할 필요가 있을까?'

전문가에게 쓰는 비용은 보험이라고 생각하라

의외로 많은 사람들이 부동산 거래에 들어가는 여러 가지 비용을 아까워한다. 인터넷에서 검색해봐도 '부동산이전 등기 직접 하기'와 같은 제목의 글은 쉽게 찾아볼 수 있다. 법무사에게 맡기지 말고 직접 해서 법무사 수수료 같은 비용을 아끼자는 것이다. 요즘은 온라인을 통해서도 처리가 가능하므로 이리저리 돌아다니지 않고 집에서도 충분히 할 수 있다고도 한다. 이런 글을 읽다 보면, '아, 소유권 이전이란 거 별 거 아니네? 뭐 하러 돈 아깝게 법무사한테 맡겨?' 하고 생각하기 쉽다. 하지만 막상 직접 해보려고 하면 절차나 과정이 꽤나 복잡하고, 알아듣지 못하는 전문용어들이 나온다. 이 부서에 가면 저 부서로 가라고 하기도 하고, 온라인으로 하더라도 지금 내가 입력하는 내용이 맞는 건지 알쏭달쏭할 때도 많다. 글로 볼 때와 직접 하려고 할 때와는 차이가 많다.

필자는 그런 일은 할 엄두도 내지 못한다. 귀찮고 복잡하기도 하지만, 비용으로 봤을 때에도 크게 차이가 난다고 볼 수는 없다. 직접 한다고 해서 비용이 전혀 들지 않는 것은 아니다. 소유권 이전 과정에서 세금과 수수료가 들어가기 때문이다. 법무사 관련 비용은 사업소득을 신고할 때 비용으로 처리할 수 있으므로 절약할 여지도 있다.

만약에 법무사의 조력을 받기 위한 비용이 거래 금액과 비교했을 때 상당한 비중을 차지한다면 이야기는 달라질 수 있다. 예를 들어 2억 원짜리 부동산을 사는 데 전문가의 조력을 받으려면 전체 비용이 200만 원이 든다고 가정해보자. 1퍼센트라는 돈을 미미하다고 말하기는 어려울 것이다. 그러나 상가나 빌딩을 거래할 때에는 그보다는 분명 거래 금액이 클 것이다. 빌딩의 경우 적게는 10억 원대에서 많게는 100억 원대 이상이 갈 수도 있다. 이럴 때의 200만 원은 미미한 규모라고 볼 수 있다.

물론 그 비용이 20만 원이든 200만 원이든, 거래 규모가 2억 원이든 20억 원이든 쓸데없는 비용을 낭비해서는 안 된다. 하지만 그만한 가치가 있는 비용은 아까워해서는 안 된다. 앞서 말했던 것처럼 소유권 이전 과정에서는 여러 가지 번거롭고 까다로운 문제가 있다. 법무사는 이러한 일을 직업적으로 하기 때문에 충분한 전문지식과 경험을 가지고 있지만 그렇지 않은 개인은 이만저만 시간과 에너지가 소모되는 게 아니다.

최악의 경우에는 사기의 가능성도 있다. 계약서나 권리 관계를 비롯한 각종 서류와 절차 속에 들어 있는 함정을 꼼꼼하게 살피고 미심쩍은 부분을 발견하지 못하면 사기를 당하거나 나에게 불리한 계약을 체결했다는 것을 나중에 가서야 알게 될 수 있다. 이미 계약이 체결된 후에는 후회해봐야 늦다. 물론 능력이 출중한 사람이라면 법무사만큼 잘할 수도 있겠지만 혹시 그 방면의 경력이 있는 사람이라면 모를까, 보통의 개인 중에 그런 사람은 드물 것이다.

한정된 에너지는 가장 중요한 곳에 쏟아부어라

또한 투자자로서 나에게 중요한 것은 그런 비용을 아끼는 문제가 아니다. 나에게 가장 중요한 것은 거래 금액이다. 부동산을 살 때를 예로 들어 보자. 나는 '이 금액에만 살 수 있다면 돈을 번다'는 확신을 가지면 그 마지노선 안에서 거래를 성사시키기 위해 노력한다. 여기에 집중하다 보면 다른 문제들은 신경을 잘 못 쓰고 놓치기가 쉽다.

계약서를 쓰는 단계라고 해도 매수자와 매도자 사이에는 말이 많이 오가게 되고, 때로는 계약서를 앞에 놓고 협상이 난항에 부딪치기도 한다. 나는 10억 원을 마지노선으로 놓고 협상을 하는데 상대방은

11억 원에서 완강하게 나오면 협상은 장기전으로 흐른다. 가장 큰 협상인 가격을 타결 지었다고 해도 그밖에 계약서에 들어가야 할 각종 부대조건을 합의하는 과정이 의외로 시간이 걸릴 수도 있다.

때로는 중개업자가 서로 얘기가 다 됐으니 계약서에 도장만 찍으면 된다고 해서 나가 보니 말이 달라져서 그 자리에서 밀고 당기기를 해야 할 때도 있다. 가끔은 차라리 그 편이 나을 때도 있다. 중개업자를 통하거나 전화로 얘기를 하면 잘 안 되지만 직접 만나서 얘기를 해 보면 풀릴 때가 있다. 부동산 투자에서 협상은 가장 중요한 과정 중 하나지만 어떻게 협상을 해야 하는가의 문제에 하나의 정답은 존재하지 않는다. 상황에 따라 다르기 때문에 그때그때 최선을 다해 대처하는 수밖에 없다.

서로 매매 조건을 놓고 줄다리기를 하는 상태에서 빌딩을 파는 매도자와 빌딩을 사는 매수자(지금의 예에서는 내가 매수자다)가 만났을 때에는 의외로 중요한 것이 감정이다. 상대는 빌딩을 가진 사람이니 빈궁한 사람일 리는 없다. 자존심도 무척 강할 것이다. 나는 이 물건을 이 가격에 사야 수익을 올릴 수 있으므로 더 절실한 사람은 나다. 생각 없는 나의 말실수 하나, 판단 착오 하나로 상대방의 감정을 건드리면 9부 능선까지 갔던 협상이 틀어져버릴 수도 있다. 그렇기 때문에 협상에 최대한 집중하면서 상대방의 눈치를 살피고, 말 한마디조차도 조심스럽게 해야 한다.

체력으로나 정신으로나 에너지 소모가 큰 협상 전후로는 다른 소소한 것들은 놓치기 쉽다. 계약이 끝난 뒤에도 기력이 다 소진된 상태라 나머지 세세한 것들은 제대로 챙기지 못한다. 지금까지의 과정이 너무 힘든 나머지 남은 일들은 빨리 해치우고 싶은 생각이 들어서 대충대충 넘어가기 쉽다.

이제 무엇이 중요한지 충분히 이해했을 것이다. 나의 에너지와 집중력에는 한계가 있다. 그 한정된 자원을 어디에 쓸 것인가? 내가 원하는 물건을 내가 원하는 금액에 사기 위한 문제에 모든 것을 집중하는 것이 더 현명하겠는가? 아니면 적은 돈이라도 아끼려고 나의 자원을 분산하는 것이 옳겠는가? 비용은 아낀다고 해도 수십만에서 수백만 원 수준이다. 협상은 어떻게 하느냐에 따라 최소 수천만 원, 많게는 억 단위까지 달라질 수도 있다.

'할 줄 아는 것'과 '꼭 해야 하는 것'은 다르다. 쓸데없는 비용을 낭비하는 것도 좋지 않지만 반대로 돈을 써야 할 때 아끼려고 무리하는 것도 좋지 않다. 부동산 거래에 필요한 절차와 과정을 알아두는 정도까지는 좋다. 그것도 부동산 투자에 관한 지식이고 법무사나 중개업자가 하는 말이 뭐가 뭔지도 모르는 것보다는 어느 정도 이해하고 알아들으면 좋을 때도 분명 있다. 그러나 아는 것과 잘하는 것은 다른 문제다. 전문가에게 맡길 것은 맡기는 게 현명하다. 특히 전체 매매 비용과 비교했을 때 비중이 미미하다면 될 수 있는 대로 전문가를 활용하고 자신은 가장 중요한 문제에 전력을 기울이는 것이 모든 것을 다 직접 챙기려는 것보다는 훨씬 효율적인 투자 자세다.

4. 전문가는 있어도 만물박사는 없다

앞에서 언급했듯이 부동산 투자만이 아니라 살아가면서 겪는 여러 가지 일에 적절한 전문가를 활용하면 문제 해결에 많은 도움이 된다. 비용이 아깝다고 어설프게 혼자서 다 하려다가는 스트레스만 쌓이고 시간은 시간대로 들어가면서 결과도 만족스럽지 않을 수 있다. 하지만 그 반대 방향의 함정도 있다. 전문가라면 마치 만물박사인 것처럼 착각하거나, 어떤 분야의 전문가라면 그 분야의 모든 것을 다 꿰고 있을 것이라는 착각이다.

전문가에게 맡겼다고 무관심해서는 안 된다

예를 들어 보자. 2015년 1월부터 건축법 시행령 개정으로 건물에 장애인 엘리베이터를 설치하면 건물에서 그만큼의 면적을 바닥 면적에서 제외해준다. 일반 엘리베이터 이외에 장애인용을 따로 설치하는 게 아니라, 장애인 엘리베이터의 기준에 맞는 것을 설치하면 된다. 바닥 면적에서 엘리베이터 공간만큼을 빼 주면 그만큼 용적률과 건폐율 산정에 플러스가 된다. 그런데 시행령이 개정된 지 몇 달 후, 건축사와 상담을 하다가 장애인 엘리베이터 이야기가 나왔다. 필자가 장애인 엘리베이터 면적만큼이 건물의 바닥 면적에서 공제된다고 하니 건축사는 그게 무슨 소리냐는 반응이었다. 관련 기사를 보여주고 나서야 그런 게 있었냐면서 미처 몰랐다고 겸연쩍어했다.

과연 그 건축사가 무능해서 몰랐던 것일까?

그렇지 않다. 부동산에 관련된 법률은 무수히 많다. 시행령까지 들어가면 그 수가 정말로 밑도 끝도 없다. 게다가 법과 제도는 시간이 지나면 바뀌고, 국회를 거쳐야 하는 법률과 달리 시행령은 정부 단독으로 개정할 수 있으므로 더더욱 자주 바뀐다. 건축사가 아무리 천재라고 해도 한 사람이 이런 모든 것을 꿰기란 불가능하며 시시각각으로 바뀌는 법 제도에 맞춰 머릿속을 업데이트하기는 더더욱 힘들다. 물론 건축 관련 법 제도는 필자보다는 건축사가 더 많이 알고 있을 것이고, 세금 관련 법 제도는 세무사가 더 많이 알고 있을 것이다. 하지만 나는 아는데 전문가가 모르는 게 있을 수도 있다. 다시 말해, 그가 모든 것을 다 아는 만물박사라고는 절대로 생각하지 말라는 것이다.

그렇다고 전문가를 무시하라는 뜻이 아니다. 전문가의 전문성을 잘 이용하되 전문가의 전문성 영역을 정확히 파악하라는 뜻이다. 부동산 중개사는 부동산 중개에 관한 전문가지 투자 가치를 판단하는 전문가가 아니다. 단순히 부동산 업계에 있으니까 부동산은 잘 알겠지, 라고만 생각하지 말고 정확히 부동산 중에서도 어떤 부분에 전문성을 가지고 있는지 관찰하고 구분해야 한다. 또한 '전문가한테 맡겼으니 나는 몰라도 돼.' 하고 안이하게 생각하지 말고 스스로도 늘 관심을 가지라는 뜻이기도 하다. 필자도 날마다 신문을 보고 틈틈이 인터넷에서 부동산 관련 뉴스를 찾아보다 보니 장애인 엘리베이터에 관한 시행령 개정을 안 것이지 더 잘나서 안 게 아니다. 전문 분야는 전문가를 쓰면 그만이라고 해서 무관심해서는 안 된다. 부동산 관련 뉴스, 건축이나 세금에 관련된 법 제도의 변경에 관한 뉴스들은 자주 신경 써서 찾아볼 필요가 있다.

또한 모두 그런 건 아니겠지만 일부 '전문가'들은 고객의 이익보다는 자신의 편의를 더 우선시하기도 한다. 부동산 투자를 본격적으로 하는 지인들에게 개인사업자에서 법인으로 전환하라고 권하면, 얼마 있다가 그 지인에게서 '세무사가 별로 이득 될 게 없으니 전환하지 말라고 하는데요?' 하는 질문을 받기도 한다. 개인사업자보다 법인사업자가 최고 세율이 절반 이하로 낮기 때문에 사업이 일정 규모 이상이 되면 세금 문제에서부터 법인이 월등히 유리다. 그런데도 전환하지 말라는 이유는 사실 '귀찮아서'다. 법인 전환 작업이 고생한 만큼 돈이 안 된다고 생각하는 세무사라면 이런 저런 핑계를 대면서 말리려고 한다. 법인은 배당 관련 문제가 있고 배당소득세가 있다는 등 복잡한 세무 관련 문제를 들이대기도 하는데 배당은 의무가 아니다. 배당은 안 받으면 그만이다. 이런 얘기를 해주어도 세무를 모르는 지인은 이해를 못 하면서 설마 전문가인 세무사가 더 잘 알겠지, 하면서 저쪽을 더 믿는다.

돌아보면 필자도 처음에 부동산 투자를 시작할 때 누가 가르쳐주는 사람이 있었으면 좋았을 것이다. 지금 알고 있는 것을 그때부터 알고 있었다면 아마도 더 성과가 좋았을 것이다. 하지만 결과론적인 얘기이고, 필요는 발명의 어머니라는 말처럼 투자를 지속하다 보니 내가 더 알아야겠다는 생각에 계속해서 노력하고 자료나 뉴스도 찾아보면서 하나하나 터득해갔다. 아무리 일을 전문가에게 맡기더라도 내가 기본은 알고 있을 때와 아무것도 모를 때에는 상대의 태도는 달라진다. 내가 아무것도 모르면서 알려는 노력도 하지 않으면 쉽게 상대에게 휘둘리게 된다.

은행원도 은행 업무를 잘 모른다?

또 한 가지 사례를 이야기하고자 한다. 사람들은 은행에 관한 일이라면 당연히 은행원이 가장 잘 알 것으로 생각한다. 특히나 은행에서 고위직에 있는 사람들은 아주 전문가라고 생각할 것이다. 뛰어난 전문가니까 그 자리에까지 올라가지 않았을까 하면서. 하지만 실상은 그렇지가 않다.

평소 알고 지내던 지인이 돈을 융통해달라는 부탁을 해왔다. 돈이 없어서가 아니라 새롭게 부동산 관련 사업을 시작하려고 하는데 자기 자본 비율 문제 때문에 은행에서 대출을 해줄 수가 없어서 사업에 필요한 부족한 자금을 요청한 것이었다. 그가 요청한 금액이 나로서는 거액이었기 때문에 주저하자, 그는 은행 지급보증서를 담보로 제공하겠다고 제의를 해왔다.

은행의 지급보증서라는 게 있나? 당시에는 그런 게 있는 줄도 몰라서 이야기를 들어보니 은행에서 대출을 해줄 수는 없지만 그는 은행의 VIP급 고객이었기 때문에 은행에서 대출 대신 지급보증은 해줄 수 있다는 것이다. 다시 말해서 그 지인이 내게 적법한 절차로 돈을 빌리면 그에 대한 보증을 은행에서 해주겠다는 것이다. 문제가 생겨서 지인이 약속한 기일 안에 돈을 상환하지 못하면 그 지급보증서를 은행에 제시하면 사실 여부를 확인한 다음에 그 돈을 대신 지급해준다는 것이었다.

아무리 봐도 그런 얘기를 들은 적도 없고 주위에 그런 게 있다는 사실을 아는 사람도 없어서 이상했다. 알고 지내던 은행 본부장에게 "이러이러한 용도로 발행하는 지급보증서란 게 있느냐."고 물어봤다. 은행 본부장이면 휘하에 지점장을 스무 명 정도는 거느리는 고위급 임직원이다. 그런데 본부장은 얘기를 듣더니 금시초문이라는 반응이었다. 알고 지내던 다른 은행이나 기관의 지점장들에게 물어봐도 역시 마찬가지 대답이었다. 이래저래 다섯 군데 정도에 물어봤지만 다들 은행 지급보증서란 게 뭔지 모르거나 그런 보증서가 있는 건 알지만 그게 뭘 하는 건지는 제대로 몰랐다.

그렇다면 그 지인이 나에게 사기라도 치려는 것일까? 하지만 꽤 오랜 기간 알고 지내 왔고, 사람 됨됨이나 그동안의 사업 실적을 잘 알고 있었기 때문에 그럴 사람은 분명히 아니었다. 결국 전속 뱅킹 담당자에게 '실제로 그런 서류가 있다'는 답을 겨우 들을 수 있었다. 하지만 결국 돈을 빌려주지는 않았다. 은행의 지급보증서가 있긴 했지만 용도가 달랐기 때문이다. 예를 들어 A라는 회사가 B회사에 자재를 납품하는 관계에 있는데 B회사가 대금 결제를 해주지 않았을 때 여기에 대해서 B회사가 주거래 은행으로부터 지급보증서를 받을 수는 있지만 개인 간 금전 거래에 대해 지급보증서를 발급해주는 것은 아니었기 때문이다. 물론 내가 가지고 있는 법인을 이용해서 물품 거래를 한 것처럼 서류를 꾸며서 지급보증서를 발급받는 방법도 있겠지만 그건 편법에 불과하며 나중에 문제가 될 수 있다. 또한 큰돈을 거래할 때 그렇게 깔끔하지 못한 방법까지 동원해야 할 이유도 없었기 때문에 결국 부탁을 거절할 수밖에 없었다.

이 일로 한 가지 배운 점이 있었다. 우리는 흔히 높은 지위에 있는 사람, 경력이 많은 사람이면 그 계통에 대해서 다 잘 알 거라고 생각하기 쉽다. 하지만 고위직에 있는 사람들은 오히려 실무에서 오랫동안 떠나 있기 때문에 실무에 관련된 자세한 내용들을 모르는 경우가 많다. 때로는 실무에 밝은 말단 직원 한 명이 열 고위직 안 부러울 경우도 있다는 얘기다.

부동산 투자를 본격적으로 하게 되면 은행과도 관계를 맺게 된다. 투자의 액수가 커지고 은행 거래의 단위가 커지면 점점 고위직과도 안면을 트게 된다. 그러다 보면 창구에서 일하는 담당자들을 하찮게 여기는 사람들도 있다. 다른 분야에서도 그렇다. 점점 높은 사람들과 인맥을 쌓게 되면 그 아래에 있는 일선 실무자들을 하찮게 여기고 심지어 하대하는 경향까지 있는데 정말로 잘못된 생각이다. 똑똑하고 일처리가 깔끔한 일선 직원과는 신경 써서 좋은 관계를 유지하라. 정말 내가 도움이 필요하거나 조언을 구해야 할 때에는 실무에서 오래 떠난 고위직보다 오히려 일선의 직원들이 더욱 도움이 될 때가 적지 않다.

233

5. '컨설팅 회사'의 그럴싸한 이름에 속지 말라

부동산 투자를 하면 필연적으로 중개업자를 만나게 된다. 그런데 중개업자도 그 종류나 규모가 여러 가지가 있다. 먼저 동네에 '공인중개사 사무소' 간판을 가지고 영업을 하는 일반 부동산, 속칭 '1층 부동산'이 있다. 전월세든 매매든 주택과 관련해서 이미 일반 부동산은 여러 번 이용해보았을 것이다. 한편 상업용 빌딩과 관련해서는 일반 부동산보다는 좀 더 큰 규모로 여러 직원들을 고용하고 회사 형태의 조직으로 운영되는 '부동산 컨설팅 회사'가 있다.

살 때는 일반 부동산, 팔 때는 컨설팅 회사를 활용하라

일반 부동산과 컨설팅 회사를 비교해보면 많은 사람들은 컨설팅 회사 쪽이 좀 더 전문적이고 믿을 만하지 않을까 하고 생각한다. 일반 부동산은 우리가 예전부터 가지고 있던 고리타분한 '복덕방' 이미지가 떠오르는 반면 '컨설팅 회사'라고 하면 경영 컨설팅이나 증권사와 같은 좀 더 체계적이고 전문적인 이미지를 떠올릴 것이다. 이런 이미지가 무조건 틀린 것은 아니다. 정보력에서는 대체로 컨설팅 회사가 우위에 있다. 일반 부동산도 한곳에 오랫동안 자리를 잡고 영업을 해왔다면 그 주변 정보에 대해서는 밝을 수도 있다. 인터넷을 기반으로 한 부동산들끼리의 네트워크도 이루어지면서 정보력이 향상되긴 했지만 기업형으로 움직이면서 직원들이 적극적으로 정보를 수집하는 컨설팅 회사들이 좀 더 유리한 것이 사실이다. 따라서 부동산에 관한 매수정보는 일반 부동산보다는 컨설팅 회사 쪽을 활용하는 쪽이 더 좋다.

235

　　매수 정보를 얻기 위해서는 컨설팅 회사를 이용하더라도 실제 매수는 일반 부동산을 통하는 편이 의외로 더 좋다. 첫째로, 일반 부동산이 컨설팅 회사보다 정보가 느리다는 점은 부동산을 살 때에는 오히려 장점이 될 수가 있다. 예를 들어서, 내가 사기 위해서 점찍어놓았던 물건이 오름세를 탄다든가 호재가 있을 경우에 컨설팅 회사들은 이런 정보들을 빠르게 얻고 실제 거래에도 적극 활용하게 되어 가격이 올라가게 된다. 하지만 일반 부동산은 컨설팅 회사에 비해서는 일반에 공개되지 않았거나 가장 최근에 나온 정보에 느리기 때문에 이러한 정보에서 나오는 상승분을 활용할 여지도 적다. 따라서 부동산이 오르는 추세에 있을 때에는 일반 부동산은 컨설팅 회사보다는 낮은 가격에 중개를 성사시킬 확률이 상당히 높다. 다만 반대로 가격이 내리는 추세라면 오히려 정보가 느린 일반 부동산이 결점이 될 수 있다.

'컨설팅 회사'의 그럴싸한 이름에 속지 말라

둘째로, 컨설팅 회사는 매도자와 매수자 사이에서 거래가를 높이기 위해서 여러 가지 수법, 심지어는 양쪽을 오가면서 서로 다른 말을 하거나 계획적인 작전으로 속임수까지도 쓰기 때문에 가격에 거품이 낄 확률이 높지만 일반 부동산은 확실히 이런 테크닉이 뛰어난 편은 아니다. 즉 일반 부동산이 컨설팅 회사보다는 약은 짓이나 속임수를 쓰는 데에는 능하지 않기 때문에 좀 더 낮은 가격에 부동산을 살 확률이 올라간다.

이야기가 나온 김에 컨설팅 회사가 어떻게 작전이나 속임수를 부리는지 그 사례를 소개한다. 강남 빌딩 값이 한참 뛰던 시기에 이러한 상승을 부채질하는 데 한몫한 이들이 컨설팅 회사들이다. 이들은 심지어는 팔려고 내놓지도 않은 물건을 매물로 나왔다면서 거짓 정보를 퍼뜨리기도 한다. 예를 들어 아직 매물로 나오지 않은 시가 50억 원짜리 작은 빌딩을 컨설팅 회사가 타깃으로 잡았다면 투자자들에게 이 빌딩이 매물로 나왔다고 거짓 정보를 퍼뜨린다. 관심 있는 투자자가 나타나면 작전이 시작된다. 빌딩 소유주에게는 아무런 말도 하지 않은 채 일단 이 빌딩을 사려는 투자자를 붙잡고 가격 올리기 작전에 나선다. 온갖 감언이설로 투자자를 현혹시켜서 가격을 70억 원까지 올려놓는다. 이렇게 실제 가치보다 가격을 많이 부풀려 놓으면 1단계 작전은 성공한 셈이다.

그다음에는 투자자에게 "소유주가 워낙에 고집이 세서 70억 원 이하로는 안 팔 것 같은데… 그분한테 가서 잘 얘기해보겠습니다."라는 말을 남기고서 그제야 빌딩 소유주에게 접근한다. 그에게는 "이 빌딩을 50억 원에 사겠다는 사람이 있는데…."라고 얘기를 꺼낸다. 일단 투자자에게는 70억 원이라고 불러놨으니 소유주의 의중을 떠보면서 점차 가격을 올려서 부른다. 60억 원쯤에서 소유주가 팔 생각을 하기 시작하면 "투자자도 워낙 이쪽에 밝은 분이라서 60억 원도 사실 상당히 좋은 조건으로 부른 겁니다. 하지만 돈을 더 낼 의향이 있는지 노력해보겠습니다."라고 얘기한다. 이 정도까지 가면 작전은 거의 성사 단계다.

결국 65억 원 선에서 거래가 성사된다. 건물을 판 사람은 컨설팅 회사 덕분에 비싸게 팔았다고 생각하고 건물을 산 사람은 그래도 5억 절약해서 샀다고 생각하게 된다. 그나마 판 사람이야 시세보다 비싸게 팔았지만 사들인 사람은 제대로 바가지를 쓴 것이다. 거래 가격에 비례해서 수수료를 받기 때문에 컨설팅 회사의 주머니가 두둑해졌음은 물론이다. 이쯤 되면 왜 '살 때는 일반 부동산을 이용하라'는 것인지 이해가 갈 것이다.

한술 더 뜨는 컨설팅 회사도 있다. 이른바 '인정 작업'이라는 것으로, 위와 같은 예에서 매도자에게 이렇게 얘기하는 것이다. "저희들이 열심히 노력해서 원래 시세보다 비싸게 팔게 됐으니까 그만큼은 저희들의 노력을 인정해주시지요." 50억 원짜리 빌딩을 65억 원에 팔게 됐으니 그 15억 원은 컨설팅 회사 덕분에 벌게 된 돈이라고 인정을 해달라는 뜻이다. 그래서 원래 정해진 중개수수료 말고도 '인정받은' 15억 원 가운데 일부를 더 챙기게 된다. 또는 매도자가 55억 원쯤에서 팔려고 할 때 "그럼 저희가 노력해서 60억 원을 받게 해드릴 테니 혹시 일이 잘 진행되어서 60억 원보다 더 받게 되면 그건 저희 노력을 인정해서 저희 몫으로 인정해주시죠." 하고 합의를 본다. 그래서 65억 원에 거래를 하게 되면 60억 원 초과분인 5억 중에서 매도자가 세금으로 내게 되는 부분만큼을 제하고 나머지는 컨설팅 회사가 갖기도 한다.

여기서 또 한 가지 얻을 수 있는 사실이 있다. 거래를 전적으로 컨설팅 회사에 맡기지 말라는 것이다. 위와 같은 예처럼 컨설팅 회사에서 매수자와 매도자에게 전혀 다른 소리를 하는 경우가 비일비재하다. 컨설팅 회사를 통해서 거래를 진행하더라도 어느 시점에 가서는 상대

'컨설팅 회사'의 그럴싸한 이름에 속지 말라

방의 뜻을 직접 확인할 필요가 있다. 물론 컨설팅 회사는 거래가 성사되기 전까지는 양쪽이 만나는 것을 꺼려해서 이런저런 핑계를 댈 것이다. 하지만 내가 매수자라면 그 빌딩에 찾아가서 직접 소유주를 만나거나 연락처라도 알 수 있다. 컨설팅 회사로서도 거래가 아예 깨지는 것보다는 그래도 성사되는 게 낫기 때문에 막무가내로 끝까지 회피하지는 못한다.

그렇다면 반대로 내가 가진 빌딩을 팔 때에는? 살 때의 경우를 반대로 뒤집으면 된다. 살 때는 가격을 낮추기 위해서 일반 부동산을 이용하는 것과는 반대로 팔 때에는 가격을 최대한 높이기 위해서 자신들의 정보력과 테크닉을 최대한 활용해서 어떻게든 비싼 가격에 거래를 성사시키기 위해서 수단 방법을 가리지 않을 컨설팅 회사를 활용할 수 있다.

컨설팅 회사의 물건 보는 안목을 과신하지 말라

컨설팅 회사는 정보력이 좋고 거래를 높은 가격에 성사시키는 수완도 좋다. 그렇기 때문에 좋은 투자 대상을 고르는 것을 컨설팅 회사에 맡기는 경우도 있다. 하지만 엄밀하게 보면 거래를 중개하는 능력과 좋은 물건을 골라내는 능력은 다르다. 부동산을 아예 모르는 사람보다는 부동산을 직업으로 하는 사람이 그래도 안목이 조금이라도 더 좋긴 하겠지만, 이들이 주력하는 분야는 거래가 이루어지는 중간에서 조금이라도 높은 가격으로 거래를 성사시키는 것이지 투자 가치가 좋은 물건을 열심히 찾아다니고 정확하게 가치를 평가하는 것이 아니다.

중개 능력에서는 100점을 줄 만하지만 물건 보는 눈은 60점도 안되는 컨설팅 회사도 부지기수다. 사실 컨설팅 회사는 이미 가지고 있는 물건이 많다. 열심히 가치 있는 물건을 찾아다니고 발굴하는 것보다는 가지고 있는 물건을 고객에게 끼워 맞춰서 거래를 성사시키는 편이 이들에게는 적은 노력으로 성과를 거둘 수 있는 방법이다. 그나마 가지고 있는 물건의 가치도 제대로 못 보는 일도 비일비재하다.

필자가 관심을 가졌던 서초동의 한 빌딩이 그와 같은 사례다. 컨설팅 회사가 보여주고 권하는 물건에는 별로 가치를 발견하지 못해서 "다른 건 없나요? 있으면 다 보여주세요." 하는 재촉에 미적거리면서 보여주는 빌딩에 눈이 갔다. 필자는 컨설팅 회사가 보여주는 물건을 볼 때 먼저 그 물건과 주변의 토지 시세와 매매가 시세를 본다. 반면 다른 사람들, 컨설팅 회사 직원들도 투자 대비 임대 수익률부터 먼저 본다. 내가 서초동의 그 빌딩에 관심을 가졌던 이유는 면적 대비 월 임대료 시세가 낮았기 때문이다. 컨설팅 회사 직원은 "에이, 사장님. 여긴 임대료 수익도 제대로 안 나오는데 왜 이런 데 관심을 가지세요? 좋은 물건 놔두고." 하면서 그곳은 자기가 가장 잘 안다는 투였다.

왜 빌딩 임대료가 낮은지 이유를 확인해보니 관리가 엉망이었던 게 주된 원인이었다. 앞서 말했던 S빌딩과 같은 문제를 안고 있었다. 관리소장의 불적절한 태도, 미관을 해치는 간판 배치, 불편한 엘리베이터 설정 등. 전체적인 리모델링을 거쳤다. 내 예상대로였다. 그 빌딩은 컨설팅 회사 보란 듯이 가치가 올라갔다.

필자는 컨설팅 회사에게 "왜 이런 물건은 나한테 안 가져와요?" 하고 타박할 때가 종종 있다. 그들이 나에게 가치 없는 물건을 속여서 팔려고 하는 게 아니다. 볼 줄 아는 눈이 없을 뿐이다. 좋은 물건을 판단하는 안목은 자기 자신의 노력과 경험을 통해서, 그리고 이 책에서 설명하는 다양한 노하우를 체득하면서 쌓아 가야 한다. 물론 컨설팅 회사들이 추천해주는 물건 중에서 정말로 투자 가치가 좋은 것도 있을 것이다. 하지만 그들이 가져다주는 옥석 중에서 보석만을 고르고 돌멩이는 버리는 일을 해야 하는 사람은 당신 자신이다.

'컨설팅 회사'의 그럴싸한 이름에 속지 말라

6. 빌딩 임대에도 포트폴리오가 필요하다

증권 투자를 하는 사람들이 종종 듣는 말 중에 하나가 '분산투자'다. "달걀을 한 바구니에 모두 담지 말라."는 투자 격언처럼 가지고 있는 자금을 한 가지 종류에 올인하지 말라는 것이다. 가지고 있는 투자금을 나눠서 주식과 채권으로 분산하거나, 같은 주식 안에서도 종목이나 회사를 달리해서 보완 관계를 가지도록 하는 것이 분산투자다. 이럴 때 자주 등장하는 말이 포트폴리오다. 투자할 분야나 종목을 구성하고, 각각의 투자 비율을 어떻게 잡을지 계획을 짜는 것이다.

부동산도 이런 분산투자가 가능할까? 아쉽지만 웬만한 자금력이 아니고서는 어려운 일이다. 부동산은 증권에 비해서 한 가지 물건의 단위가 크기 때문에 몇 억 정도의 자금을 가지고 있는 사람들은 소형 빌딩 하나 사는 정도에 그친다. 한편으로는 증권보다는 분산투자의 필요성이 적기도 하다. 등락 사이클이 비교적 짧고, 투자자의 심리에 상당 부분 영향을 받는 증권에 비하면 부동산은 사이클이 길고 실물 가치에 투자하는 것이기 때문이다.

하지만 빌딩 투자를 할 때라면 포트폴리오를 생각할 필요가 있다. 빌딩을 어떤 임차인, 어떤 매장으로 구성할 것인가를 생각해야 하기 때문이다.

수익은 기본, 이미지나 관리 편의성도 감안하라

필자가 강남에 소유하고 있던 빌딩은 1층에 유명 프랜차이즈 커피 전문점이 자리 잡고 있었다. 얼마 후에 그 뒤편으로 새로운 빌딩이 신축되었는데, 가만히 살펴보니 상당 부분 내 빌딩과 비슷한 느낌이었다. 내 빌딩의 시세가 상당히 높이 형성된 걸 보고 비슷하게 만들면 내 빌딩만큼 높은 가격을 받을 수 있지 않을까 해서 따라한 게 아닐까 싶었다.

하지만 완공된 새 빌딩은 시간이 지나자 내 빌딩보다 공실도 많았고 시세 차이도 점점 벌어졌다. 여러 가지 문제가 있었지만 1층에 들어온 매장의 업종이 채소 가게였던 것도 원인이었다. 주위가 지저분해지고 특히 여름에는 좋지 않은 냄새도 퍼지면서 분위기가 좋지 않았다. 게다가 대로변에 있는 내 빌딩과는 달리 새 빌딩은 이면도로에 있었는데도 똑같은 시세로 임대료를 받으려고 했다.

투자의 제1목적은 수익이다. 임대를 할 때에도 수익을 중요하게 생각한다. 기왕이면 임대료를 더 많이 내는 임차인을 받는 편이 좋을 것이다. 하지만 자세하게 들어가보면 꼭 그렇지만은 않다. 예를 들어 빌딩의 1층 매장은 그 건물의 얼굴이나 마찬가지다. 면적 대비 임대가격도 빌딩 안에서 가장 비싸다. 만약 당신의 빌딩에 월 220만 원을 내고 들어오려는 고깃집과, 월 200만 원을 내려는 커피 전문점이 있다면 어느 쪽을 선택하는 게 좋을까?

임대료만 본다면 당연히 고깃집이다. 하지만 빌딩에 미치는 영향은 좋지 않다. 고깃집은 커피 전문점보다는 안 좋은 냄새나 연기도 많이 나고 지저분해지기 쉽다. 해충도 쉽게 꼬인다. 건물의 이미지나 관리를 생각한다면 커피 전문점 쪽이 더 우위에 있다.

이러한 장단점을 놓고 어느 쪽을 선택할지 고민할 때에는 빌딩에 투자하는 목적을 먼저 생각해봐야 한다. 만약 단기간에 팔지 않고 오랫동안 가지고 있을 계획이라면, 예를 들어 안정된 임대 수입으로 노후에 대비하는 것이 주목적이라면 수익을 중심으로 판단하는 것이 옳다. 고깃집이 가진 단점은 빌딩을 오랫동안 가지고 있을 생각이라면 그다지 중요하지 않다. '혹시 고깃집이 나가고 나면 냄새도 배어 있고 해서 다른 임차인이 들어오기를 꺼리지 않을까?'라고 생각할 수도 있겠지만 새로 매장이 들어올 때 인테리어를 새로 하는 과정에서 소독이나 냄새 제거에 관련된 전문업체들을 활용해서 문제점을 제거할 수 있다. 무엇보다도, 좋은 안목으로 사들인 건물이라면 임차인들이 서로 들어오려고 할 것이다.

반면 빌딩을 오래 보유하지 않고 매매를 통한 시세 차익에 초점을 맞추고 있다면 임대 수익보다 건물의 이미지와 업종에 신경을 써야 한다. 길어야 몇 년 안에 팔 생각이라면 임대 수익이 조금 적어도 깨끗하고 보기에도 좋은 커피 전문점이 고깃집보다는 더 좋은 선택이 된다. 시세 차익을 통한 수익을 계획한다면 나쁜 냄새가 나거나 지저분해지지 않고, 깨끗하고 인테리어에 신경을 서서 바깥에서 볼 때에도 좋은 이미지를 주는 쪽을 선택하는 것이 좋다.

들어오면 좋은 업종, 신중하게 생각할 업종

1층에는 인지도가 높은 프랜차이즈로 운영되는 커피 전문점과 같은 매장을 1순위로 꼽을 수 있다. 패스트푸드는 햄버거와 같이 매장 안에서 조리해야 하는 종류보다는 도넛이나 아이스크림 전문점처럼, 조리를 하지 않거나 조리를 해도 아주 간단한 종류가 좋다. 매장 안에서 조리를 하다 보면 바깥으로 냄새가 풍기거나 해충들이 꼬이기 때문에 건물 관리 유지가 어려워진다. 이런 의미에서 보면 대형 프랜차이즈라고 해도 패밀리 레스토랑 같은 업종은 우선순위가 뒤로 밀린다.

어느 층이든 유치하면 좋은 업종으로는 대표적으로 병원이 있다. 병원은 이미지가 깨끗하고 청결을 잘 유지하기 때문에 건물의 이미지도 깨끗해 보이고 유지 관리하기도 좋다. 임차인과의 관계도 좋은 편이다. 빌딩을 운영해본 사람들이라면 임대료 문제를 비롯해서 임차인과의 관계가 상당히 골치 아플 때가 있다는 것을 잘 알고 있을 것이다. 몇 달씩 임대료가 밀리는가 하면 보증금까지 다 까먹어버리는 경우도 있다. 어떤 임차인은 그러면서도 오히려 큰소리치면서 적반하장으로 건물주에게 폭언을 하기도 한다.

그런 면에서 볼 때 병원은 유리한 편이다. 의사는 대표적인 엘리트로 인정받고 사회적인 지위도 상당한 직업이기 때문에 대부분 그만큼 매너도 좋은 편이다. 대체로 수입도 안정적인 편이기 때문에 임대료가 밀리거나 하는 일이 다른 업종에 비해 적다. 의사라고 해서 다 매너 좋고 인격적으로 훌륭하다고 말할 수는 없을 것이고, 요즘은 병원들 사이 경쟁도 치열해져서 수입도 예전 같지 않다는 말이 많다. 그래도 병원은 건물주를 머리 아프게 하는 비율이 여전히 가장 낮은 편에 속한다. 이런 면에서 앞에서 말한 대형 프랜차이즈나 병원과 같은 업종은 건물주의 스트레스를 덜 받게 한다. 병원이 아니더라도 건물의 이미지와 유지 관리, 임차인과의 관계를 고려해보면 어떤 업종, 어떤 임차인을 선택하는 편이 좋을지 판단할 수 있을 것이다.

반대로 앞서 살펴본 것처럼 냄새를 많이 풍기거나 해충이 꼬이기 쉬운 업종은 임대 여부를 신중히 생각해야 한다. 유흥업소 또는 퇴폐업소로 분류되는 업종도 임대료를 많이 주지만 신중할 필요가 있다. 유흥업소가 있는 빌딩이라면 취득세 중과세 대상이므로 관련 세금을 많게는 세 배 가까이 맞을 수도 있다. 처음에는 소유주의 요구 사항을 웬만하면 선선히 들어주는 경우가 많아서 혹할 수 있지만 일단 건물의 이미지에 좋지 않은 영향을 줄 수 있고 시간이 지나면 임차인이 종종 문제를 일으킨다. 속된 말로 '밤의 세계' 출신들이 끼여 있는 경우가 적지 않은지라, 임대료가 밀리거나 할 때에도 막무가내로 억지를 부리거나 심지어는 물리력을 앞세워 건물주를 위협하려 들기도 한다. 안마시술소와 같은 이른바 '퇴폐 업소'에서는 공공연히 성매매가 일어나기도 하는데 이를 알고도 세를 준 경우에는 형사처벌 대상이 될 수도 있으니 주의해야 한다.

학원 임대도 주의가 필요하다. 학원이 들어서면 수강생들이 드나들기 때문에 유동 인구가 많아진다는 면은 상권 형성이란 면으로는 장점이지만 대부분 청소년이므로 유동 인구 대비 구매력은 크지 않고 업종도 제한적이다. 청소년들은 시설을 험하게 쓰는 경향이 있어서 건물 안의 시설이 훼손되거나 금방 망가지는 일도 종종 있다. 소음 문제도 있다. 강의를 하는 동안에는 마이크를 사용하므로 층간 소음 문제가 생기고, 강의 전후에는 학생들이 시끄럽게 떠들기 때문에 건물의 소음 공해가 만만치 않다. 이런 문제점들을 감안해서 임대 여부를 신중하게 판단해야 한다.

현실 속에서는 내가 원하는 임차인을 마음대로 고르기가 쉽지 않을 때가 많다. 건물주는 임차인을 골라 받고 싶겠지만 임차인도 빌딩을 고른다. 누구나 선호하는 유명 프랜차이즈 매장은 오히려 자신들이 빌딩의 이미지나 가치에 도움이 된다는 것을 역이용해서 임대료를 낮추거나 임대료 면제 기간을 받는 식으로 특혜를 받으려고도 한다. 하지만 투자 목적에 따라서 빌딩을 어떻게 구성할 것인지, 어떤 매장으로 채울 것인지 계획을 세워보고 이에 가깝게 가려고 노력한다면 빌딩의 가치를 높이는 데에는 분명 도움이 된다. 공실이 생길 경우 당장 임대 수익이 줄어든다는 생각에 빨리 공실을 채우려는 사람들이 많지만 자금 회전에 큰 문제가 없다면 침착하게 기다려보는 것도 방법이다.

7. 꺼진 조명 하나도 그냥 넘기지 말라

일 관계로 자주 왔다 갔다 하는 동선 가운데 지나가면서 항상 눈길이 가는 빌딩이 있다. 필자의 빌딩은 아니지만 가까운 일가친척을 돕는 일이라서 어쩌면 내 빌딩보다도 더 애착을 가지고 공사를 진행했던 듯하다. 그 과정에서 우여곡절도 많았기 때문에 힘도 많이 들었고, 그러다 보니 더욱 애착이 갔는지도 모르겠다. 몸 고생 마음고생이 많았던지라 쳐다보기도 싫긴 하지만 한편으로는 애증이 깃든 빌딩이니 근처를 지날 때마다 눈이 가는 것은 어쩔 수 없다.

그런데 그 빌딩을 볼 때마다 한숨이 나왔다. 옥상에 설치해놓은 조명에 이빨이 빠졌기 때문이다. 그렇게 된 지도 반년이 넘었다. 참다 참다 두세 달 후에 관리소장에게 이야기를 했다. "옥상에 조명이 나갔는데요. 보기에 별로 좋지 않습니다. 수리하셔야죠." 그분은 앞에서는 듣는 것 같았지만 결과적으로는 아무 소용이 없었다.

디테일이 모여서 가치를 만든다

조명 하나와 같이 사소해 보이는 것이 디테일이고, 디테일이 모여서 빌딩의 가치에 중요한 역할을 한다. 손님도 기왕이면 더 예쁘고 깔끔한 빌딩 쪽에 발길이 끌린다. 임차인도 보기 좋은 빌딩에 가게를 차리고 싶어진다. 들어오면 잘 나가지 않고, 나간다고 해도 공실 상태가 오래가지 않고 새 세입자가 들어온다.

문제의 빌딩은 옥상 조명으로 끝나지 않았다. 어느 날은 보니 유도등도 나가 있었고, 건물 앞 화단등도 나가 있었다. 관리가 제대로 안 되는 것이다. 조명 하나쯤이야 하고 별 신경을 안 쓰는 것일 수도 있다. 그러나 그 조명 하나하나는 어떤 것으로 할까, 어떻게 배치할까 하는 문제로 당시에 필자가 며칠 동안을 끙끙 앓으면서 아이디어를 짜낸 결과물이다.

헤어진 애인도 비록 다른 사람 품에 갔겠지만 잘 지내기를 바라는 법이고, 불행해지면 덩달아 가슴이 아파지는 게 사람 마음이다. 내 빌딩이 아니라고 해도 애착을 가지고 만들어놓았던 곳이다. 1층이 호텔 로비 같다는 칭찬도 들을 정도로 가성비 대비 훌륭하게 공을 들인 곳이다. 그런데 관리가 제대로 안 되어서 여기 저기 빠진 이빨이 늘어가는 것을 보니 한숨이 나온다.

빌딩에 투자를 하고 관리를 하는 모든 과정이나 관련된 모든 분야를 내가 다 알 수는 없다. 내가 일일이 다 챙기기에도 벅차다. 어떤 부분은 전문가의 도움을 받고, 어떤 부분은 대리인에게 맡겨야 한다. 돈을 좀 아껴보겠다고, 혹은 무조건 사람을 못 믿어서 자신이 모두 다 짊어지겠다는 생각은 어리석다. 하지만 자신은 제대로 모르고 알려고 하지도 않으면서 전문가들을 맹신하거나, 귀찮은 건 다 남에게 맡기고 나는 편하게 살겠다는 생각도 어리석기는 마찬가지다.

246

내가 투자했던 교대역 인근 빌딩의 건물주는 자기 업계에서 꽤 알아주는 회사를 경영하고 있었다. 분야가 분야인만큼 이야기를 해보면 상당히 스마트한 분이었다. 그런데 건물을 유지 관리하고 리모델링하는 문제에 관해서는 생각이 무척 안일했다.

"그거 뭐, 업자하고 하면 되는 거 아니오?"

모르니까 하는 소리다. 그리 간단한 문제가 아니다. 예를 들어, 리모델링을 하려면 먼저 디자인이 나와야 한다. 얼핏 생각하기에 건축설계 사무실이나 인테리어 업체 같은 곳에 맡겨서 시안을 받고 그중에서 고르면 일이 간단할 것 같다. 대부분 사람들은 "건축 디자인에 대해서는 그 사람들이 전문가지, 내가 뭘 알겠어?" 하고 생각할 것이다. 그러나 중요한 맹점이 있다. 그냥 외주를 맡겨 놓으면 보통은 일반적인 것, 무난한 것을 가져온다.

247 내 빌딩의 최고 전문가는 나 자신이다

만약 우리가 재벌 대기업쯤 된다면 여러 시안을 받아서 고르고, 마음에 드는 시안이 없으면 좋은 게 나올 때까지 계속 퇴짜를 놓으면서 외주 업체를 들들 볶을 수도 있을 것이다. 업체 입장에서는 대기업 일을 했다는 게 돈도 돈이지만 중요한 실적이 되기에 그렇게 시달려도 '디자인 가지고 오세요.' 하고 요구하면 계속 가지고 올 것이다. 그러나 우리 같은 개인 투자자들, 그리고 수천억 원짜리 오피스 빌딩에 비하면 작은 규모의 상가 빌딩이라면 어림없는 이야기다. 업체는 미리 가지고 있던 디자인 중 무난한 것만 빌딩에 맞게 고쳐서 가지고 온다. 내 빌딩에는 어떤 디자인이 맞을지를 고민해야 할 사람은 업자가 아니라 나 자신이다.

디테일의 고민은 내 몫이다. 어떻게 하면 좀 더 아름답게 보일까?

색깔을 바꿀까? 밤에는 또 어떻게 보일까? 조명을 어떻게 놓을까? 끊임없이 고민해야 한다. 나만의 데이터베이스도 필요하다. 지나가다가 마음에 드는 빌딩이 있으면 유심히 살펴보고 사진도 찍어두어라. 한발 더 나아가서 벽면이 마음에 드는 빌딩이라면 어떤 재료를 썼는지도 알아보고, 조명이 마음에 든다면 어떤 조명을 사용했는지도 확인해보라. 사진을 찍어 가거나 해서 관련 업자에게 보여주면 답을 들을 수 있을 것이다.

설계도를 그리고 공사를 진행하는 일까지 내가 전부 직접 할 수는 없다. 하지만 설계 의뢰를 할 때, 또는 시안을 들고 왔을 때 디테일하게 주문을 할 수 있다. 그렇지 않으면 특징 없는 무난한 시안만 받아들게 된다. 업체들은 여러 개의 일을 동시에 돌려야 한다. 일의 덩치가 커서 그것 하나만 해도 회사가 돈을 많이 벌 수 있다면 모를까 나만큼 애정을 가지고 나만큼 그 건물의 특징이나 주변 환경을 잘 알 수는 없고 충분한 조사를 할 여력도 안 된다. 그 결과 무난한 시안만 들고 오게 된다.

예산도 고민거리다. 돈을 많이 들이면 들일수록 고급스러운 재료도 쓸 수 있고 하고 싶은 것을 마음껏 할 수 있겠지만 무한정 돈을 쓸 수는 없다. 리모델링에 투자한 돈보다 그 결과로 건물의 가치나 임대료가 올라감으로써 생기는 이익이 더 많아야 한다. 따라서 어느 정도를 투자할 수 있을지 예산을 세우고, 그 안에서 최대한의 효율을 뽑아내야 한다. 외주 업체가 이런 고민을 제대로 해주기는 힘들다. 여러 가지 요소를 감안하면 아이디어를 짜는 데 상당한 시간이 걸린다.

앞서 이야기했던 조명도 디테일의 문제다. 그냥 관리인이나 관리 회사에 맡겨 놓고 '그 사람들이 관리에는 프로니까 알아서 나보다 잘하겠지.' 하고 안일하게 생각하고 있으면 결과는 뻔하다. 어떤 일을 직업

248

으로 한다는 것은 일에 숙련되어 있고 잘 알고 있다는 뜻일 수도 있지만 정말 '일'로만 생각한다는 뜻이기도 하다. 애정과 열정을 가지고 하는 게 아니라 매달 나오는 월급만 기다리면서 타성에 젖어 기계적으로 일하는 사람들도 많다. 이런 사람들에게는 조명 하나가 나간 게 대수롭지 않게 보일 수도 있다. '별 차이 없는데요. 기사 부를 때마다 돈 드는데 나중에 좀 더 문제가 생기면 한꺼번에 하시죠.' 하고 둘러대거나, 앞에서만 예예, 하고 돌아서면 잊어버리는 관리인들도 있다.

적지 않은 빌딩 투자 관련 책들이 빌딩 유지와 관리는 자산관리 회사에 맡기는 게 좋다고 얘기한다. 그 사람들이 전문가니까 비전문가인 자신이 잘 모르는 것까지 대신 꼼꼼하게 관리해준다는 것이다. 지금까지의 투자 경험과 주변 투자자들의 경험을 보았을 때 필자는 그 말에 쉽게 동의하기 어렵다. 자산관리 회사에게 관리를 맡기면 은근히 지출되는 비용이 많지만 내 대신 모든 것을 다 알아서 해줄 것이라고 생각하면 오산이다.

내가 관심을 가지지 않는다면 자산관리 회사도 대부분의 빌딩에 공통된 선에서 무난한 유지 관리만 할 뿐이다. 무난한 부분은 맡기더라도, 이들이 건성으로 생각하고 넘어가는 디테일이 분명히 한두 가지가 아니다. 내가 챙기고 이야기하지 않으면 디테일의 문제가 쌓이고 쌓여서 빌딩의 가치까지 떨어뜨린다. 번거롭더라도 금쪽같은 내 돈이 들어간 빌딩이다. 내 자식이나 마찬가지라고 해도 좋을 것이다. 나는 전문지식이 없으니 그 방면의 전문가에게 맡기는 것이 속도 편하고 결과도 좋을 것이라고 생각하기 쉽지만, 이것 하나는 잊지 말자. 내 빌딩에 대한 최고의 전문가는 나 자신이다.

꺼진 조명 하나도 그냥 넘기지 말라

8. 당신이 바로 리모델링 디자이너다

리모델링을 잘하면 빌딩의 가치를 올릴 수 있고, 투자 대비 많은 이득을 얻을 수 있다. 그래서 빌딩 투자를 다루는 책에는 반드시 리모델링을 적극 권한다. 필자 역시도 종종 리모델링을 한다. 가치가 저평가된 빌딩 중 상당수는 외관이나 안이 낡고 지저분하며 관리도 부실하기 때문에 리모델링으로 깨끗하고 새것처럼 보이는 빌딩으로 탈바꿈시키면 투자 대비 수익성과를 높일 수 있기 때문이다.

그렇다고 모든 리모델링이 다 좋은 결과를 내는 것은 아니다. 리모델링은 결코 만병통치약도, 마법의 지팡이도 아니다. 다시 한 번 강조하지만 처음에 살 때 투자 가치가 좋은 저평가된 빌딩을 사야 한다. 리모델링은 투자 가치가 있는 빌딩의 잠재된 가치를 끌어내고 플러스알파를 더하는 것이지 애초에 투자 가치가 없던 빌딩의 가치를 창조해내지는 못한다는 사실을 명심하라. 또한 부지 자체의 시세가 저평가되어 있거나, 용도지구나 그밖에 각종 규제를 적용했을 때 최대로 적용할 수 있는 건폐율이나 용적률에 비해 실제 빌딩의 면적이나 층수가 상당히 작아서 증축이나 신축이 더 유리하다면 리모델링을 하기보다는 관리만 잘하면서 시행업자에게 매각하는 편이 더 이득일 수도 있다.

리모델링의 성패는 투자 대비 성과다

필자가 30억 원에 매입해서 45억 원에 매각한 방배동 빌딩은 매입 전과 비교한다면 리모델링 후에는 그야말로 환골탈태였다. 처음 보는 사람들도 고급스럽고 예쁘다고 좋아했다. 사실 필자의 기준으로 본다면 지금까지 리모델링을 거쳤던 빌딩들과 놓고 보았을 때 아주 고급스럽다고 말할 정도는 아니다. 하지만 중요한 것은 투자 대비 얼마나 효과를 볼 수 있는가 하는 문제다. 아낌없이 돈을 쏟아 붓는다면 영국 여왕이 와도 감동할 수 있는 결과물을 낼 수는 있다. 그렇다면 수익은 낼 수 있을까?

방배동 빌딩은 필자의 손을 거쳐 갔던 빌딩 중에 가장 고급스럽고 멋진 빌딩은 아니지만 적은 비용에 비해 효과는 컸다. 리모델링에 소요된 비용이 대략 1억 1000만 원 정도였지만 사람들에게는 농담 삼아서 4~5억 원 들었다고 말한다. 이 방면의 전문가들이라면 실제 얼마나 들어갔을지 간파할 수도 있겠지만 어지간한 사람들은 그 말을 믿는다. 이 빌딩의 옛 모습을 알고 있던 한 중개업자는 낡은 계단이 확 바뀐 걸 보고 "정말 공사 잘하셨네요. 계단도 대리석으로 고급스럽게 하셨고요." 하고 말했다. 속으로 웃었다. '사실은 인조 대리석인데.' 정확히는 계단 시공 자재의 위쪽 부분은 대리석이니까 속까지 다 들여다보지 않는 한은 인조인지 아닌지는 알기 어렵다. 적은 비용을 들여서 모습을 확 바꾸고, 건물의 가치를 올려서 좋은 수익을 내고 팔았으니 성공적인 리모델링이었던 것은 분명하다.

리모델링을 하기로 마음먹었다면 안팎을 대대적으로 리모델링해야 할지, 외부만 하면 될지, 아니면 현관처럼 눈에 바로 띄거나 지나치게 낡아 보이는 부분만 보수하면 될지, 즉 어느 정도의 규모로 리모델링을 해야 할지도 잘 판단해야 한다. 또한 리모델링에서 중요한 것은 디자인, 그리고 아이디어다. 전문 디자이너에게 맡기면 좋은 결과물이 나올 것이고, 유명 디자이너에게 맡길수록 더 좋은 결과물을 기대할 수 있을 것이다. 그러나 건물의 규모가 작을 때에는 디자이너 따로, 리모델링 업체 따로 선정하기에는 비용 부담이 너무 많이 들기도 하므로, 리모델링 업체에 디자인까지 함께 맡기게 된다. 전문 디자이너한테 맡긴다고 모든 게 해결되지는 않는다. 전문 디자이너라고 해도 어떤 빌딩에 가장 어울리는 디자인을 내놓을 것이라고 장담할 수는 없다. 빌딩에 관해 가장 잘 아는 사람은 건물주다.

또한 아무리 디자이너 마음에 드는 결과물이라고 해도 건물주의 취향은 아닐 수도 있다. 건물주는 디자인 전문가가 아니니까 디자이너와 건물주의 취향이 다르다면 디자이너가 맞는 것 아니냐고 생각할 수도 있다. 하지만 디자인에 정답이 과연 하나뿐일까? 디자인과 아이디어는 정해진 수학 공식대로 풀면 답이 나오는 그런 종류의 것이 아니다. 창조의 행위다. 광고 디자인, 상품 디자인을 비롯한 수많은 디자인들도 결국은 디자이너의 취향이 아니라 클라이언트의 판단으로 결론이 난다. '인테리어 업자와 클라이언트는 항상 끝이 안 좋다'는 말이 있다. 서로 취향이 다른데 서로 주장만 하다 보면 결말이 좋을 리 없다. 유명 디자이너에게 맡길수록 결과물은 더 좋을 수 있겠지만 그만큼 비용이 많이 든다.

결국 '좋은 리모델링을 하려면 그저 맡기면 된다'는 생각에서 벗어나야 한다. 스스로 의견과 아이디어를 열심히 고민하고, 자신이 보기에 인테리어가 잘 되었다고 생각하는 빌딩들을 찾아가서 자료도 수집하는 노력이 필요하다. 전체가 다 멋지게 되어 있는 빌딩이 아니라고 해도 어떤 특정한 부분이 내 마음에 들 수 있다. 요즘은 스마트폰으로도 충분히 사진이 잘 찍히니 지나가다 눈에 들어오는 빌딩이 있으면 전체적이든, 부분 부분이든 사진으로 남겨놓도록 하자. 좋은 글을 쓰려면 좋은 책을 많이 읽어야 한다는 말처럼 좋은 리모델링을 하고 싶다면 예쁘고 고급스럽게 꾸며진 빌딩들을 많이 보는 것도 좋은 공부다.

리모델링의 눈을 키우려면

누구나 저마다의 재능이 있다. 어떤 사람은 운동을 잘하고, 어떤 사람은 수학을 잘하는가 하면 미술에 재능이 있는 사람들도 있다. 여러 가지 재능을 같이 겸비한 사람들도 있지만 세상 모든 것을 다 잘하는 사람은 없다. 리모델링도 마찬가지다. 디자인과 아이디어가 중요하다고 생각하지만 모두가 아이디어가 뛰어나고 디자인 감각이 좋을 수는 없다. 필자 역시도 미적 감각이 탁월하다고 생각하지는 않는다. 경험과 노력을 통해서 조금씩 터득해나갔을 뿐이다. 비록 신이 내려주신 축복받은 재능을 가진 천재까지는 못 되더라도, 누구나 열심히 관심을 가지고 노력을 하면 중간 정도는 갈 수 있다. 그 중간까지 갔을 때의 능력은 결코 무시할 수 없다.

어떤 분야에서 실력을 쌓으려면 경험과 시행착오를 거치지 않을 수 없다. 속된 말로 골프도 많이 잃어봐야 터득한다는 소리처럼 겪어보는 수밖에 없다. 좋은 리모델링 학원이 있는 것도 아니고, 혹시 누군가가 리모델링 학원을 차린다고 해도 강의실에 앉아서 배울 수 있는 성질의 것도 아니다. 어쩔 수 없다. 누구나 시행착오는 겪는다. 처음의 시행착오를 너무 무서워하지 말라.

주위에 수소문해서 평판이 좋은 업자를 찾는 것이 좋고, 시안과 견적은 여러 곳에서 받아서 보라. 시안을 만드는 것도 돈이 들어가기 때문에 규모가 작은 빌딩이라면 꺼리는 업체들도 있는데, 그러면 스케

253

치 수준으로라도 시안을 달라고 하면 대부분은 들어준다. 그중에서 견적가가 너무 비싼 것은 굳이 사족을 달지 않아도 버리겠지만 가격이 너무 싼 것도 의심해봐야 한다. 다른 견적가에 비해서 너무 싸다면 다른 의도가 있거나, 없더라도 그 가격에 진행하다가 비용 감당이 안 되어서 손을 들어버릴 수도 있다. 중간에 이런 일이 생기면 낭패다. 여러 시안 중에서 비교적 마음에 드는 시안을 골랐다고 해도 그 시안 그대로 리모델링을 진행해야 하는 것은 아니다. 계속 수정하고 보완하는 작업이 필요하다. 이런 작업을 업체에만 맡기지 말고 적극적으로 안을 제시하라. 그동안 찍어두었던 다른 빌딩의 전체 외관이나 부분 부분의 사진을 제시하면서 업체에게 안을 제시하라.

견적을 받았으면 비슷한 사양으로 다른 업체에게도 견적을 받아볼 수 있다. 예를 들어 견적서에 외벽 자재의 가격, 새시(흔히 말하는 '샷시')의 가격, 계단 자재의 가격과 같은 사항이 나와 있다고 하면, 각각 외벽의 사이즈, 정면의 사이즈, 계단의 사이즈를 가지고 단가를 뽑아낼 수 있다. 그러면 이전 견적서에 나온 가격은 보여주지 말고 사양과 사이즈만 가지고 다른 업체에 견적을 의뢰해보는 것이다. 예를 들어 처음 받았던 견적에 계단 대리석 자재가 한 평에 5만 원으로 나왔다면 어떤 업체는 4만 5,000원, 또 어떤 업체는 4만 2,000원을 부를 수도 있을 것이다. 이렇게 여러 업체에 견적을 맡겨보면 실제 어느 정도의 가격으로 공사를 진행할 수 있을지 알 수 있다. 업체가 이전에 어떤 빌딩을 리모델링했는지 알아보고 직접 가보는 것도 평가에 도움이 된다.

이런 식으로 여러 곳에서 견적을 받고, 비교해보고, 참고 자료를 찾고 하다 보면 조금씩 감이 온다. 차근차근 경험과 감을 쌓아가다 보면 리모델링에 관련된 마진을 알 수 있게 된다. 견적을 적절하게 낮출 수 있는 무기가 생긴 것이다. 그렇다고 터무니없이 깎으려고 들기만 하면 부실한 업자와 일하게 되고 날림이 될 수 있다. 너무 깎으려고만 덤비지 않는다면 업체와 충분히 타협할 수 있다. 업체의 입장에서도 이 상대가 계속 빌딩 투자를 할 사람이라면 한 빌딩만 해서 하나 해서 100을 얻는 것보다는 80 정도로 낮춰주고 두 건을 해서 160을 얻는 게 더 이득이라고 생각한다. 이렇게 해서 비용을 적절하게 절감할 수도 있다.

자재도 한 가지만 고집하거나 업체가 견적을 주는 대로 그대로 따라가지만 말고 대안을 찾아볼 필요가 있다. 외장재로 많이 쓰이는 현무암은 과거에는 비싼 자재였지만 베트남산은 저렴하다. 바닥 재료로 많이 쓰이는 대리석도 다른 재료 위에 대리석을 붙인 것도 있으며 당연히 가격은 저렴하다.

끝으로 그동안 리모델링 경험을 통해서 얻은 두 가지 팁을 소개한다. 첫째, 조명을 적극 활용하라. 낮에는 잘 안 보여서 간과하기 쉽지만 야간에는 적은 비용으로 큰 효과를 낼 수 있다. LED 조명을 활용하면 전기료 부담도 별로 안 든다. 둘째, 옥상에 공간만 있다면 돈 아끼지 말고 태양광 발전기를 설치하라. 비용이 들어가지만 전기세 절약으로 충분히 본전을 뽑는다.

9. 리모델링 업체의 재무제표를 반드시 확인하라

리모델링 업체를 고를 때에는 흔히 얼마나 시안을 멋지게 만들어서 오는가를 중요하게 여긴다. 그리고 같은 사양이라면 얼마나 견적이 저렴한가를 살핀다. 하지만 정말 중요한데도 간과하기 쉬운 기준이 있는데 그것은 바로 업체의 건실함이다. 견적서만 보지 말고 업체의 재무제표도 봐야 한다. 빚이 잔뜩 있는 업체는 100퍼센트 문제가 있다. 돈을 받아서 일단 돌아오는 대출이나 어음 막는 데 쓰다가 정작 공사에 필요한 대금은 모자라서 문제를 만들지도 모른다. 이런 곳은 피해야 한다. 재무제표상으로는 건실한데 4만 5,000원을 부르는 업체와, 4만 2,000원을 부르지만 재무제표가 부실한 업체가 있다면 전자를 골라야 한다.

상태가 부실한 업체는 일단 따내고 보자는 생각으로 덤핑 견적을 낸 다음에 실제 공사가 진행되면 온갖 문제를 일으킨다. 공사비를 받고 나서 하청업체에게 돈을 주지 않아서 하청업체가 건물주에게 행패를 부리는 일이 있는가 하면 아예 돈을 챙겨서 잠적해버리는 업체도 있다. 공사는 지지부진해지고 피해는 커진다.

부실한 업체를 선정했을 때 겪게 될 일들

필자가 실제로 겪었던 사례인데, 부실한 업체를 잘못 골라서 겪었던 쓸쓸한 경험을 소개하고자 한다. 수 년 전 필자의 친족을 돕는 차원에서 그분의 자산을 관리하던 중 빌딩 투자를 권유했고 그 역할을 처음부터 끝까지 필자가 직접해왔다. 그러던 중 리모델링을 위해서 업체를 선정했다. 그때는 재무제표까지 볼 생각은 미처 못 했고, 같은 사양에 가장 견적가가 낮은 업체를 선정했다. 필자는 계약 기간은 5개월로 하고, 아홉 단계에 걸쳐서 기성비 지급, 즉 부분 완료 지급을 하기로 하고 계약서를 작성했다.

그렇게 공사가 순조롭게 진행되고 있는 줄 알았는데, 뭔가 잘못되어가고 있다는 감이 들기 시작했다. 이미 기성비 지급은 3단계까지 지급이 되었다. 업체 측에서 좀 급하다고 해서 일찍 지급하기는 했지만 그저 조금 일찍 준 거라고 생각했는데, 확인해보니 실제 공사는 1단계에서 머무르고 있었다.

속이 타들어가기 시작했다. 공사 기간이 길어지는 만큼 손해가 눈덩이처럼 커지기 때문이다. 안팎을 전부 리모델링할 때에는 임차인들을 일단 다 내보내야 하므로 공사가 길어지는 만큼 임차인을 못 받아서 생기는 손해가 커진다. 설령 임차인을 그대로 두고 외부 공사만 한다고 해도 임차인들은 공사 기간 동안 소음과 같은 문제에 매출 저하의 피해가 있으므로 건물주로서는 관리비 면제와 같은 타협을 할 수밖에 없다.

업체에게 계속해서 일정을 독촉했지만 그때마다 업체는 거짓말로 일관했다. 아마도 업체는 처음부터 나를 우습게 알았던 것 같다. 자기가 겪어본 건물주들 중에서 나이도 젊고 세상 경험도 많지 않아 보여서 뭘 모르는 것 같아 보였을 테니 말이다. 필자는 공사에 관해서는 건설사처럼 세부 사항을 많이 아는 것은 아니다. 하지만 지금처럼 건축의 큰 틀만 제대로 알았어도 그때 그런 일은 당하지 않았을 것이다.

공사를 하려면 계약을 하여 전체 공사를 진행하는 시공사가 있고 그에 관련된 수십 곳의 하청업체가 있다. 그런 시공사는 건축주에게 기성비를 지급 받고는 하청업체에는 거의 주지 않다 보니 하청업체도 중도에 포기하거나 일을 안 하려고 했다. 하청업체를 새로 소개 받아야 하는데 단가도 안 맞고 소개받는 시간도 오래 걸리기 때문에 그만큼 돈으로나 시간으로나 손실은 커진다. 그래놓고서 하청업체에게는 필자가 돈을 안 줘서 자기들도 못 준다고 소문을 퍼뜨렸으니 하청업체의 원성이 다 나에게로 모였다. 그뿐만이 아니라 공사 현장에는 업체에 예전에 했던 공사에서 돈을 다 못 받은 빚쟁이들까지 찾아와서 문제가 더 복잡해졌다. 덤프트럭이 와서 공사 현장 입구를 막는가 하면 목수들이 한겨울에 드럼통에 불을 피워놓고 술을 마시면서 건물주 나오라고 고함을 지르고, 정말로 별의별 일을 다 겪어야 했다. 한마디로 하루하루가 건설사 대표의 만행과 거짓으로 인해 지옥과도 같았다

지금은 좀 덜하지만 예전에는 하청업체들이 공사비를 못 받으면 건물주를 찾아와서 와서 데모하는 일이 다반사였다. 심지어는 돈 못 받은 그 건물이 아닌, 원청업체의 다른 공사 현장까지 찾아와서 건물주에게까지 행패를 부리기도 했다. 건물주들은 무서워서 혹은 불쌍해서 일부라도 돈을 주기도 하다 보니 그런 식의 실력 행사가 잦았다. 게다가 리모델링을 맡겼던 그 업체는 필자에게 돈을 못 받아서 지급을 못했다는 거짓말과 함께 공사 현장에 자기네들 연락처가 아니라 필자의 연락처를 보드에 떡하니 적어놨으니, 돈 받으려는 하청업체들이 어디에 연락해서 난리를 쳤을까? 아마도 시공사는 그러한 꼼수를 바라고 계획적으로 그랬는지도 모른다. 업체에서는 나중에 경찰 조사에서 고

258

의가 아니라며 "위급상황 생길 때를 대비해서…."라고 말도 안 되는 변명만 늘어놓았다.

천신만고 끝에 5개월 만에 끝내기로 했던 공사는 거의 세 배인 14개월 만에야 끝났다. 직접 소유한 빌딩도 아니고, 친족을 돕는다는 차원에서 시작했던 일이었기 때문에 14개월 동안 겪었던 온갖 금전적 손실과 정신적 스트레스는 굳이 말하지 않아도 짐작이 될 것이다. 업체의 빚쟁이들 상대하는 게 일이었고 무엇 하나 일정대로 되는 게 없었다. 공사 도중에 사고도 있었다. 물탱크 방수처리 과정에서 환기가 제대로 안 되어, 인부들이 물탱크에 차 있는 유독 가스에 중독되어 쓰러져 있는 것을 필자가 발견해서 겨우 목숨을 구했던 일도 있었다. 그나마 마무리마저도 엉터리로 해서 비가 새고 계단, 엘리베이터, 방화문 등의 작동이 모두가 엉터리였다. 업체 대표는 아예 잠적해서 연락도 두절되어버렸다.

그나마 다행스럽게 건물 외관은 다른 업체와 계약을 맺어 필자가 직접 디자인을 챙긴 결과 리모델링 자체는 잘 되어 외관이 수려하고 고급스럽게 완료되어 사람들 칭찬이 자자했다. 해당 빌딩을 매도한 전 소유주 SK d&d(개발 시행 건설회사)그룹 담당자마저도 박수칠 정도였다. 필자의 그동안의 노하우와 가치판단을 밑바탕으로 갖은 노력 끝에 친족의 건물을 매입해줬을 때의 시세는 평당 6000~7000만 원 정도를 호가하는 곳에서 거의 반값 수준인 평당 3900만 원 에 매입했지만 리모델링 공사 이후로는 주변 시세보다 더 오를 정도로 가치가 크게 올라갔다. 다만 리모델링이 완공되고 나서 임차가 완료되고 월세 수입이 주변 시세에 비해 월등히 좋아지자 정작 소유주인 친족분은 "그 젊은 사람이 해봤자 뭘 얼마나 했겠어?" 하고 무시하는 바람에 필자의 입맛은 씁쓸했다. 공사가 한창 진행 중일 때는 거의 와보지도 않

리모델링 업체의 재무제표를 반드시 확인하라

왔던 분이 일이 다 끝나고 나니까 태도가 바뀌시니 '화장실 갈 때와 올 때 마음이 다르다', '재주는 곰이 부린다'는 속담들도 문득 생각났다(공사 완료 후 2년 뒤 해당 업체는 사기죄가 성립되어 실형 2년을 선고받고 책임자가 복역 중이다).

이밖에도 부실한 리모델링 업체 때문에 난감한 일들을 여러 차례 겪은 후로 필자는 공사 업체를 선정할 때 반드시 재무제표를 확인한다. 물론 업체 입장에서는 재무제표까지 보여달라고 하면 기분은 나쁘겠지만 그래도 자신의 안전이 우선이 아니겠는가? 정말 괜찮은 업체는 애초에 너무 싸게 부르지도 않는다. 리모델링을 할 때에는 가격 대비 성과가 좋아야 하지만 가격만 싸다고 다가 아니다. 너무 아까워하지만 말고 가격과 결과물의 균형을 항상 염두에 두어야 한다.

여러 곳에서 견적을 받을 때에도 가격이 너무 싼 곳은 의심해봐야 한다. 견적가가 너무 비싼 것은 굳이 사족을 달지 않아도 제외시켜 버리겠지만 다른 견적가에 비해서 너무 싼 경우도 마찬가지로 다른 의도가 있거나, 없더라도 그 낮은 가격에 진행하다가 비용 감당이 안 된다고 손을 들어버릴 수도 있다. 싸다고 좋아하지 말고 단가가 터무니없이 낮은 것은 아닌지, 업체의 상태에는 문제가 없는지 반드시 확인해봐야 한다.

10. 사랑하는 자녀를 직접 키울까? 맡겨서 키울까?

빌딩 관리는 절대 쉬운 일이 아니다. 빌딩을 사서 임대료 받으면서 편안하게 살 수 있을 것이라고 생각하는 사람들이 많지만 착각이다. 물론 옛날에는 그런 사람들이 꽤 많았다. 한참 한국 경제가 고성장을 거듭할 때에는 부동산을 사두기만 하면 자산 가격이 알아서 올려줬기 때문에 임대료도 따라서 올라갔다. 지금은 그러한 시대가 아니다. 편하게 임대료 받아서 생활한다는 마인드로 건물을 가지고 있으면 빌딩은 점점 낡아가고 관리는 점점 부실해진다. 그 결과는 가치 하락, 주변보다 낮은 임대료, 공실로 이어진다.

빌딩 관리 회사의 전문성을 100퍼센트 믿지 마라

스스로 빌딩 관리를 하기에 시간이 없고 바쁘다고 생각하거나 귀찮다고 생각하는 사람들은 관리 회사를 생각하게 된다. 이른바 종합임대관리, 종합자산관리와 같은 이름으로 빌딩의 관리를 원스톱으로 해주는 회사들도 늘어나고 있는 추세다. 부동산 중개 컨설팅 회사 중에서도 빌딩관리 사업을 함께 하고 있는 곳이 있어서 컨설팅 회사를 통해서 빌딩을 매수했다면 그 회사에서는 빌딩 관리까지 따내려고 열심히 설득할 것이다. 투자자 입장에서도 빌딩을 사기는 했지만 운영과 관리는 잘 모르니까 이러한 일을 전문으로 하는 관리회사에게 맡기는 게 돈은 들어도 더 효율적이라고 생각할 수 있다.

하지만 결론부터 말하면 관리 회사에 모든 것을 맡기면 득보다 실이 많다. 무엇보다도 소유주와 임차인의 이익이 부딪칠 때의 문제가 있다. 빌딩을 관리하다 보면 애매한 것들이 있다. 어떤 하자보수나 공사를 건물주가 해야 하나, 임차인들이 해야 하나 하는 부분에서 애매할 때가 있는데. 관리 회사는 고객의 이익을 최우선으로 해야 당연한데도 그보다는 자기들이 일하게 편한 쪽으로 처리한다. 모든 관리 회사는 고객에게 "저희는 고객의 이익을 최우선으로 생각하고 관리합니다."라고 말은 한다. 그러나 고객이 별 신경을 쓰고 있지 않으면 관리회사는 자기들의 편의가 우선이 된다.

또한 빌딩을 관리 운영하기 위해서는 관리소장이나 경비, 청소 인력을 비롯한 여러 인력을 고용하거나 외주를 주게 되는데, 종종 자질이 의심스러운 사람이나 외주 회사를 데려오는 일들이 있다. 관리 회사라면 빌딩 관리에 전문성을 가진 곳이니까 당연히 이들이 데려온 인력들도 전문성이 있거나, 회사에서 체계적으로 인력을 운용하고 교육하는 시스템이 있을 것이라고 생각하겠지만 실상은 그렇지가 않다.

우리나라 경비업계에서 거의 톱이라고 해도 좋을 굴지의 대기업 계열 회사가 있다. 이 회사에서는 빌딩관리 사업도 하고 있는데, 필자가 가지고 있던 빌딩의 관리를 이 회사에게 맡긴 적이 있었다. '설마하니, 우리나라에서 최고로 손꼽히는 대기업 계열인 데다가 그 회사 자체도 경비업계에서 최고로 손꼽히지 않을까…' 하고 생각했다. 그러나 실상은 달랐다. 이 회사에서 고용한 관리소장은 출근 4일 만에 결근을 했다. 그것도 무단결근이었다. 빌딩에 갔다가 관리소장이 없으니 이게 어떻게 된 건가 하고 연락을 해보니 아들 졸업식이라고 한다. "그런 일이 있으면 미리 말씀하셔야지 무단결근을 하면 어떻게 합니까?" 하고 물으니 본사에는 말했다고 한다. 알고 보니 당일 아침 아홉시 반에 본사에 그 이야기를 한 것이다.

그 회사에서 데려온 또 다른 관리소장도 문제가 많았다. 임차인으로부터 여름철에 빌딩 지하 1층에 물이 새는 곳이 있다는 이야기를 듣고 알아보니 보름 전부터 물이 새기 시작했다고 한다. 그때 관리소장은 이미 경비원에게 이야기를 들었다는 말에 어이가 없었다. 5층 화장실에도 물이 새고 있었는데 그것도 소장은 알고 있었으면서 별다른 조치를 하고 있지 않았다.

소장이 빌딩 주차장에 주차비를 받겠다고 하기에 세입자를 위한 공간이니까 받지 말라고 했는데도 몰래 돈을 받는 일도 있었다. 빌딩 유지보수에 관련된 각종 수리나 공사를 할 때에는 보통 인부가 다섯에서 열 명은 오는데 거의 다 차를 가지고 온다. 이것까지 주차비를 받겠다고 덤비는데 그것도 술 한잔 같이 마시고 나면 자기 마음대로 돈을 안 받는다. 원칙도 없고 한마디로 자기가 빌딩에서 왕이라도 되는 것처럼 제멋대로였다. 빌딩의 규모가 크면 관리소장의 이런 행동은 표도 잘 안 나기 때문에 소유주가 건물 관리에 신경을 쓰지 않으면 더더욱 배짱을 부린다.

국내 굴지의 대기업 계열사라고 해봐야 빌딩 관리 인력을 쓸 때 옥석도 제대로 못 가리고 소속감도, 의무감도 부실한 사람을 관리소장이라고 앉혀놓는 일이 비일비재하다. 직접 사람을 뽑아 쓰거나 작은 회사에서 고용한 인력보다 인건비는 더 많이 나가는데도 질적으로 차이가 없다. 본사에 항의하면 미안하다면서 사람 바꾸고 나서는 할 일 다 했다는 식이다. 그렇게 사람이 바뀌면 또 처음부터 업무를 파악해야 한다. 앞서 예로 든 것처럼 새로 온 사람이 전보다 낫다는 보장도 없다. 그러면서 인건비는 직접 사람을 쓸 때보다 1.5~1.8배 정도는 들어간다. 몇 번 경험을 해보니, 그런 간판에 속아서 돈은 돈대로 쓰고 자질 떨어지는 사람 때문에 속은 속대로 썩일 이유가 뭐가 있나 싶어졌다.

자기 이익이 아닌, 내 이익을 위해서 일하게 하라

관리업체나 경비업체, 그밖에 외주업체를 고를 때에는 처음부터 회사를 잘 고르고 계약서를 꼼꼼하게 쓰는 게 중요하다. 먼저 업체에 대한 주위의 평가, 또는 그 업체에서 다른 빌딩에 데려다놓은 관리소장의 평판을 확인해볼 필요도 있다. 관리회사에서 이상한 사람만 관리소장이라고 데려다가 계속 앉혀놓고, 소유주는 계속 마음에 안 들어서 바꿔달라고 하고, 이렇게 몇 번 사람 바뀌다 보면 인수인계 하다가 시간만 잔뜩 낭비한다.

평판이 좋고 정말 일을 잘하는 좋은 업체를 만나서 한다고 해도 내가 업체에 다 맡겨버리고 신경을 안 쓰고 있으면 어딘가 부실해진다. 서 있으면 앉고 싶고, 앉아 있으면 눕고 싶은 게 사람 마음이다. 피곤하고 바빠도 신경을 쓰고 제대로 관리가 되고 있는지 정기적으로 확인해야 한다. 관리 회사가 일을 잘 못하거나 자질이 떨어지는 사람을 데려다가 써서 빌딩의 관리가 부실해지면 그 손해를 관리 회사가 보는가? 아니다. 고스란히 건물주 손해로 돌아온다.

무조건 관리 회사를 불신하고 빌딩 관리는 무조건 직접 하라는 뜻이 아니다. 현실적으로 해야 할 다른 일이 있어서 직접 관리가 불가능할 수도 있고, 투자가 순조롭게 되어 소유하는 빌딩이 늘어나고 혹시 빌딩끼리의 거리가 떨어져 있어서 물리적으로 불가능할 수도 있다. 그어떤 경우라도 관리 회사에 맡겨놓았으니까 알아서 잘할 거라고 맹신하지 말라는 것이다. 자녀를 키울 때에도 맞벌이를 하거나 피치 못할 사정으로 아이를 어린이집이나 보모에게 맡겨야 할 수 있다. 하지만 맡겨놓았으니까 신경을 쓰지 않아도 될까?

종종 뉴스에서 어린이집이나 보모의 아동 학대나 부실한 식사 문제가 거론되면서 부모들을 불안하게 한다. 그래서인지 요즘은 어린이집에 CCTV를 곳곳에 달아서 부모들이 언제든지 인터넷으로 아이를 확인할 수 있도록 하는 곳도 늘어나고 있다. 부모로서는 더욱 신경 쓰고 자주 확인하는 수밖에 없다. 빌딩도 마찬가지다. 거액을 들여서 산 빌딩을 볼 때면 왠지 자식 같은 느낌이 들지 않는가? 그런 빌딩을 남에게 맡겨놓고 알아서 잘 하겠지, 하고 무관심해서는 관리가 꼼꼼하게 되지 않는다.

필자가 종종 중개업자나 다른 외주 업자에게 하는 말이 있다. "당신 수익을 위해 내 수익을 줄이지 말아 달라."는 것이다. 나에게 수수료를 받고 일하는 사람들이라면 고객의 수익을 우선시해야 하지만 실상은 그렇지 않을 때가 많다. 내 수익은 내가 꼼꼼히 챙겨야지 내가 놀고 있는데 남이 알아서 착착 챙겨줄 것이라고 절대로 안이하게 생각하지 말라.

사랑하는 자녀를 직접 키울까? 맡겨서 키울까?

11. 70퍼센트에 사서 90퍼센트에 팔면 성공이다

저평가된 부동산의 가치를 찾아내고, 그 가치를 끌어내는 빌딩 투자 방식은 결코 쉬운 방법은 아니다. 시간과 노력을 충분히 들이고, 스스로 가치를 발견하는 내공을 쌓아가면서 분투해야 한다. 하지만 그러한 노력을 들일 만한 이유는 여러 가지가 있다. 여기서 소개하는 또 하나의 이유는 바로 '싸게 팔아도 남는다'는 것이다.

수요를 다양하게 생각하라

필자는 서울 강남에서 30억 원 가격의 빌딩에 투자한 적이 있다. 물론 당시 이 빌딩은 주위 다른 물건들에 비해서 가치를 제대로 인정을 받지 못하고 있었다. 그렇다면 투자한 후 이 빌딩의 가치를 높이려면 리모델링을 비롯한 대대적인 보완이 필요했을까? 이 빌딩은 그렇지 않았다. 이곳이 저평가되었다고 판단한 이유는 땅값 때문이었다. 당시 부지 가격이 평당 8000만 원이었기 때문에 주위의 땅값과 비교했을 때 60퍼센트 정도 수준으로 확실히 쌌다. 이런 경우에는 빌딩에 리모델링을 하느라 돈을 많이 들이지 않고 그냥 가지고만 있어도 된다.

그렇다면 누가 이 빌딩을 살까? 부지의 가격이 쌀 때에는 철거하고 개발하려고 하는 업자가 가장 적합한 고객이다. 사실 이 빌딩은 오래 되기도 했고 용적률도 충분히 살리지 못하고 있었다. 아마도 빌딩의 문제가 부지까지도 저평가되게 만든 원인이었을 것이다. 이럴 때는 리모델링보다는 철거하고 개발을 해서 새 빌딩을 올리는 편이 훨씬 좋다. 투자의 이득을 극대화하려면 내가 직접 개발을 시행해서 빌딩을 올리는 게 가장 좋기는 하다.

하지만 직접 개발에 나서는 것은 권하고 싶지 않다. '빌딩 하나를 지으면 10년 늙는다'는 말처럼 공사 기간 동안 들어가는 시간과 금전은 물론, 공사에 관련된 갖가지 업체나 종종 크고 작은 분쟁에 휘말린다. 여기에 인허가 및 각종 승인에 관련된 여러 부서의 공무원을 상대하는 것도 스트레스 덩어리고, 공사 과정에서 발생할 수 있는 소음이나 분진을 비롯한 각종 주변 민원까지 온갖 사람들을 상대하고 싸우다 보면 정말로 10년은 늙는 것 같다. 공사 현장에서는 은근히 산업재해도 잦은 편인데, 만에 하나 공사 중에 사고라도 나면 추가로 10년은 더 늙는다고 보면 된다. 그러니 많은 수익에 욕심을 부려서 직접 시행에 덤비는 것보다는 적정한 가격으로 개발회사에 파는 편이 종합적으로 보면 더 낫다.

빌딩을 사는 이유는 단순히 그 빌딩의 임대 수익을 노리거나 자신들이 사무실이나 매장으로 쓰기 위해서만이 아니다. 가격만 저렴하면 옛날 빌딩을 철거하고 새 빌딩을 올리려는 개발업자들도 적지 않다. 이런 경우에는 땅값만 주변 시세에 근접하게 제대로 받아도 수익이 충분하다. 아니면 빌딩을 살리고 리모델링을 하려고 하거나 지금의 투자 대비 수익률이나 임대 수익을 보고 투자하는 사람도 있을 것이다. 수요가 한 가지 종류인 것보다는 여러 가지 종류일 때가 더 좋을 것이다. 빌딩을 사기 위해서 물건을 볼 때부터, '이걸 누구한테 팔면 좋을까?'를 생각하는 눈을 키워야 하고, 빌딩의 수요층을 한 가지로 고정하지 말고 다양하게 생각하는 사고의 유연성도 필요하다.

여기서 한 가지 더 생각해볼 게 있다. 바로 '기대 심리'다. 예를 들어보자. 투자를 고려하고 있는 주택이 두 곳이 있다. A주택은 근처에 지하철역 설치 계획이 발표되었고, B주택은 이미 지하철이 개통되어 근처에 역이 있다. 어느 주택이 더 투자 가치가 높을까? A는 개발이 이루어질 것이라는 기대감을 가지고 있는 상태지만 B는 이미 뚜껑이 열린 상태다. 물론 양쪽 다 메리트가 있지만 이미 개발 호재가 다 실체화되어서 더 이상 여지가 없는 쪽보다는 아직 실체화되지 않아서 '기대감'을 가질 여지가 있는 쪽이 수익률이 더 올라간다.

필자의 투자 경험을 한 가지 더 소개해본다. 소유하고 있던 7층짜리 빌딩이 상업지역이라 용적률이 900퍼센트까지 나왔기 때문에 마음만 먹으면 최대 13층까지 건물을 올릴 수 있었다. 입지 조건이 좋으니 13층으로 건물을 올려서 비싼 값에 팔라고 권유하는 사람들이 실제로 꽤 있었다. 하지만 그렇게 하지 않았다.

이유는 크게 두 가지였다. 당시 7층 건물의 시세는 250억 원가량이었다. 그런데 이 건물을 헐고 13층 건물을 올리려면 철거와 공사비용을 합쳐서 줄잡아 5, 60억 원 정도는 들었을 것이다. 건물의 시세와 공사비를 합치면 300억 원이 넘어간다. 공사를 마치면 더욱 크고 깔끔한, 최신 시설을 갖춘 깨끗한 빌딩으로 탈바꿈하므로 가치는 300억을 훌쩍 넘어가겠지만 건물의 가격이 너무 올라가면 매수할 수요층이 좁아져버리고 거래가 이뤄질 확률이 낮아진다. 그뿐만이 아니라 건물을 신축하려면 적어도 1년 6개월에서 2년 정도의 시간이 걸릴 텐데, 공사 과정에서 겪는 스트레스도 심하고, 증축 공사 기간 동안에는 임차인을 모두 내보내야 하므로 임대 수익을 낼 수 없었다. 기존 건물을 철거하고 큰 건물을 올리는 게 별 실익이 없다는 결론이었다.

둘째로, 개인이나 법인이 매수한다면 투자 목적으로 사서 더 좋은 값에 팔거나 실제로 자신이 입주하는 경우, 또는 임대 수익을 목적으로 할 것이다. 하지만 건설 회사나 건설 시행사가 매수하는 경우도 있는데, 그 건물을 철거하거나 재건축 또는 증축을 하고 분양하려는 목적이다. 어떤 건설회사에서 내가 가진 건물을 보러 왔다고 가정해보자. 지금처럼 7층짜리 건물이 그대로 있다면 건설회사에서는 아마도 '이 건물을 헐고 13층짜리 건물을 새로 올리든지 지금 건물을 13층으로 증축해서 분양을 한다면 돈이 얼마가 되겠구나.' 하고 기대감을 가질 수 있을 것이다. 하지만 이미 13층짜리 건물이 다 올라가 있는 상황이라면 건물에 대한 가격 계산은 이미 다 끝나버린다. 만약에 분양이 다 안 돼서 공실이 있는 상황이라면 가치가 뚝 떨어져버린다.

빌딩을 평생 붙잡고 임대 수익으로 먹고 살겠다면 모를까, 팔아서 수익을 올릴 요량이라면 이 빌딩을 살 만한 수요층을 다양하게 생각해봐야 한다. 그리고 가치를 다 실현하기보다는 어느 정도 기대감을 남겨놓는 것도 가치와 수익률을 높이는 한 가지 방법이다.

70퍼센트에 사서 90퍼센트에 팔면 성공이다

힘들게 사서 쉽게 팔 것인가,
쉽게 사서 힘들게 팔 것인가

저평가된 빌딩에 투자하는 장점 중 하나는 '시세보다 싸게 팔아도 남는다'는 것이다. 예를 들어 가치가 100억 원 정도인 빌딩을 90억 원에 투자했다면 여기에 등기 비용만 5억 원이나 추가로 들어가므로 가치 투자의 관점에서 보면 빌딩이 많이 올라주지 않는 한은 그리 성공적인 투자라고 보기 힘들다. 하지만 시세 차익보다는 임대 수익을 위주로 생각하는 실수요자라면 90억 원 정도에 매수했다고 해도 조금이라도 낮은 가격에 샀으니 잘 샀다고 볼 수 있다.

만약 이런 빌딩을 70억 원에 샀다면 어떨까? 90억 원에 판다고 해도 나로서는 이것저것 비용을 제하고도 15억 원 이상의 이익이 생긴다. 산 사람도 실수요자라면 앞서 이야기했듯 잘 산 편이다. 즉 나는 시세보다 약간 낮은 가격에 팔아도 만족스러운 수익을 얻을 수 있고, 산 사람도 나름대로 만족인 원원 게임인 것이다. 이렇게 팔면 수요도 많으므로 팔기도 쉽다. 반면 빌딩을 90억원에 샀다면 의미 있는 차익을 남기기 위해서는 빌딩 가격이 쑥쑥 올라주기를 기도하거나 시세보다 어떻게든 비싼 가격에 팔아야 한다. 그렇게 사줄 수요가 많을 리는 없다. 빌딩을 사줄 사람을 찾는 동안에 쌓이는 불안감과 피로감도 크고, 투자자를 찾았다고 해도 협상 과정도 무척이나 힘들다. 시세대로 팔아서는 남는 게 없으니 자꾸 상대를 속여서 가치를 부풀리려고 시도하게 된다. 결국 거래를 해서 남는 이익도 적고 그 과정도 너무나 힘들다.

거래는 원-원이 될 필요가 있다. 사람들은 거래를 하면서 자기 이익을 극대화하는 것만 생각하기 쉽지만 그래서는 거래가 잘 되지도 않으며, 상대방을 속여서 가치에 비해서 높은 가격으로 팔려고 하면 결국 상대는 손실을 보게 되므로 시장에도 좋지 않은 영향을 미친다. 파

270

는 사람도, 사는 사람도 각자 얻는 게 있어야 거래가 잘 되고 투자하려는 사람들이 늘어난다. 무작정 자기 이익만 앞세우려고 하면서 몇 퍼센트 더 받을 궁리에 스트레스로 끙끙 앓다가 화병이 나는 것보다는 나와 상대가 모두 얻어갈 수 있는 거래를 하는 좀 더 넓은 눈을 가지면 결국 자신에게도 물질로나, 마음으로나 이익으로 돌아온다.

사실 '시세'라는 것에 지나치게 연연하는 것도 별 영양가가 없다. 빌딩 거래에서 시세에는 보통 ±10퍼센트 정도의 차이는 존재한다. 빌딩의 시세는 파는 사람과 사는 사람의 거래를 통해 형성되는 것이고 파는 사람과 사는 사람 사이에는 본질적으로 가격에 차이가 있을 수밖에 없다. 따라서 시세에 너무 연연해서 시세만큼은 다 받아내야 한고 그렇게 못 받아내면 손해라는 식의 강박관념은 별 의미가 없다.

이제 독자 여러분은 빌딩을 살 때부터 항상 팔 때를 생각하는 자세가 필요한 이유를 충분히 이해하셨을 것이다. 이 빌딩을 시세의 90퍼센트에 팔면 나에게 얼마나 남을 것인가? 만약 많이 남는다고 판단이 된다면 저평가된 빌딩을 보고 있는 것이다. 이런 빌딩은 환금성이 좋지만 찾아내는 과정이 힘들다는 것이 단점이긴 하다. 반대로 실제 가치와 시세가 큰 차이가 없는 빌딩은 찾기는 상대적으로 쉬울 것이다. 이런 물건은 일반 부동산이든 컨설팅 회사든 넘쳐난다. 하지만 사고 나면 팔기가 힘들고 남는 이익도 적다. 많은 사람들은 빌딩을 찾아 힘들게 노력하기보다는 중개업자나 부동산 컨설팅이 소개해주는 물건을 보고 편하게 투자하고 싶어 한다. 즉 후자를 선택하는 것이다. 이 책을 읽고 나서 과연 어떤 쪽에 투자할 것인가? 그 선택은 여러분들의 판단에 맡기도록 하겠다.

12. 위기 탈출의 수단이자 새로운 기회, 교환거래

부동산 매매 거래를 할 때에는 돈을 주고받을 수도 있지만 물물교환처럼 부동산끼리 교환하는 방식으로 거래를 할 수도 있다. 이것을 '교환거래'라고 한다. 실제로 이런 방식의 거래가 상당히 이루어지며 교환거래만 전문적으로 하는 사람들도 있을 정도다. 특히 부동산을 팔려고 해도 잘 나가지 않거나, 거래 자체가 전반적으로 침체되어 있을 때 위기 탈출의 수단으로 교환거래를 생각해 볼 수 있다.

나의 애물단지 부동산 탈출기

부동산 경기가 한창 좋았을 때, 살고 있던 강남의 50평형 아파트도 18억 원 이상까지 올라갔다. 그런데 집 근처에 한강 뷰 130평의 고급 빌라 하나가 25억 원에 매물로 나왔다. 일반적인 빌라라면 환금성이 떨어지기 때문에 생각을 안 했겠지만 이곳은 여러 모로 좋은 점이 있었다. 한강을 조망할 수 있었던 이 빌라는 꼭대기 3층 이상은 탁 트인 조망으로 40억 원을 훌쩍 넘길 정도였다. 매물로 나온 것은 그 아래 2층으로 한강이 보이기는 하지만 좀 가려지는 단점이 있어서 25억 원 정도에 나왔다. 조금 가려지는 부분은 있어도 조망이 좋았고, 그러한 정도의 단점에 비해 그 위층과 가격 차이가 컸다. 살고 있던 아파트가 50평에 18억 원인데 거기에 7억 원만 더 붙이면 130평 고급 빌라에 살 수 있었으니 서둘러서 계약을 했다.

그런데 집안 사정으로 그만 그 집에 들어갈 수 없는 상황에 놓이게 되었다. 들어가서 살기에는 참 좋은 곳이라고 생각했는데 좌절된 것도 가슴 아픈 일인데, 들어갈 수 없게 되었기 때문에 다시 빌라를 팔려고 내놓았지만 좀처럼 나갈 기미가 안 보였다. 한강 조망이 좋은 집들이 우후죽순으로 생기고 있었기 때문에 인기가 하락하는 문제도 있었다. 그 사이에 부동산 경기가 하락 반전하는 바람에 주택 가격이 내려가고 거래가 얼어붙는 상황이었다. 어차피 투자 목적은 아니었기 때문에 계획대로 들어가서 살 수 있었다면 가격이 떨어지는 것은 큰 문제는 아니었다. 하지만 못 들어가게 되었으니 팔리지도 않고 애물단지가 되어버렸다. 이때 활용한 방법이 교환거래였다.

상대는 강남의 이면도로에 원룸 건물을 가지고 있는 사람이었다. 이 건물주도 개인적인 사정 때문에 건물을 처분하고 대신 넓은 주택을 구입할 생각을 하고 있었다. 하지만 팔려고 내놓아도 잘 나가지 않는 상태였는데, 실제로 건물을 보니까 관리가 잘 안 돼서 지저분하고 낡아 보였다. '이러니 안 팔리지…' 하는 생각이 들 정도였다. 협상이 진행되는 도중에 계약이 깨질 뻔한 일도 있었지만 가까스로 교환거래가 성사되었다. 계약 후에도 건물주가 마음을 바꿔서 계약을 파기하려고도 했지만 이미 계약이 체결된 뒤에는 아무리 혼자 파기하고 싶어도 이미 엎질러진 물이다. 계약을 한 후 속으로 운이 좋았다는 생각이 들었다. 교환거래가 아니었다면 빌라를 처분하는 데 시간도 걸렸을 것이고 시세도 떨어져서 상당히 손해가 되었을 것이기 때문이다.

교환거래로 원룸 빌딩을 매수하고 나서는 곧바로 건물의 안팎을 보수했다. 건물 전체에 걸쳐서 페인트칠을 새로 해서 깔끔하게 바꾸었다. 관리가 얼마나 부실했던지 나무로 된 원룸 문은 낡고 관리가 안 되어 썩어가는 것도 있었다. 문도 모두 바꾸고 전반적으로 안팎을 깔끔하게 보수했다. 1층에 걸린 지저분한 간판들도 모두 떼어내고 새로 꾸몄다. 이 건물은 10개월 만에 29억 원에 매각했다. 보수를 위해 들어간 비용이 1억 원이 안 되었으니까 3억 원 이상의 시세 차익을 거둔 셈이다. 만약 교환거래를 하지 않았다면 빌라를 팔기 위해서는 25억 원보다 상당히 낮춰서 팔아야 했을 것이므로 이런 점까지 감안하면 3억 원보다 훨씬 더 많은 수익을 올린 것이나 마찬가지였다.

애물단지 부동산이 있을 때에는 가격을 많이 낮춰서 급매물로라도 처분하려는 게 보통이다. 계속 본전 생각만 하고 쥐고 있다가 하릴없이 가격이 떨어지는 것보다는 적절하게 손절매를 하는 게 현명하다. 하지만 부동산을 처분해서 현찰로 받을 생각만 할 게 아니라 다른 부동산과 교환을 해도 윈윈이 될 수 있다. 다른 사람에게는 애물단지만 나한테는 필요할 수 있고, 반대로 나에게는 애물단지만 남에게는 필요할 수도 있다. 이럴 때 교환거래가 성사되기 좋다.

교환거래가 성사되기 위해서는 운이 많이 작용한다. 시세가 차이 나는 건물을 교환할 때에는 차액을 돈으로 지불하는 경우도 있지만 그래도 서로 가격이 큰 차이가 나지 않고 서로 원하는 부동산을 상대가 가지고 있어야 하기 때문이다. 하지만 교환거래라는 방법이 있다는 것도 모르고, 부동산의 가치판단도 할 줄 모른다면 기회가 자신에게 와도 모르고 그냥 흘러버리게 된다.

교환거래는 분명 활용 가치가 있고, 특히 부동산 경기가 침체되거나 애물단지 부동산을 처분할 때에는 좋은 수단이 될 수 있지만 위험성도 있다. 예전에는 교환거래를 두고 '둘 중 하나는 죽이는 거래'라고 하기도 했다. 교환하는 두 부동산이 실제로는 가치 차이가 많이 나는데도 어느 한쪽이 상대를 속여서 마치 비슷한 가치인 양 교환거래를 하는 일이 적지 않았기 때문이다. 상대를 속인 쪽은 이득을 보지만 그 상대는 알짜 부동산을 내어주고 애물단지를 받는 결과가 되니 둘 중 하나를 잡아먹는 거래라고 했던 것이다.

필자의 먼 친척도 이러한 교환거래에 속아서 30년 전에 수십억 원 대의 부도를 냈다. 30년 전 수십 억이라면 지금으로 하면 수백 억 이상은 될 것이다. 이 친척 분은 사업이 잘 되어서 건물을 여러 채 가지고 있었는데 그만 속아서 지방의 맹지와 교환거래를 했다. 건물을 사면서 융자를 많이 받았지만 이것을 쓸모없는 맹지로 바꾸었으니 결국 부채를 감당 못해서 거액의 부도를 맞은 것이다. 지금은 교환거래도 예전보다는 많이 투명해졌고, 인터넷을 통해서 지도로 부동산의 위치를 확인하거나 여러 가지 정보를 얻을 수 있어서 '하나는 죽이는' 정도의 거래는 많이 없어졌다. 하지만 가치판단을 제대로 할 줄 모르면 교환거래는 위험할 수 있다.

일반적인 부동산 거래와 마찬가지로 교환거래를 할 때는 등기부

등본을 비롯한 각종 서류를 꼼꼼하게 살펴봐야 한다. 교환거래로 나오는 물건은 근저당이 많이 걸려 있거나, 각종 권리 관계가 복잡하게 꼬여 있는 경우가 종종 있기 때문이다. 직접 현장에 가서 실사를 해야 하는 것은 두말할 필요도 없다.

교환거래를 할 때는 시세를 부풀리지 말라

또한 교환거래를 할 때에는 서로 맞바꾸는 부동산의 가치를 굳이 키울 필요가 없다. 누구나 거래를 할 때에는 자기 부동산의 가치를 높이고 싶어 한다. 교환거래 시에도 처음에는 서로 자기 것의 시세를 부풀리려고 열심들이다. 또한 아예 매물을 내놓을 때 매매가 35억, 교환가 40억과 같은 식으로 시세를 이중으로 매기기도 한다. 돈으로 살 거면 35억을 들고 오고, 다른 부동산과 맞바꾸려면 40억짜리는 가지고 오라는 뜻이다.

하지만 교환거래에서는 매매가를 올리는 게 꼭 현명한 것은 아니다. 양도세 때문이다. 교환거래의 경우에도 양도세는 내야 하며 이는 부동산의 시세를 기준으로 평가하게 된다. 시세를 다 받을 필요 없이 서로 적당히 양보하면 양도세를 줄일 수 있다. 그렇다고 양도세를 크게 낮출 요량으로 교환거래 가격을 너무 낮추면 과소신고로 세무조사 대상이 된다. 일반적인 시세에 대비해서 정상적인 거래로 보는 상하한가가 있기 때문에 굳이 자기 부동산의 가치를 부풀리려고 하지 말고 서로 양보하면 양도세 절세 효과도 얻을 수 있다.

끝으로, 교환거래는 마음에 쏙 들 수는 없다는 사실을 기억하라. 서로 잘 팔리는 부동산을 교환거래 하는 일은 별로 없고 거래가 잘 안 되는 부동산을 서로 바꾸는 것이기 때문에 일반적인 거래보다는 눈을 낮춰야 하는 것은 어쩔 수 없다. 하지만 애물단지를 그대로 쥐고 있는 것보다는 조금이라도 자신이 원하는 부동산으로 바꾸는 게 낫다. 가치 판단을 제대로 할 줄 안다면 생각보다 좋은 거래를 할 수도 있다. 어차피 모든 부동산 거래는 100퍼센트 마음에 드는 것이란 없다. 80퍼센트 마음에 들면 성공이라고 할 수 있다. 교환거래를 할 때에는 그보다도 조금 더 낮춰서 생각하는 것이 합리적이다.

5

빌딩 투자는
재테크가 아니라
비즈니스다

1. 빌딩 투자는 재테크가 아니라 비즈니스다

2016년 2월, 종편채널 JTBC에서 서울시내 초·중·고등학생을 상대로 '장래에 선망하는 직업'을 설문조사한 결과가 세간의 화제가 되었다. 고등학생들은 1위로 공무원을 꼽았다. 요즘 세태를 보면 놀랄 일도 아니다. 진짜 화제를 끈 것은 2위였다. '건물주와 임대업자'였기 때문이다. '안정적이어서', '높은 소득이 보장되기 때문에'와 같은 것들이 주된 이유였다.

언론에서는 미래에 대한 희망이 가물가물해지고 있는 시대를 반영하고 있는 결과로 해석했다. 한편으로, 미래에 대한 도전정신보다는 안정되고 돈 많이 버는 직업을 선호하는 요즘의 '애늙은이'(?) 같은 청소년들이 걱정된다고 한숨을 쉰다. 하지만 고등학생들이 선망하는 직업 2위의 롤모델(?)인 필자로서는 다른 의미로 기가 막힐 일이었다. 청소년들이 도전정신이 없어서가 아니다. 안정적이고 높은 소득이 보장된다니, 빌딩 투자에 대해서 몰라도 한참 모르는구나, 싶어서였다. 빌딩 투자는 절대로 편하게 앉아서 돈 버는 일도, 안정적인 일도 아니다. 노른자위 중에 노른자위라는 강남역 대로변의 빌딩에도 공실이 생기는 시대다. 어떤 다른 일 못지않게, 아니 그보다 더 치열하게 하지 않으면 안 되는 일이 빌딩 투자다.

사두면 오르는 시대는 이미 옛날 얘기다

다른 일로 돈을 벌어 빌딩 하나 사놓으면 열심히 일하지 않아도 임대료 수입으로 평생 편히 살 수 있다고 생각하는 사람들이 아직도 정말 많다. 돈 좀 모으면 빌딩을 가지는 것이 한국인들의 로망이다. 한때는 이런 로망이 통했다. 고성장 시대에는 산업이 빠르게 발전하고 도시로 인구가 몰리니 아파트든 건물이든 사놓기만 하면 무조건 쑥쑥 올랐고, 공실 걱정도 별로 하지 않았다.

나이든 건물주 중에는 자기 빌딩의 가치를 제대로 알아보지도 못하고 가치를 높이려는 생각도 안 하는 사람들이 적지 않다. 단지 나이가 들고 귀찮아서가 아니다. 부동산은 사놓기만 해도 오르던 시대에 빌딩을 샀기 때문이다. 공실 걱정도 없고 시간만 지나면 알아서 값이 뛰니 가치를 높이려는 고민도 노력도 별로 하지 않았다. 애초에 싸게 샀고 많이 올랐기 때문에 지금은 실제 가치에 비해서 수익이 형편없어도 투자한 금액과 비교해서 아주 많은 수익을 올리고 있다고 착각하기 쉽다.

그런데 이런 마인드로 지금과 같은 시대에 빌딩 투자를 한다면 과연 안정적으로 쉽게 고소득을 올릴 수 있을까? 어림도 없다. 침체 상태인 경제가 다시 회복세를 보인다고 해도 8, 90년대와 같은 호황이나 자산 가치 상승 속도는 기대하기 힘들다. 과거보다 전반적인 수익률도 줄어드는 흐름이고 공실률도 예전보다 높아진 게 현실이다. 옛날에는 실제 가치보다 비싼 가격에 바가지를 쓰고 샀더라도 결국 부동산 전반의 상승 속도가 이를 뛰어넘었기 때문에 길게 보면 이익이었지만 지금은 바가지를 쓰고 부동산을 사면 시간이 지나도 그만큼 올라주지 않아서 손실을 만회하지 못할 가능성이 높다. 내가 빌딩 투자를 권하는 이유는 다른 투자보다 장점이 많아서이지 과거와 같은 대박을 지금도 맞을 수 있을 것이라고 생각하기 때문은 절대로 아니다.

과거에는 황금알을 낳는 거위였던 대규모 개발 사업도 요즈음은 줄줄이 좌초되거나 위기에 몰리기도 한다. 용산 국제업무지구 사업이나, 양재동 화물터미널 부지 개발사업(파이시티) 같은 대형 개발 사업은 '단군 이래 최대 규모'와 같은 말을 들으면서 재벌 대기업들이 참여했지만 결국 대규모 손실과 함께 사업이 좌초되었다. 조 단위의 자금이 투입되고 재벌 대기업이나 대규모 투자 자본들이 컨소시엄으로 추진하는 개발사업이 실패할 것이라고 예상한 사람이 얼마나 될까? 정말로 '돈이 돈을 번다'는 통념이 점점 들어맞지 않는 시대로 가고 있는 것이다.

묻지마 투자가 더 이상 통하지 않는 시대가 된 지금, 빌딩 투자도 과거와 같이 여유 자금이 있으면 사들여서 편하게 임대료를 받아먹는 식으로 접근해서는 곤란하다. 안정적으로 세가 들어올지는 몰라도 다른 투자와 비교했을 때 수익률이 딱히 나을 게 없다면 잘못된 투자다. 여기에 공실까지 자주 생긴다면 더더욱 수익률이 추락한다.

과거처럼 '일단 사두면 오르는' 시대라면 필자처럼 많은 시간과 노력을 들여서 가치가 저평가된 빌딩을 찾으려 안간힘을 쓸 필요는 없을 것이다. 이미 시대와 주위 환경은 많이 변했는데 빌딩 투자에 대한 인식은 과거의 고도성장기에서 벗어나지 못하는 사람들이 많아 안타깝다. 저성장 시대의 빌딩 투자는 어떻게 해야 하는지, 저평가된 빌딩을 찾기 위해서 얼마나 많은 노력을 기울여야 하는지 고등학생들이 안다면 단언컨대 절대로 건물주라는 직업이 선망하는 직업 2위까지 올라가지는 못할 것이다.

누가 봐도 실제 가치에 비해 싸게 매물로 나온 빌딩이라면 순식간에 팔린다. 진짜 저평가된 빌딩은 그 수도 적지만 중개업자나 컨설팅 회사조차도 제대로 가치를 못 알아보는 물건이다. 흙 속의 진주인 셈이다. 처음에는 싸게 나왔지만 여기저기서 서로 사겠다고 덤벼들면 값이 올라서 결국 시세에 거의 근접하거나 그 이상의 가격으로 사게 될 가능성도 높다. 그렇기 때문에 '이 빌딩은 사야 한다'는 판단이 서면 타이밍을 놓치지 말고 과감하게 밀고 나아가는 결단력도 때론 필요하다.

필자는 아침에 일어날 때부터 잘 때까지 계속해서 투자 가치가 있는 빌딩을 찾는 것이 일이다. 잠자리에서도 휴대폰으로 매물 정보를 보거나 로드뷰를 보면서 빌딩의 입지 조건이나 기본적인 외관 구조를 체크한다. 언젠가 내가 운영하는 투자 회사의 직원에게 빌딩 20개를 체크해 오라고 지시해보았다. 돌아와서 직원이 이렇게 말했다.

"사장님, 눈 안 아프세요?"

"당연히 아프지! 내가 로봇인가! 이러다가 나이 들면 눈 버릴 것 같아."

이러다 보니 마음 놓고 쉴 날이 없다. 빌딩 투자로 여러 차례 좋은 수익을 거두었으니 돈 걱정 같은 것은 안 하고 살 거라고 주위 사람들이 흔히 생각한다. 절대 아니다. 나 역시도 늘 돈 걱정이다. 몇 달을 찾아도 좋은 빌딩이 나오지 않으면 초조해지고 정신적 압박에 시달린다. 압박 때문에 섣부른 결정을 하지 않을까 하는 게 또 걱정이다. 몇 번 돌아다녀도 찾지 못하면 '왜 없지? 여긴 없나 보다.' 하고 포기하거나 판단력이 흐려져서 투자 가치가 없는 빌딩을 덜컥 사버릴 수도 있기 때문이다.

이제는 책 한두 권을 쓸 만큼 경험과 내공이 쌓였다고 자부하는 필자 역시도 늘 시간과 싸우고 마음속의 불안감과 싸운다. 초보자는 더 말할 것도 없다. 빌딩 투자로 제대로 수익을 내고 부자가 되고 싶다면 부업이나 재테크가 아니라 전업이라고 생각하고 정신 바짝 차려 전

빌딩 투자는 재테크가 아니라 비즈니스다

력투구해야 한다. 몸도, 생각도, 시간도 빌딩 투자에 바쳐야 한다. 그래야 차츰차츰 내공이 쌓이고, 눈이 열리고, 길이 보인다.

빌딩 투자, 제대로 하려면 몸이 열 개라도 모자란다

투자 가치가 있는 빌딩을 사들였다고 일이 끝나는 것은 아니다. 오히려 그때부터가 시작이다. 빌딩 투자에는 부동산 거래는 물론 임차인과의 관계, 세금 및 그밖에 법률 규제와 같은 많은 문제들이 연관되어 있고 건물의 가치를 올리기 위한 리모델링이나 인테리어 공사, 유지 관리도 중요하다. 아무리 잠재 가치가 있어도 바깥으로 끌어내지 못하면 그냥 잠자고 있는 가치에 불과하다.

빌딩 투자를 쉽게 생각하는 사람들은 유지 관리는 관리인이나 관리 회사에 맡기면 된다고 생각한다. 그러나 앞에서 누차 말했듯이 남에게만 맡기고 자기는 신경 쓰지 않으면 관리 부실로 이어질 위험이 높다. 아무리 보모가 육아의 프로라고 해도 부모만큼 아이를 돌볼 수는 없는 법이다. 빌딩에 관련된 다양한 문제에 관한 기초적인 지식은 직접 가지고 있어야 한다. 법률이나 제도는 자주 바뀌므로 자주 업데이트하는 노력도 해야 한다.

물론 임차인과의 관계, 관련 기관이나 공무원과의 관계도 챙길 필요가 있다. 인맥 사회인 한국에서는 비즈니스 성공을 위해 인맥 관리가 필요하다는 것은 누구나 안다. 빌딩 투자도 예외가 아니어서 상당한 인맥을 필요로 한다. 건물의 유지나 관리, 보수와 리모델링을 비롯한 다양한 문제를 내가 모두 알고 직접 실행해야 하는 것은 아니다. 현실적으로도 불가능하다. 필요할 때에는 전문가의 도움을 받는 것이 좋다. 그렇다고 모든 것을 마치 대기업처럼 외주로 주면 개인 투자자에게는 비용 부담이 너무 커진다. 법률적인 문제로 도움을 받을 일이 있다고 해서 개인이 기업들처럼 고문변호사를 두기에는 부담스러울 것이다. 투자 과정에서 부딪치는 일들 중에는 인맥을 형성하고 관리하는 방법으로 풀어야 하는 게 많으며 이를 위한 인맥 관리도 만만치 않다. 빌딩 투자는 1인 3역, 1인 5역을 해야 할 때가 많다. 그러니 전업으로 하기에도 알고 보면 벅찬 사업이다.

'안정적'이라거나 '높은 수익'이라는 이미지 때문에 고등학생들까지 건물주를 장래 희망으로 꼽는 시대가 됐지만, 지금과 같은 시대에는 다른 직업을 선택하는 것에 비해 결코 손쉬운 길이 아니다. 여유 자금을 재테크로 굴린다거나 임대료를 받으면서 편하게 산다는 생각으로 빌딩 투자를 접근한다면 쓴맛을 볼 위험도 크다. 빌딩 투자도 다른 사업을 하듯 본격적으로 '비즈니스'를 한다는 마음가짐으로 접근하라. 내가 가진 모든 것을 다 바친다는 생각으로 전력을 다 할 때에만 내공이 쌓이고 성공의 길이 열린다. 다시 강조하거니와 빌딩 투자는 매력적인 만큼 결코 만만하거나 쉬운 사업은 아니다.

빌딩 투자는 재테크가 아니라 비즈니스다

2.   전업 빌딩 투자를 위한 팁

앞서 빌딩 투자는 절대 다른 일 하면서 여유롭게 할 수 있는 재테크가 아니라고 했다. 청소년들의 철없는 생각처럼 안정적으로 쉽게 돈을 벌 수 있는 일만도 아니라고 이야기했다. 제대로 투자하려면 전업으로 갈 수밖에 없다. 어떤 다른 직업 못지않게 열심히 일해야 한다. 하지만 지금 당장은 다른 직업이 있다거나, 투자를 하고 싶지만 당장은 가진 돈도 경험도 없어서 자신이 없다면 어떻게 해야 할까? 여기에 몇 가지 팁을 제시한다.

당장 빌딩 투자를 전업으로 하기 힘들다면

지금 다른 직업이 있는 사람은 어떻게 해야 할까? 장기적인 전망을 가지고 기간을 길게 잡아라. 당장 투자에 전업으로 뛰어들기 힘들다면 계속 공부하고, 시간이 날 때마다 빌딩을 보고 지역 시세도 확인하라. 항상 투자자의 마음으로 빌딩을 보는 눈을 키우려고 노력하라. 공부도 준비도 없이 돈만 싸들고 섣불리 부동산 투자를 하다가 큰돈을 날린 사람들을 무수히 보았다. 조급해하지 말고 시간을 두고 준비하라. 내공을 키우면 기회가 온다. 기회는 준비된 사람에게 더 많이 모습을 드러낸다.

그조차도 시간이 없거나 내키지 않는다면 간접투자밖에는 별 방법이 없다. 부동산 펀드나 리츠를 이용하는 것도 방법이겠지만 주위에 꾸준한 수익을 내는 사람이 있고 내 투자를 받아 줄 용의가 있다면 그를 믿고 가는 것도 방법이다. 이럴 경우 계약도 등기도 공동으로 하는 것이니 서류 확인만 꼼꼼하게 하면 사기를 당할 여지는 적다. 계약 장소에 직접 나가거나 믿을 만한 대리인을 보내는 것이 안전하다. 될 수 있으면 직접 나가라. 계약 과정을 보는 것도 경험이고 공부다. 전체 금액으로 보면 어느 정도 비율인지는 몰라도 자기에게는 큰돈을 들여서 하는 계약인데 그 자리에 못나갈 정도로 급하고 중요한 일이 과연 있을까?

반면 상대방이 달라는 대로 서류고 인감도장이고 다 넘겨줘버리고 계약하는 현장에는 가보지도 않는 식이라면 가치가 떨어지는 빌딩에 돈이 묶이거나 심지어 사기를 당할 수도 있다. 안 하느니만 못 하다. 간접투자를 하더라도 빌딩 투자의 기본은 알아야 한다. 빌딩 투자의 기본도 제대로 갖추지 못한 상태에서 돈만 있는 사람이야말로 사기꾼들에게는 가장 좋은 먹잇감이기 때문이다.

전업 빌딩 투자를 위한 팁

부동산 투자에 전적으로 뛰어들기로 결심은 했지만 당장 자신이 가진 투자금이 너무 적거나 경험이 부족해서 자신감이 없다면 본격적인 투자에 나서기 전 단계로 생각해볼 수 있는 것이 부동산 업계에 취직하는 것이다. 자신의 돈을 쓰지 않고도 부동산에 대한 경험을 풍부하게 쌓을 수 있다는 장점이 있다. 중개업자가 어떤 식으로 거래를 성사시키고 때로는 거래를 위해서 어떤 꼼수를 부리는지 자신이 중개업자의 처지가 되어서 몸소 체험할 수 있는 좋은 기회가 많다. 자신이 투자자가 되었을 때 중개업자를 상대하면서 유리한 방향으로 협상을 하는 데에 큰 도움이 된다. 또한 물건에 대한 기본 가치를 판단하는 방법도 어느 정도는 배울 수 있을 것이다. 자기가 음식점을 창업하기 전에 유명한 맛집에 취직해서 일을 하면서 기술을 배우고 나서 독립하는 사람들도 있는데, 그와 비슷한 케이스다.

중개업 회사에 취직을 한다면 크게 두 가지 길이 있을 것이다. 속칭 '1층 부동산'이라고 하는, 상가나 건물의 1층에 자리 잡고 있는 일반적인 공인중개사 사무실이다. 이들은 사무실이 자리 잡은 건물을 중심으로 그 주변을 주로 대상으로 하는 부동산이나 컨설팅 회사다. 만약 이런 쪽에 취직을 원한다면 거래가 활발하고 거래 한 건의 단위가 큰 강남지역을 권한다. 역시 사람이 크기 위해서는 큰물에서 놀아야 한다는 속담도 있지 않은가. 한 건을 성사시켰을 때의 보수가 크기 때문에 그만큼 거래를 성사시키기 위한 중개업자의 노력도 필사적이고 수많은 테크닉과 심지어는 꼼수까지도 난무하므로 다른 지역보다 더 많은 것을 배울 수 있다. 강남지역의 컨설팅 회사들 중에는 기획부동산 업체가 많다. 이들은 결코 착한 회사라고 말하기는 어렵다. 따라서 컨설팅 회사나 기획부동산에 취직을 생각한다면 신중하게 알아볼 필요가 있다. 어느 쪽이든 부동산 회사에 취직을 원한다면 될 수 있는 대로 부동산투자자문협회에 가입된 회원사를 선택하는 게 좋다. 특히 컨설팅 회사들 중에서는 마구잡이로 설립되어 거의 사기에 가까운 행위를 하는 그야말로 '한탕주의' 회사들도 심심치 않은데, 부동산투자자문협회에 가입된 회사는 그나마 나은 편이다.

어떤 형태의 부동산업이든, 중개에 대한 노하우는 배울 수 있어도 투자에 대한 안목을 배우는 쪽으로는 100퍼센트 믿을 만한 건 아니라는 점에 유의해야 한다. 중개업이란 직업은 거래를 성사시키는 것이 주 목적이다. 생선 장수와 가정주부 중에 좋은 생선을 고르는 안목은 누가 더 좋을까? 십중팔구 생선 장수라고 생각하겠지만 과연 그럴까? 생선을 사면서 상인에게 "이 생선 싱싱한가요?"라고 물으면 "글쎄요, 이건 좀 별로인데요…."라고 대답할 사람은 아마 없을 것이다. 오히려 매일 장을 보는 주부가 경험이 계속 쌓이고 속아도 보고 하면서 생선의 질이나 신선도를 파악하는 안목이 더 좋을 수도 있다.

마찬가지로 부동산 회사들의 목적도 결국은 거래 성사에 있기 때문에 매물에 대해서 모든 장단점을 100퍼센트 오픈할 수는 없다. 다만 그 정도가 50퍼센트냐 80퍼센트냐 정도의 차이일 뿐이고, 그저 과장하거나 축소하는가, 아니면 심지어 없는 사실까지 꾸며내는 사기적인 수법까지도 쓰느냐의 차이일 뿐이다. 따라서 부동산 업계에 취직하면서 모든 것을 다 배울 수 있을 것이라고는 생각하지 말라. 업계에서 다른 사람들을 통해 듣는 투자 비법들은 실제로는 별 영양가가 없을 가능성이 높다. 투자의 안목은 스스로 키워나가는 것이 중요하다. 업계에 있으면서 갖가지 빌딩들을 볼 기회는 많을 것이므로 스스로 가치평가를 해보고 이후 거래의 성사 여부, 거래 이후 시세의 변화 추이를 살펴보면서 자신의 가치판단이 얼마나 타당했는가를 평가해본다면 투자의 안목을 키우는 데 큰 도움이 될 것이다.

전업 빌딩 투자를 위한 팁

본격적인 투자를 위해서는 법인 설립도 고려해보라

이제 빌딩 투자를 본격적으로 시작했다면 다음에 고민해 봐야 하는 것은 법인 설립 여부다. 빌딩 투자나 소유는 개인 자격으로도 가능하고 법인으로도 가능하지만 여러 가지 면에서 법인 소유가 유리하다.

가장 큰 이유는 절세 효과다. 예를 들어, 빌딩 투자가 호조를 기록해서 두 개의 빌딩을 가지게 되었다고 가정해보자. A빌딩에서는 한 해 동안 5000만 원의 이익을 거두었다. 하지만 B빌딩은 리모델링 공사를 비롯한 지출이 많아서 결과적으로 5000만 원의 손실이 기록되었다. 만약 개인 소유라면 두 빌딩의 세금은 별도로 계산된다. 즉 B빌딩은 손실을 보았지만 A빌딩은 5000만 원의 수익이 났기 때문에 이에 대한 세금을 내야 한다. 반면 법인 소유라면 두 빌딩의 득실을 모두 합산해서 세금을 매긴다. 즉 A빌딩에서 플러스 5000만 원, B빌딩에서 마이너스 5000만 원이므로 합계는 제로가 되고, 이익에 대한 세금을 내지 않는다.

물론 투자한 모든 빌딩이 잘 되어서 어느 빌딩이든 흑자를 냈다면 별 차이가 없을 수도 있다. 하지만 투자는 늘 손해를 볼 수 있는 리스크를 안고 있고, 또 불가피하게 손해를 볼 때도 있다. 예를 들어 리모델링이나 증축 공사를 할 때에는 부득이하게 일부 또는 전체 임차인들을 내보내야 할 수도 있고, 공사 기간 중에 공실이 생기면 잘 채워지지 않기 때문에 소요되는 공사비 말고도 단기적으로는 손실을 볼 가능성이 높다.

또한 최고세율에서도 법인이 유리하다. 현재의 세법상 개인사업자라면 최고 세율이 38퍼센트지만 법인은 20퍼센트이므로 세율이 훨씬 낮다. 앞으로 법 개정을 통해 법인세가 인상될 가능성은 있지만 그렇다고 해도 개인사업자의 최고세율보다는 상당한 격차를 보일 것이다.

빌딩 투자는 재테크가 아니라 비즈니스다

그밖에도 활동비의 비용 처리 문제, 대출을 받아야 할 경우 등 법인이 유리한 점이 여러 가지가 있다. 물론 법인의 경우 장부 작성이나 각종 지출증명의 번거로움과 같은 단점은 있지만 이러한 문제는 세무사를 통해서 해결할 수 있다. 빌딩에 투자하는 것은 사실상 하나의 회사를 운영하는 것이나 마찬가지다. 그러니 투자가 본격적인 단계에 접어들면 사업체(특히 법인)를 설립하여 전업으로 할 것을 적극 권한다.

법인 설립을 할 거라면 가급적 빨리, 처음부터 하는 것이 좋다. 취득세나 등록세와 같은 세금들은 설립한 지 5년이 안 되는 법인에게는 중과세가 되기 때문이다.

291

3. 임차인은 꼼꼼하게 챙기되 아량도 베풀라

많은 사람들이 빌딩 투자를 꿈꾸는 이유 중 하나는 임대 소득일 것이다. 빌딩 하나만 가지고 있어도 임대 소득으로 안정된 수입을 얻으면서 편히 살 수 있을 것이라고 생각하기 때문이다. 하지만 임대 소득이 늘 안정적인 것은 아니다. 임대인과 임차인의 관계가 늘 좋은 것만도 아니다. 월세가 밀리는 경우는 비일비재하고, 심지어는 보증금을 다 까먹을 정도로 월세가 밀리고도 배째라는 식으로 안 나가는 악성 임차인도 있다.

계약서는 시시콜콜하게 작성하는 것이 좋다

누가 악성 임차인인지 미리 예측하기는 결코 쉽지 않다. 임차인과 문제로 골머리를 썩이지 않으려면 애초에 임차인을 잘 선택해야 한다. 병원이나 대형 체인점 커피숍, 특히 직영점이 이런 면에서도 좋다고 앞에서 설명한 바 있다. 가급적이면 대기업이나 중견기업 법인이 운영하는 매장이나 사무실이 덜 골치 아플 것이다. 공실에 누가 들어온다고 했을 때 반가운 마음에 일단 채우고 보자는 식으로 받다가는 악성 임차인을 받는 꼴이 될 수 있다. 공실 기간이 좀 길어지더라도 임차인에 대해서는 잘 따져볼 필요가 있다.

계약서를 작성할 때에도 여러 가지 상황을 생각해서 꼼꼼하게 조항을 만들 필요가 있다. 좀 시시콜콜하다 싶은 내용이라고 해도 될 수 있으면 계약서에 포함하는 것이 좋다. 이러한 조항 중에는 실제로는 별로 적용될 일이 없는 것들도 있다. 예를 들어 임차인이 고용하는 직원에 변동이 있을 경우에도 임대인에게 통보하도록 조항을 넣는 경우가 있는데, 그렇게 계약을 했다고 해도 실제로 직원이 바뀔 때마다 임대인에게 일일이 알리는 임차인은 드물 것이다. 그렇게 계약서를 만든 임대인도 실제로는 임차인의 직원 동향까지 일일이 챙길 여력도 없고 오히려 임차인이 정말로 계약서대로 직원이 바뀔 때마다 통보를 하면 귀찮아서 '앞으로는 통보 안 해도 됩니다.'라고 이야기할 것이다. 계약서는 대체로 법무사와 같은 전문가들의 도움을 받아서 만들기 때문에 임대인도 그 계약서 안에 어떤 내용이 들어 있는지 다 알기 어렵다.

그럼에도 계약서를 그렇게 시시콜콜한 내용까지 넣어서 작성할 필요가 있는 이유는 만에 하나, 임차인과 분쟁이 생기거나 해서 법적인 문제에 휘말릴 때를 대비하기 위해서다. 실제로는 적용되지 않는 조항이라고 하더라도 법적 다툼이 생겼을 때에는 나에게 유리하도록 계약서가 존재감을 드러내는 경우가 많기 때문이다.

한편 경매를 통해서 부동산을 사들이거나 했을 때에는 가장 골치 아픈 일이 기존 임차인들을 내보내는 명도 문제다. 기존에 있는 임차인들을 내보내고 새로 임대를 해야 하는데, 이 사람들이 순순히 나가지 않는 경우가 많기 때문이다. 특히 우선권에서 밀려서 경매 뒤에 보증금을 돌려받을 길이 없는 사람들은 명도 집행에 심하게 저항하거나 무리한 이사 비용을 요구하는 일이 종종 있다. 최악의 경우에는 법정까지 가고 강제집행으로까지 가기도 하면서 일이 시끄러워질 때도 있고, 다른 임차인들에게까지 악영향을 미칠 수도 있다.

이럴 때에는 생각을 조금 바꾸어볼 필요도 있다. 정말로 자신이 생각하는 빌딩의 구성과 현재 임차인의 업종이 안 맞거나 월세가 많이 밀린 악성 임차인이거나 해서 반드시 내보내야 하는 경우가 아니라면 꼭 내보내는 것만이 답은 아니다. 보증금을 다시 내는 조건으로 그대로 영업을 하도록 할 수도 있다. 임차인 입장에서는 보증금을 다시 내야 하므로 힘들겠지만 지금 장사하던 곳에서 나가서 다른 곳에 다시 영업장을 차리는 것보다는 이익이 훨씬 크다. 다른 곳으로 가더라도 역시 보증금이 필요하고, 이사비나 인테리어비와 같은 비용도 만만치 않지만 무엇보다도 영업장은 권리금이 있기 때문이다. 다른 곳으로 가게 되면 지금 있는 곳의 권리금도 날아가는 것은 물론이고 다른 곳으로 들어갈 때 그곳에서 요구하는 권리금까지 내야 하니 이에 따른 부담이 크다. 하지만 보증금만 다시 내고 그 자리에서 영업을 계속한다면 권리금이 보존되기 때문이다. 임차인에게는 절대 나쁠 게 없는 좋은 조건이다.

임차인과 트러블을 줄이고 임대료를 올리려면

실제 가치보다 저평가된 빌딩은 임대료도 주변 건물들보다 싸게 책정되어 있을 가능성이 높다. 건물의 관리 상태가 좋지 않은데도 임차인들이 있는 이유도 임대료가 싸기 때문일 것이다. 그런데 저평가된 빌딩을 사들여서 리모델링을 하고 건물의 가치를 높인 다음에는? 과거와 같은 임대료를 유지할 이유가 없다. 리모델링을 잘하면 빌딩의 가치를 1.5배 이상 올릴 수 있다. 그렇다면 임대료도 빌딩의 가치에 맞춰서 현실화해야 한다. 임대료 수준은 건물 자체의 가치에도 영향을 미치기 때문이다.

필자의 방배동 카페 골목의 빌딩도 저평가되었을 때에는 임대료가 주변보다 60퍼센트 수준으로 많이 낮았다. 빌딩이 낡고 관리도 부실했던지라 건물주는 그나마 있는 임차인이 나갈까 전전긍긍하면서 눈치를 보고 있었으며, 충분히 매장을 들일 수 있는 카페 골목의 빌딩 3층에 수익이 떨어지는 원룸을 주고 있는 실정이었다. 빌딩을 매입한 후 리모델링을 거쳐서 안팎을 깔끔하게 탈바꿈시킨 다음에는 임대료를 주변 시세의 90퍼센트 정도 수준까지 올렸다. 임차인들의 반발이 있었지만 차근차근 설득해나갔다. 일부는 결국 나갔지만 남은 임차인도 있었고, 나간 자리도 얼마 안 가서 새로운 임차인이 들어왔기 때문에 임대료에 대한 내 판단은 틀린 것이 아니었다.

요즘 들어서 상권이 활성화된 지역에서 건물주들이 임대료를 너무 올리는 바람에 그 상권이 커지는 데 기여한 임차인들이 쫓겨나는 이른바 '젠트리피케이션'이 사회적 문제가 되고 있지만, 이 경우는 다르다. 젠트리피케이션은 건물주는 상권 유지나 임차인들의 임차 환경을 위해 별로 한 게 없으면서 그곳에서 장사하는 사람들이 열심히 해서 상권이 활성화되고 임대료 시세가 오른 경우다. 이럴 때 대기업 프랜차이즈까지 끼어들면서 기존보다 파격적으로 높은 임대료를 제시하면 그 지역의 전반적인 임대료가 치솟고 원래 장사하던 사람들이 너무 뛰어버린 임대료를 감당하지 못해서 나가게 된다.

심지어는 대기업 프랜차이즈를 들이기 위해서 임대 기간이 남은 임차인까지도 억지로 내쫓는 일까지 있다 보니 속된 말로 제주는 임차인이 부려 상권을 키우고 돈은 건물주가 챙기는 꼴이 되어 젠트리피케이션이 사회적으로 문제가 되고 비난을 받기도 한다. 하지만 저평가된 건물을 사서 문제점을 해소함으로써 가치가 올라가는 것은 내 노력과 투자로 이루어진 일이다.

물론 임차인을 설득하기는 쉬운 일이 아니다. 공실이 생길 수도 있고, 나가지도 않으면서 임대료도 못 올려주겠다고 버티는 임차인들도 있다. 지루하게 밀고 당길 수 있다. 그럼에도 임대료를 올리는 명분을 설명하면서 이해를 구하는 노력이 필요하다. 빌딩이 깔끔해지고 관리가 잘 되면 당연히 그 안에 있는 매장들도 플러스가 된다. 또한 무엇보다 주변 시세에 비해 임대료가 낮은 이유가 사라졌기 때문에 주변보다 비싸게는 못 받아도 비슷한 시세를 받지 못할 이유가 없다. 임대료를 올릴 때에는 반드시 주변 빌딩들의 시세를 참고해서 주변 시세보다는 약간 낮은 정도로 책정하는 것이 좋다. 그 정도만 해도 이전보다는 상당한 수입 증가 효과가 있을 뿐더러 임차인을 설득할 명분도 되기 때문이다. 비록 빌딩이 좋아져서 시세가 주변 건물과 비슷해졌고, 그래서 임대료를 올리지만 주변보다는 여전히 저렴하다는 건 설득할 때 상당한 명분이 된다. 또한 임대료 인상을 놓고 임차인과 분쟁이 생겨서 최악의 경우 법정으로 가게 되더라도 과도하게 올렸다는 이야기를 안 듣는다.

시간과 노력, 돈을 들여서 빌딩을 리모델링한 수고를 생각한다면 주변 건물들만큼 혹은 그보다 좀 더 높게 임대료를 올려 받고 싶은 마음은 굴뚝같겠지만, 한편으로는 임차인의 입장이 되어서 약간의 아량을 베풀 필요가 있다.

4. 빌딩 투자도 거북이가 토끼를 이긴다

부동산만이 아니라 증권, 외환, 선물과 같은 다양한 종류의 투자를 경험하다 보면 어떤 투자는 이름만 투자이지 도박에 가깝다는 생각이 든다. 아마 선물이나 옵션거래 같은 파생 상품이 그 좋은 예일 것이다. 석 달 후에 미국 달러가 오를 것인가, 내릴 것인가 예측을 하고 그에 따라서 돈을 걸어야 한다. 다음에 들어올 카드 패를 나름대로 예측해서 돈을 더 걸지 말지를 결정하는 도박과 어딘가 비슷하다. 파생상품에서 원래는 도박 용어인 '베팅'이라는 많이 말을 쓰는 것도 그 때문일 것이다.

도박도 나름대로의 원칙과 마인드라는 것이 있다. 노련한 승부사들이 종종 하는 말 중에 하나가 "크게 먹으려고 하지 말고 조금씩 자주 먹어라."다. 도박의 종류에 따라서 다르겠지만 한 판의 승부로 엄청난 거액을 딸 수도, 한 번에 빈털터리가 될 수도 있다. 파생상품도 마찬가지다. 자신이 가진 실제 돈보다 열 배, 백 배 규모의 거래를 할 수도 있다. 예측이 맞아떨어지면 잭팟이 터지지만 빗나가면 파산으로 직행할 수도 있다.

돈이 없어도 부자처럼 투자하라

흔히 부동산을 안정된 투자처라고 생각하지만 부동산 투자라고 해서 위험에서 자유로운 것은 아니다. 부동산 투자에 잘못 손댔다가 망하는 사람들도 많다. 경매로 나오는 부동산 중에 적지 않은 경우가 이에 해당한다. 경매로 나오는 물건의 대다수는 대출을 받았다가 돈을 못 갚아서 압류당한 부동산이다. 그중 상당수는 무리하게 빚을 끌어다가 투자를 했다가 실패했기 때문이다.

온전히 자기 자금으로만 투자를 하는 사람은 별로 없다. 약간의 자기 자금에 일부는 대출을 받아서 투자를 하게 된다. 예를 들어, 내가 가진 자금이 5억 원인데, 건물이 20억 원이라고 가정해보자. 건물을 담보로 15억 원을 대출 받고 5억 원을 투자해서 빌딩을 매입할 수도 있다. 내가 가진 자금의 세 배 규모를 대출받아서 산 것이다.

만약 건물이 1년 만에 30억 원으로 오른다면 20억 원에서 30억 원으로 올라서 10억 원(편의상 세금이나 중개수수료 같은 비용은 생각하지 않기로 한다.), 즉 50퍼센트의 수익을 낸 것이 아니라, 내 자금 5억 원으로 10억 원을 벌었으니 200퍼센트 수익이 된다. 물론 금융 이자를 제외하면 10억 원보다는 수익이 적겠지만 그래도 8~9억 원 규모의 수익이니 내 돈의 두 배 이상이 된다. 이런 식의 투자를 '레버리지 투자'라고 하면서 수많은 이른바 '부동산 투자 전문가'들이 적극 권한다(참고로, 필자 역시도 적절하게 대출을 받는 것을 권한다. 하지만 이유는 다르다).

반대로 잘못 투자해서 건물의 가격이 오히려 떨어진다면? 20억 원에서 15억 원으로 떨어졌다면 내 돈 5억 원은 그냥 사라지고 빚만 15억 원이 남는다. 건물을 팔아서 빚이라도 갚으면 다행이지만 가격이 떨어지는 건물은 잘 팔리지도 않는다. 15억 원에 대한 이자는 물론 부동산

보유에 관련된 각종 세금도 내야 한다. 아파트 열풍이 불 때 아파트를 사서 전세를 놓고, 그 보증금과 담보대출로 또 집을 사는 식으로 집 사재기가 유행했다. 아파트 가격이 침체기로 빠지자 하우스 푸어가 속출했다.

마찬가지로 무리하게 많은 대출을 받아서 투자했다가 결과가 나쁘면 상가 푸어, 빌딩 푸어가 되지 말라는 법도 없다. 유행만 믿고 장기적인 가치가 떨어지는 빌딩이나 상가에 잘못 투자했다가 사면초가 신세가 되어 필자에게 '어떻게 했으면 좋겠냐'고 하소연하는 지인들이 한둘이 아니다. 애초에 가치가 없는 부동산을 바가지를 쓰고 샀다면 나로서도 방법이 없다.

특히 지방에서 새로 생기는 신도시 상권 쪽의 빌딩을 샀다가 빌딩 푸어가 되는 사람들이 있다. 가격이 싸거나 같은 가격이면 서울보다는 큰 빌딩을 살 수도 있고, 신도시가 생기면 상권이 형성될 것이라는 생각에 빌딩을 샀다가 다른 곳에 또 신도시가 생기면서 발이 묶이는 것이다. 지방은 물론 서울 근교 수도권까지도 새로 신도시가 생길 때마다 상권이 옮겨가고 기존 상권이 죽는 현상이 종종 나타난다. 상권이 옮겨가면 빌딩은 공실이 속출하면서 가격도 떨어지고 팔고 싶어도 팔지 못하게 되는 반면, 세금이나 금융비용은 계속 빠져나가면서 결국 빌딩 푸어가 되는 것이다.

흔히 돈이 많은 사람은 안정성을 위주로 투자하고, 돈이 적은 사람은 수익이 많이 나는 곳에 투자한다고 한다. 기대 수익이 많다는 것은 그만큼 리스크, 즉 손해를 볼 위험도 크다는 것이다. 예를 들어 주식 투자를 한다면 돈이 많은 사람은 우량주 위주로 투자하고, 돈이 적은 사람들은 흔히 말하는 수혜주, 테마주, 또는 장외 시장 같은 곳에 투자하는 사람들이 많은 편이라고 한다. 이런 주식들이 아무래도 가격이 싸고, 한번 흐름을 타면 대박을 치기 때문이다. 이쯤 되면 투자라기보다는 투기나 도박에 가까워진다.

그런데 돈이 많지 않다 해도 꾸준한 수익을 내는 사람들은 우량주를 위주로 투자한다. 비록 한 방 대박을 내기는 힘들지만 계속해서 작은 수익을 내고, 그 수익을 재투자하면서 계속해서 돈의 규모를 불려나가는 것이다. 이러한 자세는 부동산을 비롯한 어느 투자에나 통한다.

누구나 처음에 투자를 할 때에는 대박을 내서 부자가 되는 꿈을 꾼다. 처음에는 돈이 빨리 불어나지 않으니까 초조하고 조급해지기 쉽다. 참아내고 이겨내면서 투자 원칙을 계속 지키는 꾸준함을 유지한다면 어느 시점에선가 돈이 불어나는 속도가 점점 빨라지는 것을 체감하게 된다. 가랑비에 옷 젖는 줄 모르는 것과도 같다.

조금씩 조금씩, 꾸준하게 투자를 하고 실적을 쌓아 올리다 보면 크게 베팅해서 수익을 낼 수 있는 기회가 온다. 문제는 그 기회를 알아볼 실력과 자신감이다. 좋은 운도 실력이 있어야 내게로 온다. 기회가 왔는데도 마음의 준비가 되지 않아서 뒷걸음질을 치는 사람이 있는가 하면, 기회를 아예 알아보지 못해서 그냥 흘러나게 놓아두는 사람들도 많다. 그러면서 남이 대박을 냈다고 하면 배 아파하면서 '나도 돈이 없어서 그렇지 돈만 있으면…' 같은 이야기를 한다. 자기에게 이미 기회가 왔다 간 줄도 모르면서 말이다.

내 손에서 떠난 물건에 미련을 두지 말라

또 한 가지 당부해둘 것은 지나간 투자의 결과에 대해서 집착하지 말라는 것이다. 필자가 제주도에 있는 한 빌딩에 투자했을 때의 일이다. 22억 원에 매입한 건물을 35억 원에 매각했다. 나중에 그 빌딩은 45억 원까지 올라갔다. 빌딩 매입 때 함께 투자했던 지인은 그 사실을 알고 무척이나 배 아파했다. 좀 더 놓아뒀으면 거의 두 배까지 받을 수 있었을 텐데, 하는 마음에서다. 누구든, 심지어 필자조차도 아쉬운 마음이 들 수 있다. 하지만 나는 이미 끝난 일이니 더 이상 신경 쓰지 말라고 이야기했다. 내 빌딩에 투자한 사람도 또 돈을 벌어야 투자 시장이 계속 활성화 되고 나에게도 또 좋은 기회가 오지 않겠는가? 나만 돈을 벌고 남은 손해를 보는 투자 시장은 결코 오래 못 간다.

내 손에서 떠나고 나면 더 이상은 미련을 두지 말아야 한다. 22억 원에 사서 35억 원에 팔았으면 60퍼센트 수익에 가깝다. 결코 쉽지 않은 성적이다. 아쉽지만 내 수익은 거기까지다. 떠난 것에 배 아파하고 미련을 가지면 다음번에는 무리수를 둘 위험이 높아진다. 결과론적으로야 더 버티다가 팔았으면 더 많은 수익을 얻었을 것이다. 그렇게 아깝다는 생각만 하다가는 다음번에는 판단이 틀려서 제때 팔 타이밍을 놓치고 값이 떨어져서 손해를 볼 수도 있다. 누구나 정확한 타이밍, 꼭 짓점에서 팔고 싶어 하지만 정확한 꼭짓점을 안다는 것은 거의 신의 영역에 속하는 문제다. 꼭짓점을 열 번을 맞췄다고 해도 한 번 틀렸을 때 받는 손해가 나머지 열 번의 수익을 까먹고 남을 정도로 엄청날 수도 있다. 그리고 35억 원에 매각한 자금으로 인근 다른 빌딩은 매입했으니 오른 시세는 비슷하기에 결과적으로는 큰 차이가 없다

빌딩 투자의 경력을 쌓아가면서 깨닫게 되는 진리가 있다. 투자의 수익은 모래성과도 같다. 공든 탑이 언제든지 한 번에 무너질 수 있는 가능성이 있다. 좋은 판단으로 몇 년 동안 100억 원을 번다 해도 한 번의 잘못된 판단으로 110억, 200억 원을 잃을 위험은 항상 존재한다.

개인만이 아니다. 1762년에 설립되어 『몬테크리스토 백작』이나 『80일간의 세계일주』와 같은 고전 문학작품에도 등장할 정도로 역사가 깊은 영국의 '베어링스은행'은 1995년, 싱가포르 지점에서 근무하던

파생 상품 딜러 한 명의 잘못으로 은행 전체가 파산했다. 잘 알다시피 2008년 금융위기 때에는 월스트리트의 대표적인 투자 은행인 리먼브라더스가 파산했다. 누가 그런 거대한 은행이 갑작스럽게 파산할 것이라고 생각이나 했겠는가? 투자는 늘 무시무시한 맹수의 등 위에 타고 있는 것이나 마찬가지다. 잘될 때는 거침없이 달려주겠지만 갑자기 돌변하면 나를 잡아먹을 수도 있다. 잘될 때에도 항상 긴장의 끈을 놓을 수 없다.

가진 돈이 적으면, 나보다 열 배 가진 사람의 열 배만큼 수익률을 올려야 같은 수익을 낼 수 있다는 생각에 빠지기 쉽고, 무리수를 두기 쉽다. 내가 가진 돈이 10분의 1이라고 해도 열 배 많이 가진 사람의 마음가짐으로 투자한다고 생각하고 실천에 옮겨라. 하물며 도박의 세계에서도 '크게 먹으려고 하지 말고 조금씩 자주 먹으라'고 말하는데, 투자를 왜 도박보다 더 위험하게 하려고 드는가?

권투는 잽으로 페이크를 섞어가며 계속 상대의 힘을 빼놓은 다음 결정타를 날려서 쓰러뜨린다. 투자도 비슷하다. 처음부터 대박 한 방으로 투자의 승리자가 되겠다는 생각은 버려라. 잽과 같은 꾸준한 투자로 포인트를 쌓아나가다 보면 결정적인 투자의 기회가 분명히 온다. 그 기회를 놓치지 않고, 과감한 판단으로 결정타를 날릴 수 있어야 한다.

5. '무엇'도 중요하지만 '언제'도 중요하다

부동산 투자를 이야기할 때에는 흔히 '무엇'에 초점을 맞추게 된다. 어떤 부동산을 살 것인가는 중요하다. 지금까지 이 책에서 누누이 강조해온 것처럼, 저평가된 물건, 혹은 가치가 오를 물건을 사면 그 자체로 일단 성공이다. 하지만 정말로 투자 수익을 거두기 위해서는 '무엇' 말고도 '언제'도 중요하다. 저평가된 빌딩, 혹은 오를 것 같은 빌딩을 샀다고 해도 이것을 언제 팔 것인가는 아주 고민되는 문제다.

무릎에서 사서 어깨에 팔면 좋겠지만

어떤 투자든 최상의 결과를 내려면 바닥에서 사서 천장에서 팔아야 한다. 하지만 언제가 바닥인지, 언제가 천장인지를 사람의 힘으로 어떻게 정확히 예측하겠는가? 이미 말했지만 그것은 신의 영역이다(솔직히 과연 신조차도 이를 정확히 예측할 수 있을까 싶기도 하지만). 그래서 현실적인 투자의 격언은 '무릎에서 사서 어깨에서 팔라'는 거지만 그조차도 언제가 무릎인지, 언제가 어깨인지 안다는 것은 무척 힘들다. 지금 팔지 않고 우물쭈물하다가 타이밍을 놓쳐서 가격이 떨어지고 내놓아도 팔리지 않으면 어쩌나 싶으면서도 다른 한편으로는 성급하게 팔았다가 더 오르면 두고두고 속이 쓰릴 것 같아서 불안하다. 필자의 지인들 중에도 이런 고민을 하는 사람들이 있어서 조언을 구해오는데, 그때마다 난감하다. 내 부동산에 관한 결정이라면 그 결과가 이득이든 손해든 나에게 돌아오지만 남의 부동산에 대해 판단을 하는 것은 늘 부담이 크다.

주로 조언하는 내용은 크게 두 가지다. 첫째, 목표치를 정하라. 주변 시세의 70퍼센트에 산 빌딩이라면 시세의 90퍼센트 정도를 목표로 하거나 30퍼센트의 수익률을 목표로 하고 이 목표에 도달하면 미련 없이 파는 것이다. 그 이후에 가격이 더 올랐다면 속은 쓰릴 수 있겠지만 '그건 애초부터 내 몫이 아니었다'고 스스로 수긍해야 할 것이다.

둘째, 갈아타기를 하라. 임대료 수입을 주목적으로 투자한다면 다르겠지만 매매 차익을 주목적으로 투자한다면 부동산 하나로 대박을 내려고 하지 말고 일정 정도의 수익률을 거둔 후에는 다른 부동산으로 갈아타라는 것이다. 가지고 있던 아파트가 가격이 올랐다면 팔고 빌딩을 사거나, 빌딩 가격이 올랐다면 좀 더 번화한 지역이나 다른 용도(기존 빌딩이 원룸 빌딩이었다면 상가 빌딩으로 갈아타는 식)로 갈아탈 수 있을 것이다. 부동산 하나로 대박을 노리는 것보다는 적절한 시기에 갈아타기를 되풀이면서 투자하는 쪽이 결과적으로 더 많은 수익을 낼 수 있고 시장의 변화에도 유연하게 대처할 수 있다.

갈아타기를 할 때에 특히 유의할 점이 있다. 기존에 가지고 있던 부동산을 팔고 새 빌딩을 사려고 할 때, 될 수 있으면 공백기를 줄이고 바로 갈아타려고 하는 사람들이 많다. 조급하게 행동하면 가치가 떨어지는 빌딩을 잘못 평가해서 덥석 사게 될 위험이 크다. 가치 있는 빌딩을 발견해서 기존 빌딩을 처분해서 갈아타려는 과정에서 뜻하지 않은 문제를 겪을 수도 있다. 예를 들어 7억 원에 매수한 빌딩이 2년 후 10억 원으로 올랐는데, 마침 운 좋게 투자 가치가 좋은 20억 원 매매가의 빌딩을 발견했다고 가정해보자. 기존 빌딩 매각 대금 10억 원에 은행 담보융자 10억 원을 합쳐서 매수 자금을 마련하려고 계획하고, 기존 빌딩은 3000만 원의 계약금으로 매각 계약을 하고, 새 빌딩은 은행 융자금을 사용하여 계약금을 내고 매수 계약을 체결했다. 그런데 기존 빌딩의 매수자가 마음이 변해서 계약금을 포기하고서라도 계약을 파기하려고 든다면? 다시 매수자를 구해야 하지만 시간이 걸릴 것이다. 만약 그 사이에 새로 매수하는 빌딩의 잔금 기일이 도래하면 큰 문제가 된다.

이럴 때 활용할 수 있는 방법이 '배액배상'이다. 배액배상이란 가계약을 체결한 후 어느 한쪽이 계약 파기를 하려면 배상금으로 가계약금의 일정 배수를 내야 하는 책임이다. 이는 민법에 근거 조항이 있는 합법적인 수단이다. 필자는 보통 빌딩 매각 계약을 할 때 매도자가 파기할 경우 두 배, 매수자가 파기할 때에는 세 배의 배액배상을 하도록 계약서에 명시한다. 위의 예에서 매수자가 계약을 파기하려면 가계약금 3000만 원의 세 배인 9000만 원이 필요하다. 배액배상을 잘 활용하면 매수자가 쉽게 계약을 깨지 못하도록 하는 좋은 안전장치 구실을 할 것이다.

팔고 싶을 때가 아니라 팔아야 할 때 팔아라

종종 거액의 빚을 지고 내 집 마련을 위해 아파트를 사는 사람들을 볼 수 있다. 한 달 수입의 상당 부분을 대출 이자로 내면서 버틴다. 이자만 내기 때문에 원금은 하나도 줄지 않는다. 전세살이가 너무 고달파서 빚을 내서라도 집을 사는 사람들도 있는데, 그렇다면 대출 원금도 아니고, 이자만 내는데도 그렇게 살림살이가 버거울 정도로 많은 빚을 낸 것일까? 직장에서 가깝다든가, 아이들 교육 때문이라는 이유도 있겠지만 상당 부분은 '앞으로 집값이 오르면 빚 다 갚고도 돈을 번다'는 기대 심리가 있기 때문이다. 4퍼센트 금리로 6억 원 대출을 끼고 10억 원을 주고 산 집이 3년 후에 집값이 2억 원 정도 올랐다고 가정해보자. 3년 동안 이자로 7200만 원을 냈겠지만 2억 원이 올랐으니까 이자를 제하고도 1억 2800만 원을 번 셈이다. '돈 벌었다'고 좋아하면서 이불 속에서 자신의 투자 안목을 자화자찬하고 있을지도 모른다.

　　내 집 마련을 위해 아파트를 샀다면 이는 착각이다. 1억 2800만 원이라는 돈은 아직은 허상이고, 실제로 매매를 해서 내 손에 돈이 들어와야 수익이다. 팔고 싶다고 그날 팔 수 있는가? 게다가 내 집이라면 더더욱 문제가 복잡해진다. 아파트 불패 신화가 정설로 받아들여질 때에야 '아파트는 곧 현금'이라고 할 정도로 잘 팔렸지만 요즘은 의외로 값은 올랐는데 내놓으면 거래가 잘 안 되는 일이 많다. 집을 판다고 다가 아니다. 이사 갈 집도 구해야 한다. 집을 판 다음 새 집을 살 수는 없기 때문에 안 그래도 은행 이자 내느라 빠듯한 살림에 계약금 목돈을 마련하려면 적잖은 돈이 필요하다. 자녀가 있다면 학교를 옮기는 문제도 있다.

　내 집 한 채뿐이라면 지금 집을 팔고 새 집을 구하기까지는 생각보다 많은 시간이 걸릴 수 있고, 그 사이에 집값 흐름은 어떻게 바뀌어 있을지 모른다. 아파트 불패 시대 때야 계속 올라줬기 때문에 그런 시차가 중요하지 않았을지 모르지만 지금은 그런 시대가 아니다. 지금 살고 있는 집밖에 없다면 마음먹고 이사를 가거나 분가를 하거나, 목돈이 필요해서 팔아야 할 상황이라면 모를까, 아무 때나 팔 수 있는 물건이 아니다. 그런데도 많은 빚을 들여서 집을 사면서 투자라고 착각하는 사람들이 많다. 투자는 내가 팔고 싶을 때, 내가 팔 수 있을 때 파는 것이 아니다. 팔아야 할 때 팔 수 있어야 진정한 투자 가치가 있다. 즉 투자는 내가 중심이 되면 안 된다. 물건이 중심이 되어야 한다.

　이제 빌딩 투자로 눈을 돌려보자. 많은 얼치기 투자들이 하는 잘못은 파는 타이밍을 나에게 맞추는 것이다. 예를 들어 내가 13억 원 정도까지 오를 수 있겠다고 판단해서 10억 원을 주고 산 빌딩이 실제로 13억 원까지 올랐을 때, '내가 돈 필요할 때 팔면 되겠네.' 하고 미적거리는 식이다. 부동산은 내 스케줄에 맞춰서 팔려고 해서는 안 된다. 타이밍은 한가하게 나를 기다려주지 않는다. 부동산 스케줄, 즉 수익의 목표에 맞춰서 팔아야 한다. 10억 원을 주고 산 빌딩이 목표인 13억 원까지 올랐다면 미련 없이 팔아야 한다. 팔고 싶을 때 파는 게 아니라 팔아야 할 때 팔아야 한다.

　"그런데 13억보다 더 오를 수도 있잖아요. 굳이 서두를 필요가 있을까요?"라고 반문할 수도 있다. 그럴 수도 있다. 필자 역시도 빌딩을 팔고 나서 더 오른 일이 있다. 아쉬울 수는 있겠지만 사는 사람의 입장에서 생각해보자. 앞으로 더 오르지 않을 빌딩이 매력이 있을까? 거래는 나도 상대방도 이익을 얻을 수 있다고 기대했을 때 성사된다. 그러니 내가 판 빌딩이 더 올랐다고 해서 속 쓰려 할 일이 아니라, 그렇게 더 오를 여지가 있었기 때문에 처분할 수 있었다고 생각하는 것이 현명하다. 어쨌든 돈을 번 것이 아닌가? 또한 팔고 난 후 더 올랐다면 팔고 난후 내가 매입한 다른 빌딩도 올랐을 것이다. 그러니 수익 창출을 미적대다가 가격이 떨어지는 것보다 훨씬 안전하다. 수익을 얻었으면 계속해서 또 가치 있는 다른 빌딩을 찾아 나서면 된다.

투자는 가상의 수익을 현실의 수익으로 꾸준히 변환했을 때 의미가 있다. 현실화되지 않은 수익은 '가능성'일 뿐이다. 절대 현금으로 착각하지 말라.

6. 빌딩 관리만큼 2세 관리가 중요한 이유

부동산에 투자하는 많은 사람들은 자신의 삶을 더욱 윤택하게 하기 위해서 투자하기도 하지만 더 나아가 자신의 자녀에게 좀 더 풍요로운 삶을 물려줄 목적도 가지고 있다. 자녀를 키우고, 공부시키고, 결혼시키는 과정에서 많은 돈이 들어가지만 자녀에게 집이나 작은 빌딩 하나라도 물려줄 수 있다면 걱정 없이 살 수 있을 거라는 믿음도 있다. 누군가는 금수저, 흙수저와 같은 말들을 거론하면서 '부의 대물림'이라 비난할 수도 있겠지만 어느 부모가 자기 자녀에게 더 나은 삶을 물려주기 위해서 노력하지 않을까? 그러기 위해서 다들 죽어라고 일한다. 개인만 생각하면 당장에라도 회사를 집어치우고 싶지만 자녀의 양육비나 교육비를 벌기 위해서, 열심히 돈 모아서 집 한 채라도 사서 좀 오르면 나중에 자녀 결혼 자금이라도 보태주고 싶은 게 부모 마음이다.

그런데 이런 부모들 중에 정말 '하나만 알고 둘은 모르는' 이들이 적지 않다. 자녀에게 더 나은 삶을 물려주기 위해서 부동산에 투자하는데 정작 2세는 제대로 관리하지 않는 것이다. 물론 물질적으로는 아낌없이 투자하고 공부시킬 것이다. 자녀는 좋은 학교 나와서 유학까지 다녀오기도 한다. 그렇게 스펙만 좋으면 좋은 삶을 살 거라는 생각은 정말로 안이하다.

엄격하게 키우는 것과 가능성을 죽이는 것은 다르다

필자 주위에도 2세 관리에 실패해서 가정에 불화가 쌓이는 것은 물론 자산까지 잃는 부자들을 가끔 볼 수 있다. 아쉬운 것 없이 쓰는 데에만 익숙했던 자녀들이 나이가 차고 무언가 사회생활은 해야 할 때가 되면 문제가 생긴다. 지금까지 아쉬운 거 없이 살았는데 회사원으로 살기에는 뭔가 시시하고, 회사를 들어가도 상하관계나 조직 문화에 적응을 못해서 오래 못 다닌다. 뭐라도 하라는 부모님의 성화에 못 이겨서 부모님의 돈으로 사업을 하지만 실패를 거듭하면서 결국은 집안의 애물단지가 되는 경우를 종종 볼 수 있다. 이렇게 되면 단지 돈을 손해 보는 것만으로 그치지 않고 부모 자식 사이, 더 나아가서는 부부 사이 갈등을 일으켜서 가정불화로 이어진다. 가정이 원만하고 근심으로 가득 차 있으니 바깥일에 편하게 집중하기가 쉽지 않다. '공부만 잘 시키면 알아서 잘 살겠지.' 하고 안이하게 생각한 탓이다.

앞의 경우와는 반대로 자식 농사를 그르치는 경우도 있다. 강남 부동산 계에서 큰손으로 알려진 수천억대의 대단한 자산가가 있었다. 이 분 슬하에는 50대 후반 정도인 아들 한 명이 있어서 아버지의 일을 돕고 있었다. 하지만 말이 좋아서 일을 돕는 것이지 한 달에 300만 원도 안 되는 월급을 받으면서 거의 잔심부름꾼 수준의 일만 하고 있었다. 그 정도면 보통 사람들에게는 그럭저럭 괜찮은 수입이라고도 볼 수 있지만 아들이 하는 일의 성격이라든가 인간관계를 고려하면 개인 돈을 써야 할 지출이 상당하기 때문에 실제로는 너무 적은 액수다.

게다가 이 자산가는 아들에게 부동산 투자나 관리에 대한 노하우는 거의 가르쳐주지도 않고 그야말로 머슴 부리듯 부려먹고만 있었다. 혼자서는 등기부 등본 하나 제대로 못 뗄 정도로 배운 게 없다. 아들 앞으로 되어 있는 부동산도 없다. 이쯤 되면 부모 자식 관계인 건지 그냥 사장과 직원 관계인지 헷갈릴 정도다. 자식을 망치는 꼴이다. 아마도 그 자산가는 나름대로는 자식이 아버지만 믿고 방탕하게 살지 않도록 혹독하게 키워야 한다고 생각할지도 모르겠다. 하지만 혹독하게 키우는 것과 자식의 능력과 가능성을 죽이는 것은 구분되어야 한다.

언제 어떻게 흔들릴지 모르는 게 나이 든 어르신들의 건강이다. 만약 이 자산가가 갑자기 중병으로 몸져 눕거나 기력이 쇠해서 더 이상 몸소 자산 관리를 할 수 없게 된다면 지금까지 잔심부름 수준의 일만 했다 뿐이지 그 큰 규모의 부동산을 운영하고 관리할 능력은 제대로 배우지 못한 아들이 과연 갑작스레 닥쳐온 그 상황을 감당할 수 있을까? 마치 갑자기 복권을 맞은 사람처럼 자산을 주체하지 못하고 그동안 억눌려 온 욕망을 불태우느라 방탕한 생활에 빠질 가능성도 높고, 자산을 노리고 접근하는 사기꾼에게 당할 우려도 크다.

전 재산을 사회에 기부하겠다는 생각이라면 모를까, 자손들에게 물려주려면 자산만이 아니라 자산을 관리하고 계속 키우는 방법도 함께 물려줘야 한다. 실패의 쓴맛도 경험하고, 수익을 올리는 즐거움도 알게 해야 한다. 아버지가 그만한 큰 재산을 일구었던 그 과정을 축소판이라도 자식들 역시 겪어보게 해야 한다. 설령 재산을 물려주지 않더라도 사회 속에서 부딪치면서 겪는 실패와 성공의 경험, 그리고 그 과정 속에서 터득하는 부자가 되는 지혜야말로 부모가 물려줄 수 있는 가장 큰 재산일 것이다.

또 위와는 반대의 경우도 물론 있다. 강남의 어느 한 자산가는 외동딸을 키우고 있다. 대학원에 다니고 있는 큰딸에게 아버지는 자산의 일부를 조금씩 물려주고 있었다. 20대 중반의 소녀티를 벗지 못한 딸에게 아버지는 시가 100억 원 상당의 빌딩을 미리 물려주었다. 물론 임대 관리는 계속해서 아버지가 했다. 이처럼 자신이 죽은 후에 상속을 하는 것보다는 살아 있을 때 미리 조금씩 증여하는 것이 절세 차원에서 이득이라는 점은 이미 상식에 가깝다. 이미 빌딩 하나를 증여한 상태니 그 정도만 해도 딸에게는 살아가는 데 별 걱정이 없을 것이다.

하지만 물질적으로 잘해줬다고 그치는 게 아니다. 그 딸을 볼 때마다 필자를 포함한 주위 사람들은 "참 표정이 밝네요."라는 말을 자주 한다. 돈이 많으니까 당연히 표정이 밝다고 생각하면 착각이다. 일단 아버지의 인품이 주위 사람들에게 너그럽고 점잖은 태도를 보이고, 남을 돕는 좋은 일에도 종종 베푸는 성격이다. 어릴 때부터 그런 모습을 보고 자랐으니 돈만이 아니라 그와 같은 인품을 물려받는 것도 이상한 일이 아니다. 표정이나 말, 행동을 보면 부모가 얼마나 신경 써서 자녀를 키웠는지가 훤히 보인다. 돈만 아낌없이 퍼주면 된다고 생각하는 부모 밑에서는 나오기가 어려운 자녀다. 적절한 자산을 물려주고, 그 자산을 관리할 수 있는 방법은 물론 자신이 가진 책임과 처신에 대해 습관을 들여준다면 자녀의 삶은 물질적으로나 경제적으로나 풍요로워질 것이다. 아버지의 훌륭함을 이어받았는지 물려받은 빌딩에는 잡다한 근저당 압류에 관련 채무 관계 하나 없이 깨끗하게 보존되고 있었다. 딸의 이름으로 되어 있기 때문에 딸이 마음만 먹는다면 얼마든지 사고(?)를 칠 수 있음에도 그 아버지에 그 딸이란 말이 실감나게도 딸 또한 그릇된 행동을 하지 않은 착한 딸이었다.

계속해서 2세의 칭찬을 이어가자면, 경복궁역 근처 삼계탕으로 유명한 토속촌이란 식당이 있다. 현재의 경영자 J씨는 아버지로부터 물려받은 삼계탕 집을 간신히 끌고 오기보다는 끊임없이 더 나은 환경과 맛을 위해 노력하고 개발한다. 현재 운영하고 있는 작은 자투리 빈 공간도 최대한 살려 새로운 메뉴 개발에도 힘쓰며 사소한 일들도 놓치지 않고 열심히 운영하여 더욱 번창해가고 있다. 이러한 2세들이 많아

312

야 우리 사회의 미래가 밝아지는 게 아닐까.

돈으로 자녀를 컨트롤 할 수 있다는 생각은 착각이다

반대로 자녀를 의심하고, 자녀에게 일찌감치 자산을 물려주면 방탕해
진다고 생각해서 자녀에게 아무것도 주지 않으려는 부모도 많다. 한편
으로는 '믿을 것은 돈밖에 없다'고 생각하고 돈을 무기로 다 자란 자녀
를 멋대로 통제하려는 부모도 있다. 사회적으로는 성공하고 사람들의
존경을 받지만 가족이나 자녀들을 보면 그야말로 복마전에 남만도 못
한 험악한 관계인 사람들도 적지 않다.

　필자가 알고 지내던 지인 중 한 명도 그런 경우에 속한다. 그의 장
인은 이름만 대면 알 만한 대기업의 경영자로 실력으론 세간의 존경을
받는 사람이었다. 그런 집안의 사위로 들어갔으니 주위에서는 무척이
나 부러워했지만 정작 본인은 전혀 그렇지 않았다. 늘 표정이 어둡고
화병 때문에 끙끙 앓기도 해서 어디 크게 아픈가 하고 걱정될 때도 종
종 있었다. 그가 한 번은 속을 털어놓고 집안의 문제를 들려주었다. 이
야기를 들으면서 이건 드라마보다 더하네 싶은 생각에 혀를 찼다.

　그 지인(이제부터 편의상 A씨라고 부르기로 한다)은 똑똑하고 일
을 잘했기 때문에 사위가 된 후 얼마 지나지 않아 장인의 자산을 관리
하고 부동산에 투자 및 개발을 하여 수백억의 재산 증식으로 장인에게
큰 이익을 안겨주었다. 사위는 장인에게 변변한 도움도 받지 못했지만
그래도 필자와 같이 저평가 빌딩을 매입하고 리모델링이나 개발 사업
등을 해서 십수 년 성공을 거두었다.

　처음에는 장인도 그런 사위를 좋아하고 칭찬도 많이 했던 모양이
다. 그런데 호의가 계속되면 권리인 줄 안다는 말처럼, 시간이 점점 지
나면서 부동산의 '부'자도 모르는 장인은 점점 사위를 인정하지 않고

마치 다 자신이 잘 해서 이익을 본 것처럼 주위에 이야기를 하기 시작했다. 사정을 아는 주위 사람들이 "에이, 사위가 그래도 일을 잘했으니까 그만큼 재산이 불어난 거죠…." 하면 장인은 코웃음을 치면서 "지가 한 게 뭐가 있다고?" "내 돈으로, 내가 돈이 있으니까, 건물을 살 수 있어서 한 거지, 돈이 없어서 문제지, 돈만 있으면 다 하는 거지." 하면서 무시했다는 것이다.

다른 사람들을 통해서 그런 이야기를 듣자 A씨는 기분이 몹시 상했지만 그래도 어쩌랴. 섭섭하지만 '장인어른' 입장에서는 그동안 가만히 앉아 계신 사이에 A씨가 갖은 고생 끝에 낸 수익을 받아보는 것인데, 과정은 전혀 모르고 항상 좋은 결과만을 보여드리니 무척이나 쉽고 아무것도 아닌 일이었나 싶어서 그러시나 생각했다. 장인도 부모이기에 그 부모의 집안일이었으니 마음을 추스렸고 또한 적어도 일에 관련된 지인들과 측근들은 주위에서는 자신의 공을 알아주니, 언젠가는 장인어른도 다시 인정해주겠지 하면서 마음을 고쳐먹었다. 그런데 시간이 지날수록 A씨는 장인에게 더더욱 아무것도 아닌 것처럼 매도되었고 한술 더 떠 이번에는 처남들이 이간질을 하기 시작했다.

장인에게는 두 아들이 있었는데 특히 장남은 나중에 아버지가 세상을 떠나면 막대한 재산이 자기 것이 될 것이라고 생각하고 있었을 것이다. 성공한 아버지의 장남으로서 아버지의 많은 도움으로 설립하여 운영하고 있는 회사는 직원들에게 맡겨두고 맨날 빈둥거리며 이렇다 할 성공을 거두지는 못하고 그저 아버지라는 배경만 믿고 반쯤은 빈둥대는 삶을 살고 있었는데, 사위라는 놈이 들어와서는 열심히 집안일을 도우면서 아버지의 재산을 불려놓으니까 질투심 반 위기감 반이 생긴 것이다. '저러다가 나보다 사위를 더 예뻐해서 재산을 저쪽으로 더 많이 주는 거 아냐?' 하는 식의 밑도 끝도 없는 위기감이었을 것이다. 그래서인지 사위의 고생은 공은 없는 것처럼 하며 오히려 반대로 문젯거리인 것마냥 친척들과 지인들에게 비난하고 다닌다고 한다. 사위이기 전에 자신의 누나인 장녀는 뒤로한 채 말이다.

장인이 사위의 공을 인정하지 않고 사실 아무것도 하지 않았으면서도 주위에는 자기가 다 한 것처럼 과시하고 다닌 것도, 그 장인 자체가 남을 잘 인정하지 않는 고집스러운 성격인 탓도 있지만 장남이 옆에서 계속 이간질을 해댄 탓도 크다. 어처구니없는 것은 아버지 앞에서는 온갖 감언이설로 아버지 비위를 맞추던 장남이 다른 곳에 가서는 자식으로서는 차마 입에 담지도 못할 이야기로 아버지 욕을 하고 다니더라는 것이다. 심지어 장남은 아버지 얘기를 고집불통에 남의 말도 안 듣고 야비하고 아주 치사하다면서 "지금은 돈을 받아야 하니까 참는 거지, 그냥 빨리 죽었으면 좋겠다."는 패륜적인 말까지도 내뱉더라고 했다. 뿐만 아니라 형제들한테는 아버지 험담을 하고 아버지에게는 그 형제들 흉을 보며 이간질을 시키며 이중적인 행태가 끊이질 않는다고 했다. 이렇게 앞뒤가 다른 장남은 예금을 넣어주는 우량 고객 입장에서 처음 보는 은행 직원들에게까지 90도로 꺾기 인사를 하며 밖으로는 예의 바른 척, 올바른 척 가면을 쓰는 아주 못된 두 얼굴을 가진 자라고 한다. 지금하고 있는 사업 또한 처음부터 아버지 인맥과 아버지 도움으로 지탱하고 있음에도 밖에서는 아버지 도움 하나 없이 혼자서 꾸려나온 것처럼 거짓으로 자기 자신을 부풀리는 사람이며 그 외에 더 심한 정말 더럽고 추접한 일들이 많으나 차마 처남이기에 A씨는 말을 아끼는 듯했다.

그러다 보니 집안이 잘 굴러갈 리가 없다. 점점 불화가 심해졌다. A씨는 집안에 도움이 되기 위해서 열심히 노력해서 장인의 재산을 불렸는데, 오히려 그게 원인이 되어 가족들끼리 서로 질투하고 비난하고 주위에 험담을 하고 다니는 사이가 되어버린 것이다. 결국은 장남과 A씨 사이에 몸싸움까지 벌어졌다. 사실 덤빈 것은 장남이었지만 A씨가 장남에 비해 체격도 좋고 운동도 잘했기 때문에 오히려 부상을 당했다. 원인 제공은 장남이 했지만 사위는 완전한 집안사람은 아니고, 또 가벼운 부상이긴 했지만 다치기는 했으니 그 사실을 안 A씨의 집안에서는 화해를 하러 간 모양이다. 그런데 장인이라는 사람은 핏줄이 어쩌고저쩌고 하면서 집안에 모욕적인 말을 해서 A씨의 조모에게 큰 상처를 주었다. A씨의 조모는 돌아가실 때까지도 그때의 모욕이 맺혔던 모양이다.

그밖에도 A씨가 들려주는 장인과 그 집안의 이야기는 정말 충격적이었다. 손주의 생일파티 도중에 사소한 일로 스스로 분을 못 이겨서 가족들 앞에서, 아들에게 갖은 욕설을 퍼부으며 그를 말리는 A씨에게 행했던 일들이며 그것도 어린아이와 임신한 딸까지 있는 자리에서 나이프를 들고 욕을 퍼부으며 공포 분위기를 조성하며 난동을 부린 장인 이야기에, 몇 년 전 돌아가신 장모님 장례식장에서 버젓이 살아계신 아버지 재산에 대한 재산 분할 이야기부터 꺼내는 장남의 이야기를 듣다 보니 막장 드라마가 따로 없었다. 아내를 사랑하지만 집안 돌아가는 모습을 보면 결혼한 게 후회스럽다고 한숨을 푹 쉬는 A씨에게 뭐라고 말을 해야 할까 하다가, 위로와 함께 결국은 아무리 가족이더라도 비즈니스는 비즈니스로 보고 주고받을 건 분명히 했어야 한다는 이야기를 했다.

비단 이 경우 말고도, 사회적으로 성공하고 존경받는 사람들은 주위에서 떠받들고 아첨하는 사람들만 많다 보니까 모든 게 다 자기가 잘해서라고 착각하고 남을 무시하는 사람들이 많다. 특히나 자수성가형으로 애초에 성격이 고집이 세고 자만심이 강한 사람은 그런 환경에

316

서는 더더욱 남을 하찮게 본다. 그런 사람은 아무리 가족이라고 해도 그냥 도와주다가는 자신에게는 돌아오는 것도 하나 없이 오히려 무시와 질투, 경계의 대상이 되고 A씨에게는 억울함만 남게 될 수도 있다. A씨도 '장인어른이 그런 분인 줄 일찍 알았다면 그렇게 하지 않았을 것'이라고 고개를 끄덕였다. A씨가 가장 억울해하는 점은 일과 가정일 처남들과 관련된 일 모두가 분해도 참아가며 십수 년을 인건비나, 경비 한 푼 받지 않고 처가를 위해 여러 난관과 애로사항을 혼자서 감당하며 수백억의 재산 증식을 한 장본인임에도 불구하고 인정은커녕 핍박 아닌 핍박을 받았다는 사실이다. 오히려 반대로 A씨가 장인에게 크나큰 도움을 입으며 살아가는 것처럼 장인과 처남이 얘기하고 다니며 거기에 가족들의 열등감, 이간질과 질투, 시기로 인한 억울함 말이다. 이런 얘기들이 가십거리가 됐을 때 대기업의 경영자였던 분의 말을 신뢰하지 어느 누가 A씨 자신의 말을 믿겠냐며 한을 품고 울분을 토하였다.

이렇게 힘든 가정 얘기를 꺼낸 A씨에게 필자는 충고를 하였다. 처음부터 A씨가 잘못했노라고 꼬집었다. 부자지간에도 돈 관계는 정확히 짚고 넘어갔어야 되는데 한두 푼도 아닌 수백억 원의 돈을 그저 가족이라는, 부모라는 명분하에 안이하게 생각하고 그저 정직하게 열심히 잘하기만 하고 뒷일들에 대한 생각이 짧았던 점을 말이다. 결국 A씨에게 남은 건 심각한 화병과 우울증뿐이었다. 그로 인해 10여 군데의 몸이 아파 현재는 거의 요양 수준으로 칩거해 있다고 한다.

투자도 인생도 기-승-전-가치다

빌딩 투자를 하는 사람들은 모두 부자를 꿈꿀 것이다. 부자가 되어 좀 더 윤택한 삶을 살고, 자녀도 아쉬운 것 없이 잘 키우고, 여력이 되면 남을 도우면서 사회에도 도움되는 일을 하고 싶을 것이다. 하지만 오히려 돈 때문에 가정에 불화가 생기고, 서로 못 믿고, 인간적인 정은 떨어지고 오로지 돈 때문에 연결된 관계가 되어버린다면, 돈이란 것이 정말로 그들을 행복하게 만들어주는 것이 맞을까? 앞서 소개한 지인 A씨의 장인도 사실 장남이 자기 욕을 하고 다닌다는 걸 어느 정도는 알고 있다고 한다. 알고 있다 보니 오히려 더 돈으로 틀어쥐려고 한다는 것이다. 돈도 없으면 당신을 무시하고 더 욕하고 다닐 게 뻔하니, 돈으로라도 틀어쥐어야 그나마 장남이 자기 앞에서 순종하는 척이라도 하지 않겠나, 그게 장인의 생각이라는 것이다. '저런 자식한테 내가 자산을 물려주면 정말로 내가 버림받을 거야.'라는 공포에 사로잡혀서 더더욱 가진 것을 꽁꽁 쥐고, 자녀를 더더욱 휘어잡으려고 드는 것이리라. 이쯤 되면 가족이 아니라도 남만도 못한 관계다. 자식은 그럴수록 아버지를 가식으로 대하고 빨리 떠났으면 좋겠다는 못된 생각만 갖게 하는 것을 모르는 것 같다.

지금의 장인도 문제가 심각하지만 세월이 흘러 장인이 세상을 떠나면 장남이 어떤 행동을 할지 안 봐도 훤하다는 생각이 들었다. 돌아서면 부모를 욕하고 저주하는 자녀도 잘못되었지만 자녀를 믿지 못하고 돈으로 자녀를 휘어잡으려고 하다가 자녀를 괴물로 만들어버린 부모의 책임도 못지않게 크다. 이런 자녀라면 정당한 수단으로 능력을 인정받고 성공하기보다는 권모술수나 남을 모함해서 반사이익을 얻으려는 얄팍한 잔머리만 늘어간다. 부모의 잘못된 생각이 자칫 가족과 사회에 해만 끼치는 자녀를 만들 수도 있는 것이다.

바르게 잘 키운 자식은 억만금과도 바꿀 수 없는 가치를 지니고 있는 법이다. 그래서 부모는 자녀가 바르게 클 수 있도록 엄격하게 가르쳐야 할 의무가 있다. 하지만 그와 마찬가지로 부모는 자녀의 능력과 가능성을 알아보고 그 능력을 적절하게 발휘해서 자식 본인도 성공하고 사회에도 도움이 될 수 있도록 키워야 할 의무 또한 있다. 부자에게는 자녀를 책임 있는 부자로 키워야 할 의무가 있다. 가진 것을 잘 관리하고 주위에 적절하게 베풀 줄 아는 부자로 키우는 것은 돈으로 될 문제가 아니다.

투자도 인생도 자식 농사도 결국 기–승–전–가치다.

빌딩 투자를 위한 대한민국 1교시
빌딩 테크

2018. 01. 12. 1판 1쇄 발행
2018. 04. 17. 1판 2쇄 발행

지은이 | 강대현
펴낸이 | 이종춘
펴낸곳 | BM 주식회사 성안당
주소 | 04032 서울시 마포구 양화로 127 첨단빌딩 5층(출판기획 R&D 센터)
       10881 경기도 파주시 문발로 112 출판문화정보산업단지(제작 및 물류)
전화 | 02) 3142-0036
       031) 950-6300
팩스 | 031) 955-0510
등록 | 1973. 2. 1. 제406-2005-000046호
출판사 홈페이지 | www.cyber.co.kr
ISBN | 978-89-315-8196-6 (03320)
정가 | 16,800원

이 책을 만든 사람들
기획·편집 | 백영희
교정 | 조혜정
표지·본문 디자인 | 글자와 기록사이
홍보 | 박연주
국제부 | 이선민, 조혜란, 김해영
마케팅 | 구본철, 차정욱, 나진호, 이동후, 강호묵
제작 | 김유석

www.cyber.co.kr
★ ★ ★
성안당 Web 사이트

◆ 도서 A/S 안내

성안당에서 발행하는 모든 도서는 저자와 출판사, 그리고 독자가 함께 만들어 나갑니다.
좋은 책을 펴내기 위해 많은 노력을 기울이고 있습니다. 혹시라도 내용상의 오류나 오탈자 등이 발견되면
"좋은 책은 나라의 보배"로서 우리 모두가 함께 만들어 간다는 마음으로 연락주시기 바랍니다. 수정 보완하여 더 나은 책이 되도록 최선을 다하겠습니다.
성안당은 늘 독자 여러분들의 소중한 의견을 기다리고 있습니다. 좋은 의견을 보내주시는 분께는 성안당 쇼핑몰의 포인트(3,000포인트)를 적립해 드립니다.
잘못 만들어진 책이나 부록 등이 파손된 경우에는 교환해 드립니다.